轨道交通装备制造业职业技能鉴定指导丛书

机车整备工

中国中车股份有限公司　编写

中国铁道出版社

2016年·北京

图书在版编目(CIP)数据

机车整备工/中国中车股份有限公司编写．—北京：中国铁道出版社，2016.3

(轨道交通装备制造业职业技能鉴定指导丛书)

ISBN 978-7-113-21122-6

Ⅰ.①机… Ⅱ.①中… Ⅲ.①机车—整备作业—职业技能—鉴定—自学参考资料 Ⅳ.①U268.5

中国版本图书馆CIP数据核字(2015)第278127号

书　　名：轨道交通装备制造业职业技能鉴定指导丛书

机车整备工

作　　者：中国中车股份有限公司

策　　划：江新锡　钱士明　徐　艳

责任编辑：冯海燕　　**编辑部电话：**010-51873017

封面设计：郑春鹏

责任校对：胡明锋

责任印制：陆　宁　高春晓

出版发行：中国铁道出版社(100054，北京市西城区右安门西街8号)

网　　址：http://www.tdpress.com

印　　刷：北京海淀五色花印刷厂

版　　次：2016年3月第1版　2016年3月第1次印刷

开　　本：787 mm×1 092 mm　1/16　**印张：**11　**字数：**267千

书　　号：ISBN 978-7-113-21122-6

定　　价：35.00元

序

在党中央、国务院的正确决策和大力支持下，中国高铁事业迅猛发展。中国已成为全球高铁技术最全、集成能力最强、运营里程最长、运行速度最高的国家。高铁已成为中国外交的金牌名片，成为高端装备“走出去”的大国重器。

中国中车作为高铁事业的积极参与者和主要推动者，在大力推动产品、技术创新的同时，始终站在人才队伍建设的重要战略高度，把高技能人才作为创新资源的重要组成部分，不断加大培养力度。广大技术工人立足本职岗位，用自己的聪明才智，为中国高铁事业的创新、发展做出了杰出贡献，被李克强同志亲切地赞誉为“中国第一代高铁工人”。如今在这支近9.2万人的队伍中，持证率已超过96%，高技能人才占比已超过59%，有6人荣获“中华技能大奖”，有50人荣获国务院“政府特殊津贴”，有90人荣获“全国技术能手”称号。

高技能人才队伍的发展，得益于国家的政策环境，得益于企业的发展，也得益于扎实的基础工作。自2002年起，中国中车作为国家首批职业技能鉴定试点企业，积极开展工作，编制鉴定教材，在构建企业技能人才评价体系、推动企业高技能人才队伍建设方面取得明显成效。

中国中车承载着振兴国家高端装备制造业的重大使命，承载着中国高铁走向世界的光荣梦想，承载着中国轨道交通装备行业的百年积淀。为适应中国高端装备制造技术的加速发展，推进国家职业技能鉴定工作的不断深入，中国中车组织修订、开发了覆盖所有职业（工种）的新教材。在这次教材修订、开发中，编者基于对多年鉴定工作规律的认识，提出了“核心技能要素”等概念，创造性地开发了《职业技能鉴定技能操作考核框架》。试用表明，该《框架》作为技能人才综合素质评价的新标尺，填补了以往鉴定实操考试中缺乏命题水平评估标准的空白，很好地统一了不同鉴定机构的鉴定标准，大大提高了职业技能鉴定的公平性和公信力，具有广泛的适用性。

相信《轨道交通装备制造业职业技能鉴定指导丛书》的出版发行，对于推动高技能人才队伍的建设，对于企业贯彻落实国家创新驱动发展战略，成为“中国制造2025”的积极参与者、大力推动者和创新排头兵，对于构建由我国主导的全球轨道交通装备产业新格局，必将发挥积极的作用。

中国中车股份有限公司总裁：

二〇一五年十二月二十八日

前言

鉴定教材是职业技能鉴定工作的重要基础。2002年，经原劳动保障部批准，原中国南车和中国北车成为国家职业技能鉴定首批试点中央企业，开始全面开展职业技能鉴定工作。2003年，根据《国家职业标准》要求，并结合自身实际，我们组织开发了《职业技能鉴定指导丛书》，共涉及车工等52个职业(工种)的初、中、高3个等级。多年来，这些教材为不断提升技能人才素质、满足企业转型升级的需要发挥了重要作用。

随着企业的快速发展和国家职业技能鉴定工作的不断深入，特别是以高速动车组为代表的世界一流产品制造技术的快步发展，现有的职业技能鉴定教材在内容、标准等诸多方面，已明显不适应企业构建新型技能人才评价体系的要求。为此，公司决定修订、开发《轨道交通装备制造业职业技能鉴定指导丛书》。

本《丛书》的修订、开发，始终围绕打造世界一流企业的目标，努力遵循"执行国家标准与体现企业实际需要相结合、继承和发展相结合、质量第一、岗位个性服从于职业共性"四项工作原则，以提高中国中车技术工人队伍整体素质为目的，以主要和关键技术职业为重点，依据《国家职业标准》对知识、技能的各项要求，力求通过自主开发、借鉴吸收、创新发展，进一步推动企业职业技能鉴定教材建设，确保职业技能鉴定工作更好地满足企业发展对高技能人才队伍建设工作的迫切需要。

本《丛书》修订、开发中，认真总结和梳理了过去12年企业鉴定工作的经验以及对鉴定工作规律的认识，本着"紧密结合企业工作实际，完整贯彻落实《国家职业标准》，切实提高职业技能鉴定工作质量"的基本理念，以"核心技能要素"为切入点，探索、开发出了中国中车《职业技能鉴定技能操作考核框架》；对于暂无《国家职业标准》、又无相关行业职业标准的38个职业，按照国家有关《技术规程》开发了《中国中车职业标准》。自2014年以来近两年的试用表明：该《框架》既完整反映了《国家职业标准》对理论和技能两方面的要求，又适应了企业生产和技术工人队伍建设的需要，突破了以往技能鉴定实作考核缺乏水平评估标准的"瓶颈"，统一了不同产品、不同技术含量企业的鉴定标准，提高了鉴定考核的技术含量，提高了职业技能鉴定工作质量和管理水平，保证了职业技能鉴定的公平性和公信力，已经成为职业技能鉴定工作、进而成为生产操作者综合技术素质评价的新标尺。

本《丛书》共涉及99个职业(工种),覆盖了中国中车开展职业技能鉴定的绝大部分职业(工种)。《丛书》中每一职业(工种)又分为初、中、高3个技能等级,并按职业技能鉴定理论、技能考试的内容和形式编写。其中:理论知识部分包括知识要求练习题与答案;技能操作部分包括《技能考核框架》和《样题与分析》。本《丛书》按职业(工种)分册,已按计划出版了第一批75个职业(工种)。本次计划出版第二批24个职业(工种)。

本《丛书》在修订、开发中,仍侧重于相关理论知识和技能要求的应知应会,若要更全面、系统地掌握《国家职业标准》规定的理论与技能要求,还可参考其他相关教材。

本《丛书》在修订、开发中得到了所属企业各级领导、技术专家、技能专家和培训、鉴定工作人员的大力支持;人力资源和社会保障部职业能力建设司和职业技能鉴定中心、中国铁道出版社等有关部门也给予了热情关怀和帮助,我们在此一并表示衷心感谢。

本《丛书》之《机车整备工》由原西安轨道交通装备有限责任公司《机车整备工》项目组编写。主编李党党,副主编李亚冰;主审韩志坚,副主审侯伟强;参编人员曹哲、王全胜。

由于时间及水平所限,本《丛书》难免有错、漏之处,敬请读者批评指正。

中国中车职业技能鉴定教材修订、开发编审委员会

二〇一五年十二月三十日

目　录

机车整备工(职业道德)习题

一、填 空 题

1. 职业道德规范要求职工必须(　　)具有高度的责任心。

2. 一定社会中人们调整相互间利益关系的思想意识和行为准则称为(　　)。

3. 从事一定职业的人们在其特定的职业活动中所形成的处理人和人、人和社会之间利益关系的特殊行为规范就是(　　)。

4. 职业道德是(　　)的一个重要组成部分。

5. 严格执行工作程序、工作规范、工艺文件和(　　)是职业道德的基本要求之一。

6. 人民铁路职业道德的基本原则是(　　)。

7. 安全生产的方针是(　　)。

8. 我国劳动保护三结合管理体制是国家监察、行政管理、(　　)三个方面结合起来组成。

9. 劳动保护是保护(　　)在生产过程中的安全健康。

10. 职业道德是人们在一定的职业活动中所遵守的(　　)总和。

11. (　　)是社会主义职业道德的基础和核心。

12. 社会主义职业道德的基本原则是集体主义,其核心是(　　)。

13. 社会主义职业道德的作用表现在对社会主义经济发展起推动作用;对形成良好的社会风尚起(　　)作用;对提高就业人员的道德素质起促进作用。

14. 职业纪律是在特定的职业活动范围内,从事某种职业的人们必须共同遵守的(　　)。

15. 职业纪律主要有三个方面:(　　)、财经纪律和群众纪律。

16. 职业纪律是职业道德(　　),也是职业道德的具体表现。

17. 企业员工应树立(　　)、提高技能的勤业意识。

18. 职业守则要求从业人员要团结协作,主动(　　)。

19. 从业人员(　　)是对人民、社会承担的义不容辞的责任与义务。

20. 文明生产是指在遵章守纪的基础上去创造整洁、(　　)、舒适、优美而又有序的生产环境。

21. 全面质量管理是从系统理论出发,把企业作为(　　)的整体,将专业技术、经营管理和统计方法有机地结合起来的一种质量管理方法。

22. 职业道德不仅是从业人员在职业活动中的行为要求,而且是本行业对社会所承担的(　　)和义务。

23. 爱岗敬业是社会主义职业道德的(　　)。

24. 社会主义职业道德的基本原则是(　　),其核心是为人民服务。

25. 从业者的职业态度是既为(　　),也为别人。

26. 道德是靠舆论和内心信念来发挥和(　　)作用的。

27. 要热情待客，不要泄露(　　)秘密。

28. 职业道德是促使人们(　　)的思想基础。

29. 道德是一定社会中人们调整相互间利益(　　)的思想意识和行为准则。

30. 职业道德就是从事一定职业的人们在其特定的职业活动中所形成的处理人和人、人和社会之间利益关系的(　　)。

31. 爱岗敬业是对从业人员(　　)的首要要求。

32. 忠于职守、(　　)是社会主义国家对每个从业人员的起码要求。

33. 掌握必要的职业技能是(　　)的先决条件。

34. 职业道德中要求从业人员的工作应该检查上道工序、(　　)、服务下道工序。

35. 职业道德中要求从业人员的工作应该(　　)工艺要求。

36. 职业纪律是职业活动等以正常进行的基本保证，它体现(　　)、集体利益和企业利益的一致性。

37. 公约和(　　)是职业道德的具体体现。

38. 工艺要求越高，产品质量(　　)。

39. 保护(　　)秘密是每个职工的义务和责任。

40. 具有高度责任心应做到忠于职守、(　　)。

41. 精益生产的核心是消除一切(　　)和浪费。

二、单项选择题

1. 职业道德体现了(　　)。

(A)从业者对所从事职业的态度　(B)从业者的工资收入

(C)从业者享有的权利　(D)从业者的工作计划

2. 职业道德的实质内容是(　　)。

(A)改善个人生活　(B)增加社会的财富

(C)树立全新的社会主义劳动态度　(D)增强竞争意识

3. 爱岗敬业就是对从业人员(　　)的首要要求。

(A)工作态度　(B)工作精神　(C)工作能力　(D)以上均可

4. 忠于职守就是要求把自己(　　)的工作做好。

(A)道德范围内　(B)职业范围内　(C)生活范围内　(D)社会范围内

5. 遵守法律法规不要求(　　)。

(A)遵守国家法律和政策　(B)遵守安全操作规程

(C)加强劳动协作　(D)遵守操作程序

6. 具有高度责任心应做到(　　)。

(A)忠于职守，精益求精　(B)不徇私情，不谋私利

(C)光明磊落，表里如一　(D)方便群众，注重形象

7. 企业的质量方针不是(　　)。

(A)企业总方针的重要组成部分　(B)企业的岗位责任制度

(C)每个职工必须熟记的质量准则　(D)每个职工必须贯彻的质量准则

8. 环境不包括(　　)。

(A)大气　(B)水　(C)气候　(D)土地

9. 工企对环境污染的防治不包括(　　)。

(A)防治固体废弃物污染　(B)开发防治污染新技术

(C)防治能量污染　(D)防治水体污染

三、多项选择题

1. 职业道德规范要求职工必须(　　)。

(A)助人为乐　(B)尊老爱幼

(C)爱岗敬业　(D)具有高度的责任心

2. 道德是一定社会中人们调整相互间利益关系的(　　)。

(A)思想意识　(B)行为准则　(C)兴趣爱好　(D)友好往来

3. 严格执行(　　)是职业道德的基本要求之一。

(A)工作程序　(B)工作规范　(C)工艺文件　(D)安全操作规程

4. 职业纪律主要有(　　)等方面。

(A)社会纪律　(B)劳动纪律　(C)财经纪律　(D)群众纪律

5. 文明生产是指在遵章守纪的基础上去创造(　　)而又有序的生产环境。

(A)整洁　(B)安全　(C)舒适　(D)优美

6. 职业道德体现(　　)。

(A)从业者对所从事职业的态度　(B)从业者的工资收入

(C)从业者的价值观　(D)从业者的道德观

7. 职业道德鼓励从业者(　　)。

(A)通过诚实的劳动改善个人生活　(B)通过诚实的劳动增加社会的财富

(C)通过诚实的劳动促进国家建设　(D)通过诚实的劳动为极个别人服务

8. 职业道德基本规范包括(　　)。

(A)爱岗敬业、忠于职守　(B)服务群众、奉献社会

(C)搞好与他人的关系　(D)遵纪守法、廉洁奉公

9. 敬业就是以一种严肃认真的态度对待工作,下列符合的有(　　)。

(A)工作勤奋努力　(B)工作精益求精

(C)工作以自我为中心　(D)工作尽心尽力

10. 遵守法律法规的要求有(　　)。

(A)遵守国家法律和政策　(B)遵守劳动纪律

(C)遵守安全操作规程　(D)延长劳动时间

11. 以下违反劳动操作规程的是(　　)。

(A)不按标准工艺生产　(B)自己制定生产工艺

(C)使用不熟悉的机床　(D)执行国家劳动保护政策

12. 符合着装整洁文明生产要求的是(　　)。

(A)按规定穿戴好防护用品　(B)遵守安全技术操作规程

(C)优化工作环境　(D)在工作中吸烟

13. 环境保护包括(　　)。

(A)预防环境恶化 (B)控制环境污染
(C)促进工农业同步发展 (D)促进人类与环境协调发展

14. 环境保护法的基本任务包括( )。
(A)保护和改善环境 (B)合理利用自然资源
(C)维护生态平衡 (D)加快城市开发进度

15. 企业的质量方针是( )。
(A)工艺规程的质量记录 (B)每个职工必须贯彻的质量准则
(C)企业的质量宗旨 (D)企业的质量方向

16. 属于岗位质量要求的内容是( )。
(A)对各个岗位质量工作的具体要求 (B)各项质量记录
(C)操作程序 (D)市场需求

四、判 断 题

1. 劳动保护就是指劳动者在生产过程中的安全、健康。( )

2. 安全生产责任制是企业各级领导职能部门、有关工程技术人员、管理人员和生产工人在劳动生产过程中对安全生产应尽的职责。( )

3. 安全第一是指安全生产是一切经济部门和生产企业的头等大事,是企业领导的第一职责。( )

4. 市场经济条件下,首先是讲经济效益,其次才是精工细作。( )

5. 文明生产是指在良好的秩序、整洁的环境和安全卫生的条件下进行生产劳动。( )

6. 职业道德是一个企业形象的重要组成部分。( )

7. 职业道德不仅是从业人员在职业活动中的行为要求,而且是本行业对社会所承担的道德责任和义务。( )

8. 从业者的职业态度就是为了自己。( )

9. 职业纪律与职业活动的法律、法规是职业活动能够正常进行的基本保证。( )

10. 保护职工的切身利益就是要保守企业秘密。( )

11. 职业纪律是职业道德最基本的要求也是职业道德的具体表现。( )

12. 遵守职业纪律是职业道德的具体体现。( )

13. 职业守则要求从业人员要团结协作,主动配合。( )

14. 树立质量意识是一个职业劳动者恪守职业道德的要求。( )

15. 职业道德是社会道德在职业行为和职业关系中的具体表现。( )

16. 职业道德的实质内容是建立全新的社会主义劳动关系。( )

17. 忠于职守就是要求把自己职业范围内的工作做好。( )

18. 奉献社会是职业道德中的最高境界。( )

19. 劳动既是个人谋生的手段,也是为社会服务的途径。( )

20. 环境保护法为国家执行环境监督管理职能提供法律咨询。( )

21. 岗位的质量要求是每个职工必须做到的最基本的岗位工作职责。( )

22. 岗位的质量保证措施与责任就是岗位的质量要求。( )

23. 环境保护是指利用政府的指挥职能,对环境进行保护。( )

24. 要质量必然失去数量。(　　)
25. 在履行岗位职责时,应采取自觉性的原则。(　　)
26. 今天的好产品,在生产力提高后,也一定是好产品。(　　)
27. 质量与信誉不可分割。(　　)
28. 每个职工都有保护企业秘密的义务和责任。(　　)

机车整备工(职业道德)答案

一、填空题

1. 爱岗敬业　2. 道德　3. 职业道德　4. 企业形象
5. 安全操作规程　6. 人民铁路为人民　7. 安全第一,预防为主　8. 群众监督
9. 劳动者　10. 行为规范　11. 爱岗敬业　12. 为人民服务
13. 保证　14. 行为准则　15. 劳动纪律　16. 最基本的要求
17. 钻研业务　18. 配合　19. 讲究质量　20. 安全
21. 产品质量　22. 道德责任　23. 基础和核心　24. 集体主义
25. 自己　26. 维持社会　27. 商业　28. 遵守职业纪律
29. 关系　30. 特殊行为规范　31. 工作态度　32. 热爱本职
33. 为人民服务　34. 干好本道工序　35. 严格执行　36. 国家利益
37. 守则　38. 越精　39. 企业　40. 精益求精
41. 无效劳动

二、单项选择题

1. A　2. C　3. A　4. B　5. C　6. A　7. C　8. C　9. C

三、多项选择题

1. CD　2. AB　3. ABCD　4. BCD　5. ABCD　6. ACD　7. ABC
8. ABD　9. ABD　10. ABC　11. ABC　12. ABC　13. ABD　14. ABC
15. BCD　16. ACD

四、判断题

1. √　2. √　3. √　4. ×　5. √　6. √　7. √　8. ×　9. √
10. √　11. √　12. ×　13. √　14. √　15. √　16. ×　17. √　18. √
19. √　20. ×　21. √　22. ×　23. ×　24. ×　25. ×　26. ×　27. √
28. √

机车整备工(初级工)习题

一、填 空 题

1. 形成燃烧的必要条件有:可燃物、助燃物和(　　)。

2. 形成燃烧的充分条件有:一定的可燃物浓度、一定的氧气含量和一定的(　　)。

3. 空气中含有大约(　　)%的氧。

4. 通常烟头的的表面温度为(　　)℃。

5. 火灾种类中,A类火灾是指(　　)燃烧所引起的火灾。

6. 火灾种类中,B类火灾是指(　　)燃烧所引起的火灾。

7. 火灾种类中,C类火灾是指(　　)燃烧所引起的火灾。

8. 火灾种类中,D类火灾是指(　　)燃烧所引起的火灾。

9. 热传播的途径主要有:热传导、热对流和(　　)。

10. 当火灾处于初级阶段时,(　　)成为热传播的主要形式。

11. 当火灾处于发展阶段时,(　　)成为热传播的主要形式。

12. 可燃液体表面上的蒸气与空气混合后,遇到明火而引起瞬间燃烧,并一闪即灭的现象称为(　　)。

13. 按燃烧性,柴油属于(　　)液体。

14. 可燃物开始持续燃烧所需的最低温度称为(　　)。

15. 空气泡沫灭火装置应(　　)检查一次泡沫液的沉淀状况。

16. 钢制储油罐的防雷接地装置可以兼作为防(　　)接地装置。

17. 燃油储油罐防静电接地装置的接地电阻不宜大于(　　)Ω。

18. 进储油罐内进行清罐时,应戴(　　),且罐外有专人看护。

19. 工作中不慎发生油气中毒,应立即(　　),进行抢救。

20. 铁路线装卸油品的设施应作(　　)并接地。

21. 登高作业中必须系好(　　),且须戴好安全帽。

22. GB/T3805—1993 规定安全电压的上限有效值为(　　)V。

23. 轨距是钢轨头部踏面下(　　)mm 范围内两股钢轨工作边之间的最小距离。

24. 如确需在设有接触网的线路上作业时,须在指定线路上将接触网(　　)后,方准进行。

25. 铁路信号机应采用(　　)信号机,具体设置采用高柱或矮型两种。

26. 机车车辆必须停在(　　)内方。

27. 一切建筑物、设备在任何情况下均不得侵入铁路的(　　)。

28. 电力机车整备线的接触网应设有分段绝缘器和(　　)设备等。

29. 机车实行计划(　　),实施主要部件的专业化集中修和定期检测状态修。

30. 警冲标是用来指示机车车辆停车时，为防止停留在该线上的机车车辆与邻线上的机车车辆发生(　　)的标志。

31. 我国电气化铁路采用工频单相交流电力牵引制，其额定电压为(　　)kV。

32. 调车作业中，在尽头线停放车辆应留有(　　)m以上的安全距离。

33. 使用铁鞋和车辆人力制动机或手制动器，对车辆实施的防溜措施称为(　　)。

34. 电源未经过负载而直接由导线接通的闭合回路称为(　　)。

35. 轨道由道床、轨枕、钢轨、连接零件、防爬设备及(　　)组成。

36. 用以(　　)表示同种量量值大小而约定采用的特定量称为计量单位。

37. 误差是结果与(　　)之间的差值。

38. 绝对误差是指误差的绝对值，即测量值与真实值的(　　)。

39. 计量器具经检定合格的，由(　　)按照计量检定规程的，出具检定证书、检定合格证或加盖检定合格印。

40. 钢卷尺的检定期限为(　　)。

41. 燃油计量器具有油量油尺、(　　)、玻璃体温度计、石油密度计等。

42. 用来测量油面高度的计量器具叫做(　　)。

43. 用来测量水面高度的计量器具叫做(　　)。

44. 量值是指由数值和计量单位的(　　)表示量的大小。

45. 物体所含物质的多少称为(　　)。

46. 量水尺的尺面要光洁，刻度要清楚，立放在平面上应构成(　　)角，倾斜误差不超过0.5°。

47. 用透明无色玻璃制成的、具有刻度的筒状量器称为(　　)。

48. 燃油发放密度需(　　)测定。

49. 测量油品温度的精密型计量器具是(　　)。

50. 温度计选用棒式水银温度计，每组两支，量限一支是−30～10℃，另一支是(　　)。

51. 测深钢卷尺对尺带宽度、尺带厚度、刻线长度、各长度范围内的(　　)均有严格规定。

52. 在量水尺上涂抹均匀的试水膏，在水中(　　)的速度不应超过4 s。

53. 机车擦拭材料应本着“合理、节约”的精神，坚持(　　)、定额发放的原则。

54. 机油再生过程中的三废包括(　　)。

55. 我国的能源方针是：开发与节约并重，近期把(　　)放在优先地位。

56. 废渣主要是酸渣和(　　)。

57. 机械设备用油，燃油发放人员按定额发放，对无定额领油(　　)。

58. 清洗罐车代替储油罐放出的无法再使用的柴油，每罐每年不得超过(　　)。

59. 为了使有限的燃油发挥出最大的经济效益，首先要从(　　)。

60. 废气中最主要的是(　　)。

61. 燃油统计报表工作是采用逐级汇总的形式进行的，根据规定分别按日、(　　)季、年报告周期，由专门人员负责编制上报。

62. 内燃机车燃油请领单是运用机车领油的(　　)记录，发放燃油工作人员必须认真准确地填写“燃油请领单”，不得弄虚作假。领取擦拭材料单据，工作人员必须按定额发放，重量要准确填写。

63. 电力机车整备作业包括机车外皮洗刷、给砂、(　　)。

64. 蓄电池的构造主要由(　　)、PVC 隔板、电池壳、铅零件连接条、电解液组成。

65. 纯水也称之为(　　)。

66. 测量电解液比重的器具叫做(　　)。

67. 测量比重时，须使用吸取式比重计将(　　)缓缓吸入外筒，从浮标之刻度即可测知比重。

68. 铅蓄电池之电解液比重会随(　　)改变而变化，电解液比重以 20℃时的比重为标准。

69. 在测量比重的同时，必须测量温度，测温时，应使用棒状酒精(　　)。

70. 放电后可以用充电的方式使内部活性物质再生，把电能储存为化学能，需要放电时再次把化学能转换为电能的电池，叫(　　)，也称二次电池。

71. 铅酸蓄电池是蓄电池的一种，主要特点是采用稀硫酸做电解液，用二氧化铅和绒状铅分别作为电池的正极和(　　)的一种酸性蓄电池。

72. 电解液是由(　　)和净化水(去离子水)配制而成的，电解液的纯度和密度对电池容量和寿命有重要影响。

73. 蓄电池补水时若超过(　　)则充电时就会发生满溢，而使稀硫酸成分流失，腐蚀电瓶箱，电解液比重偏低造成蓄电容量不足等。

74. 蓄电池之电解液比重几乎与(　　)成比例。

75. 几组蓄电池连接在一起时采用的是(　　)。

76. 放电是指蓄电池对外电路(　　)电能。

77. 充电是指蓄电池从其他直流电源(　　)电能。

78. 机车防寒期定为每年 11 月 15 日起至次年的(　　)止；但各地区可根据当地气温情况适当提前或缩短。

79. 机车的防寒整修时间要求在(　　)底之前完成。

80. 各使用单位应制定机车防寒工作制度，包括机车(　　)、实施、检查工作分工、责任划分与考核办法等事项，并报铁路局备案。

81. 机务段在每年入冬前要组织专人对新职人员、(　　)进行脱产培训及考核，不合格者不得上岗。

82. 各机务段及工厂要配备并及时更换(　　)，并符合冬季用油标准。

83. 配齐并加挂(　　)和远心集尘器、油水分离器、通风口、总风缸排水阀等部位的防寒罩。

84. 准备好毡条、麻布条、铁丝、防腐漆或防腐漆，指定专人对机车有关处所进行(　　)。

85. 配齐机车打温人员，并进行(　　)。

86. 打温人员应熟知机车(　　)布置情况及各阀门的使用情况。

87. 打温人员应熟知(　　)、灭火措施，会使用机车灭火器。

88. 打温前应认真检查确认并做好(　　)措施。

89. 打温过程中，手柄位置不能(　　)，保持规定的油水温度，并检查柴油机及辅助装置的运转情况，保证状态良好。

90. 在柴油机启动状态下，禁止(　　)机车。

91. 禁止向柴油机补加冷水；补水温度不得低于(　　)，但也不宜过高。

92. 启动柴油机时，水温不得低于规定温度，水温过低时，应点(　　)或接入循环热水加温。

93. 到达终点或入库前，应及时关闭(　　)并放下防寒被进行保温，并及时与地勤或打温人员进行交接。

94. 冬季长期停留的机车转入运用时，应拉到暖库内保温(　　)以上，然后注入规定温度的油、水。

95. 在冬季，机车在途中发生故障不能继续运行时，应立即关闭门窗挂好(　　)。

96. 工作时，必须按规定穿戴好(　　)，并注意整洁。

97. 禁止在道心或枕木上行走，横越线路或道口时，要(　　)。严禁抢行、钻车。

98. 机车或擦车架的扶手入冬前应捆绑防滑绳，上车顶及擦车架人员应系好(　　)。

99. 所有内燃、电力机车的司机室入冬前应对门窗地板进行整修，对(　　)热风机、窗加热等设备进行试验，保证其作用良好。

100. 燃油储存中的质量管理要求坚持存新用旧，(　　)的原则。

101. 不同牌号的燃油应(　　)储存。

102. 机车分为(　　)和电力机车。

103. 机车车体有两种，分别为(　　)车体和非承载式车体。

104. 机车最前端是(　　)。

105. 内燃机车转向架有心盘不承重、旁承承重的形式和(　　)两种。

106. 燃料在气缸内进行燃烧，并借助活塞、连杆、曲轴等运动机构，将燃料放出的热能转变为机械功的机器称为(　　)。

107. 按柴油机完成一个工作循环所需的冲程数可分为(　　)和四冲程柴油机。

108. 内燃机车由柴油机、传动装置、辅助装置、(　　)(包括车架、车体、转向架等)、制动装置和控制设备等组成。

109. 内燃机车的动力装置，又称(　　)。

110. 车体走行部包括车架、(　　)、转向架等基础部件。

111. (　　)是机车的骨干，安装动力机、车体、弹簧装置的基础。

112. 转向架是机车的走行装置，又称(　　)。

113. (　　)是指保证给柴油机供应燃油的设备及管路系统。

114. (　　)指保证柴油机和液力传动装置能够正常工作的冷却设备和管路系统。

115. (　　)指给柴油机正常润滑的设备及管路系统。

116. (　　)是过滤空气中灰尘等脏物的装置。

117. (　　)是供给列车的空气制动装置、砂箱、空气笛及其他设备压缩空气的系统。

118. 内燃机车都装有一套(　　)和手制动机。

119. 多数电力传动机车增设电阻制动装选，液力传动机车装有(　　)。

120. 燃油系统由燃油箱、粗滤器、(　　)、燃油加热器、旁通阀、污油箱及阀类、管道、压力表组成。

121. 滤清器在燃油发放系统中起着保证供给机车(　　)的作用，应定期检查、清洗或更换过滤网。

122. 油泵是燃油输送的主要(　　)设备。

123. 泵的种类很多,一般情况下输送黏度小、流量大的燃油应选择(　　)。

124. 东风 4 型内燃机车冷却水储量为(　　)L。

125. 输送黏度大的油品时多采用(　　)泵。

126. 输油泵启动电机前,应先打开(　　),开启排气阀排尽管道和泵室内的气体。

127. 在输油中断后,应立即停泵(　　)。

128. 电力机车整备作业包括机车外皮洗刷、给沙、(　　)、领取擦拭材料。

129. 机车冷却系统由水-空气散热器、(　　)、冷却风扇及顶、侧百叶窗、水管路等部件组成。

130. 燃油粗滤器由心杆串联的(　　)个滤芯、体和罩筒等组成。

131. 滤芯是由(　　)和 120 目尼龙布组成的。

132. 内燃机车一般有两个燃油精滤器并联使用,目的是增加过滤面积,延长(　　)。

133. 输油泵由(　　)电动机直接驱动。

134. 铁路机车规定使用中的柴油机油水分含量不得大于(　　)。

135. 汽缸油、压缩机油中的残炭要求一定要(　　),才能保证正常润滑。

136. 内然机车冷却系统应以(　　)水为好。

137. 东风 4 型内燃机车油箱的容积为(　　)。

138. 清罐人员穿上胶靴、雨衣,戴上防毒面具进入罐内用(　　)对罐壁进行冲洗。

139. 电力机车施行长交路后,可在中间站到发线设(　　)点。

140. 内燃机务段供给机车燃油一般是把储油罐的燃油通过(　　)或自然压力将燃油送至整备场,由发放柱来完成。

141. 整备场发放柱可以分为(　　)种。

142. 滤清器在燃油发放系统中起着保证供给机车清洁燃油的作用,应定期检查、清洗或更换(　　)。

143. 油泵是燃油输送的主要(　　)设备。

144. 泵的种类很多,一般情况下输送(　　)、流量大的燃油应选择离心泵。

145. 卸油线采用尽头线,尽头线上应有明显的(　　)和红灯显示。

146. 卸油线应有足够的(　　)和消防器材,以保证生产安全。

147. 卸油鹤管指插入油槽车的卸油管,一般采用(　　),也可采用耐油胶管。

148. 卸油线附近应设避雷针,钢轨应有(　　),以阻止外界的散杂感应电流窜进卸油线。

149. 在设有两股道或更多的整备线时,至少要设置(　　)水鹤。

150. 机务段一般常用的水鹤的臂长为 2.7 m 和(　　)m。

151. 国家规定在给砂作业中的矿尘浓度标准为(　　),以防止矽肺病的感染。

152. 电渗析除盐设备由(　　)和辅助设备两大部分组成。

153. 电渗析器由(　　)、电极和紧固装置等部分组成。

154. 燃油统计报表工作是采用(　　)的形式进行的,根据规定分别按日、旬、月、季、年报告周期,由专门人员负责编制上报。

155. 用油单是运用机车以外的用油领油原始记录,并作为财务室办理转账手续的原始单据。工作人员必须按(　　),重量要准确填写。

156. 输油泵启动电机前,应先打开进口阀门,开启排气阀排尽管道和(　　)内的气体。

157. 在输油中断后应立即停泵，切忌(　　)。
158. 燃油发放柱指整备场单发放燃油供给(　　)的发放柱。
159. 燃油密度受(　　)变化和油品质量变化的影响而变化。
160. 燃油发放密度需要(　　)测定。
161. 完成经济指标，降低燃油消耗的关键是把(　　)落实到车间、班组、个人。
162. 燃油的验收主要指对燃油罐车在(　　)与质量方面的验收。
163. 维护燃油质量，减少(　　)是储存保管中的重要环节。
164. 机车擦拭材料应本着合理、节约的精神，坚持(　　)、定额发放的原则。

二、单项选择题

1. 消防重点单位的消防管理工作实行(　　)监督管理。
(A)统一　(B)分类　(C)分级　(D)个人
2. 电气设备发生火灾时，不能用(　　)灭火。
(A)水　(B)二氧化碳灭火器
(C)干粉灭火器　(D)1211 灭火器
3. 火灾初级阶段是扑救火灾的(　　)阶段。
(A)最有利　(B)较有利　(C)最不利　(D)无所谓
4. 使用灭火器灭火时，灭火器的喷射口应对准火焰的(　　)。
(A)外部　(B)上部　(C)中部　(D)根部
5. 下列(　　)物质属于点火源。
(A)空气　(B)电火花　(C)木材　(D)纸张
6. 大型油罐应设置(　　)自动灭火系统。
(A)干粉　(B)泡沫　(C)二氧化碳　(D)喷淋
7. 燃烧是一种(　　)反应。
(A)自然　(B)物理　(C)化学　(D)生物
8. 用灭火器进行灭火的最佳位置是(　　)。
(A)距起火点 10 m 以上位置　(B)距起火点 10 m 以内位置
(C)下风位置　(D)上风或侧风位置
9. 采取适当措施，使燃烧因缺乏或隔绝氧气而熄灭，此方法称为(　　)。
(A)冷却灭火法　(B)窒息灭火法
(C)隔离灭火法　(D)化学抑制灭火法
10. 因行为人过失引起火灾并造成严重后果，其行为构成(　　)。
(A)玩忽职守罪　(B)纵火罪
(C)失火罪　(D)重大责任事故罪
11. 火灾扑灭后，起火单位应(　　)。
(A)抢救物资　(B)抢修设施　(C)恢复生产　(D)保护现场
12. 我国目前通用的火警电话是(　　)。
(A)110　(B)119　(C)120　(D)911
13. 消防重点单位应每隔(　　)举行一次灭火演练。

(A)一个月　(B)三个月　(C)半年　(D)一年

14. 电气设备发生火灾时,不得使用(　　)进行扑救。

(A)干粉灭火器　(B)卤代烷灭火器

(C)二氧化碳灭火器　(D)清水灭火器

15. 常用灭火器适用于火灾形成的(　　)阶段。

(A)初起　(B)蔓延　(C)猛烈　(D)熄灭

16. 液体类储油罐区的消火栓应设在(　　)。

(A)储罐区内　(B)储罐下　(C)防护堤外　(D)防护堤内

17. 干粉灭火器应每隔(　　)检查一次。

(A)一个月　(B)三个月　(C)半年　(D)一年

18. 消防水泵应(　　)试运转检查一次,发现问题及时处理。

(A)每天　(B)每周　(C)每月　(D)每季度

19. 储油罐设置独立避雷针(线)的接地电阻阻值应(　　)Ω。

(A)≥10　(B)≤10　(C)≥30　(D)≤30

20. 储油罐设置的防静电接地装置阻值应(　　)Ω。

(A)≥30　(B)≤30　(C)≥100　(D)≤100

21. 当电气设备采用超过(　　)V 电压时,应采取安全保护措施。

(A)12　(B)24　(C)36　(D)42

22. 我国铁路线路中直线轨距标准规定为(　　)mm。

(A)1 000　(B)1 067　(C)1 435　(D)1 520

23. 专指机务、车辆、工务、电务、供电等段专用并由其管理的线路称为(　　)。

(A)正线　(B)站线　(C)段管线　(D)岔线

24. 机车在启动时的鸣笛鸣示方式为(　　)。

(A)一长声　(B)二长声　(C)一短声　(D)二短声

25. 机车在要求出段时的鸣笛鸣示方式为(　　)。

(A)一长一短声　(B)二长一短声　(C)二长二短声　(D)二短一长声

26. 机车运用工作人员的基本法规为(　　)。

(A)《铁路技术管理规程》　(B)《铁路机车运用管理规程》

(C)《中华人民共和国铁路法》　(D)《铁路安全运输保护条例》

27. 构成铁路一般 C 类事故的是(　　)。

(A)未撤防护信号动车　(B)挤道岔

(C)机车溜入区间或站内　(D)拉铁鞋开车

28. 当发现接触网导线断落,要远离(　　)以外。

(A)3 m　(B)5 m　(C)10 m　(D)15 m

29. 电气化线路接触网的最高工作电压为(　　)。

(A)27.5 kV　(B)110 kV　(C)220 kV　(D)500 kV

30. 解除机车备用,短期备用机车应在(　　)达到可运用状态。

(A)2 h　(B)4 h　(C)8 h　(D)24 h

31. 机车在试验制动机开始减压时的鸣笛鸣示方式为(　　)。

(A)一长声　(B)一短声　(C)二长声　(D)二短声

32. 下列属于绝缘体的物品是(　　)。

(A)石墨　(B)铁棒　(C)铜线　(D)木棍

33. 调车机车在取送装载易燃易爆危险品车辆时,机后必须加挂至少(　　)辆隔离车。

(A)1　(B)2　(C)3　(D)4

34. 在线路内停留机车车辆后,不影响信号显示、道岔转换或邻线行车的线路最长利用部分称为(　　)。

(A)线路长度　(B)线路全长　(C)线路有效长　(D)线路容车数

35. 机车车辆的方位是以(　　)的方向确定为一位端,另一方为二位端。

(A)制动缸活塞　(B)车钩　(C)制动机　(D)脚踏梯

36. 线路两旁对方货物须保持在钢轨外侧不少于(　　)m,且应堆放稳固。

(A)1　(B)1.5　(C)2　(D)2.5

37. 机车车辆溜入站内或区间是以(　　)为界。

(A)道岔　(B)警冲标

(C)出站信号机　(D)进站信号机或站界标

38. 在电气化区段,断点标设置在分相绝缘器前方(　　)m 处。

(A)30　(B)50　(C)80　(D)100

39. 铁壳开关中能够起到保护作用的部件是(　　)。

(A)熔丝　(B)熔片　(C)熔断器　(D)地线

40. 按国家对火灾的分类,石油成品油火灾属于(　　)火灾。

(A)A 类　(B)B 类　(C)C 类　(D)D 类

41. 实现单位统一和量值准确可靠的(　　)叫计量。

(A)度量　(B)测量　(C)衡量　(D)标准

42. 石油和石油产品的标准密度是在标准温度(我国规定为 20℃)时的密度,单位以(　　)表示。

(A)g/cm^3、g/mL、kg/L　(B)t/m^3、t/L、kg/m^3

(C)kg/cm^3、g/L、mg/cm^3　(D)mg/L、kg/mL、g/dm^3

43. 1 m=10 dm=100 cm=1 000 mm=(　　)忽米。

(A)10 000　(B)100 000　(C)1 000 000　(D)10^7

44. 1 in=(　　)mm。

(A)10　(B)12　(C)25.4　(D)30

45. 1 dm^3=1 L=1 000 mL=(　　)cm^3。

(A)100　(B)1 000　(C)10 000　(D)10

46. 除因灾害或恶劣气候不能计量外,应(　　)对油罐储油量进行计量。

(A)每旬　(B)每周　(C)每天　(D)每班

47. 桶装润滑油的数量验收使用(　　)法验收。

(A)检尺计量　(B)称重　(C)计算　(D)单据

48. 铁路罐车计量前稳油时间不少于(　　),以保持油面稳定。

(A)20 min　(B)30 min　(C)1 h　(D)2 h

49. 长度单位米的法定计量单位符号是(　　)。

(A)M　(B)m　(C)n　(D)N

50. 计量的(约定)真值减去计量结果是(　　)。

(A)计量误差　(B)修正值　(C)示值　(D)真值

51. 计量器具在检定周期内抽查不合格的(　　)。

(A)由检定单位出具检定结果通知书　(B)由检定单位出具测试结果通知书

(C)应注销原检定证书　(D)置之不理

52. 测定燃油视温度、视密度,用无色透明玻璃制成具有刻度的筒状量器称(　　)。

(A)保温盒　(B)采样器　(C)石油密度计　(D)量筒

53. 量水尺的检定期限为(　　)。

(A)一个月　(B)3 个月　(C)半年　(D)一年

54. 重量单位千克的法定计量单位符号是(　　)。

(A)KG　(B)Kg　(C)kg　(D)kG

55. 温度计上必须有制造年限和器号,最小分度值应为(　　)。

(A)0.1℃　(B)0.2℃　(C)0.3℃　(D)0.5℃

56. 燃油到达的质量验收具体由(　　)负责。

(A)值班员　(B)计量员　(C)化验员　(D)卸油工

57. 温度计上必须有制造生产日期和器号,最小分度值为(　　)。

(A)(1/5)℃　(B)(1/4)℃　(C)(1/3)℃　(D)(1/2)℃

58. 采样器的储油容量应为(　　)。

(A)1 000 mL　(B)1 200 mL　(C)1 500 mL　(D)2 000 mL

59. 作业人员计量时,铁路罐车站立在(　　)处,储油罐在计量口的导尺槽处作业。

(A)人孔盖铰链对面　(B)安全可靠

(C)上风　(D)人孔盖的侧面

60. 测量燃油视密度、视温度时使用由(　　)制成的,具有刻度的筒状量器称量筒。

(A)铜、铝材料　(B)合金材料　(C)有机玻璃　(D)透明无色玻璃

61. 废气中最主要的成分为(　　)。

(A)SO_2　(B)NO_2　(C)H_2S　(D)CO_2

62. 燃油的自然损耗是在收、发、管、用过程中造成的数量损失,不包括(　　)的数量损失。

(A)自然蒸发　(B)零星洒漏

(C)事故及人力不可抗拒的自然灾害　(D)容器粘附

63. (　　)是以账列数目与库存储备实际数相比计算数量盈亏的统计报表。

(A)铁路燃油动态月报表　(B)燃油清查对照表

(C)铁路燃油动态总账　(D)内燃机车燃油请领单

64. 打温机车用油凭(　　)领取。

(A)司机报单　(B)用油单

(C)燃油请领单　(D)实际打温耗油量

65. 立式储油罐不得超过(　　)清洗一次。

(A)一年　(B)两年　(C)四年　(D)五年

66. 60 t 以下的卧罐或铁路罐车应(　　)清洗一次。

(A)三个月　(B)半年　(C)1 年　(D)两年

67. 立式储油罐出口下方距罐底 300 mm 以下者,(　)作为清洗损耗量。

(A)10%　(B)20%　(C)30%　(D)40%

68. 每次进罐清洗工作(　　)应出来休息,换人进去作业。

(A)10 min　(B)15 min　(C)30 min　(D)45 min

69. 电解液比重以(　　)时的值为标准。

(A)10℃　(B)20℃　(C)25℃　(D)30℃

70. 内燃机车启动用电压为(　　)。

(A)24 V　(B)48 V　(C)110 V　(D)220 V

71. 蓄电池重复放电时,电解液面会(　　),因此定期检视电解液液位,随时补充纯水,以维持适当的液位。

(A)上升　(B)先下降再上升　(C)不变　(D)下降

72. 蓄电池放完电后要马上充电,不允许搁置超过(　　)。

(A)一天　(B)5 天　(C)7 天　(D)15 天

73. (　　)应对电池进行一次均衡充电,这样可以延长电池的使用寿命。

(A)每天　(B)每周　(C)每月　(D)每年

74. 蓄电池在以下(　　)条件下需要均充补充电。

(A)安装开通时　(B)浮充状态单体电压低于 2.18 V

(C)蓄电池给设备放电后　(D)每隔一段时间就可以

75. 下列哪种措施可较大发挥电池容量(　　)。

(A)过充电　(B)增大放电电流　(C)过放电　(D)减小放电电流

76. 以下关于同一规格铅酸蓄电池连接使用正确的叙述为(　　)。

(A)电池串联使用,电压等于分电压之和,容量等于分容量之和

(B)电池串联使用,电压等于分电压之和,容量不变

(C)电池并联使用,电流不变,容量等于分容量之和

(D)电池并联使用,电压不变,容量不变

77. 运行中,柴油机油、水温度应控制在规定范围内,停机时使油水温度降至(　　)。

(A)20～30℃　(B)30～40℃　(C)40～50℃　(D)50～60℃

78. 禁止向柴油机补加冷水;补水温度不得低于(　　),但也不宜过高。

(A)10℃　(B)20℃　(C)30℃　(D)40℃

79. 冬季长期停留的机车转入运用时,应拉到暖库内保温(　　)以上,然后注入规定温度的油、水。

(A)8 h　(B)12 h　(C)24 h　(D)48 h

80. 打温过程中,手柄位置不能(　　),保持规定的油水温度,并检查柴油机及辅助装置的运转情况,保证状态良好。

(A)过高　(B)正常　(C)过低　(D)不变

81. 打温机车用油凭(　　)领取。

(A)司机报单　(B)用油单
(C)燃油请领单　(D)实际打温耗油量

82. 输送黏度小、流量大的燃油时使用(　　)泵。
(A)往复　(B)齿轮　(C)真空　(D)离心

83. 滤清器的过滤面积通常是管道截面积的(　　)倍。
(A)1～2　(B)2～3　(C)3～4　(D)4～5

84. 输送黏度大的油品时多采用(　　)。
(A)齿轮泵　(B)离心泵　(C)高压泵　(D)真空泵

85. 输油泵启动电机前,应先打开(　　),开启排气阀排尽管道和泵室内的气体。
(A)出口阀门　(B)进口阀门　(C)放气阀　(D)截止阀

86. 铁路内燃机车使用柴油作燃料,习惯上又称为(　　)。
(A)机油　(B)燃油　(C)冷却水　(D)火油

87. 电力机车常用油脂有轴承油、(　　)压缩机油、变压器油、润滑脂等。
(A)机油　(B)燃油　(C)齿轮油　(D)润滑脂

88. 小型往复泵多用于(　　)。
(A)卸燃油　(B)输送黏油　(C)抽罐车余油　(D)为离心泵引油

89. 内燃机车上油时,油箱两边油尺的油面高度不一致,应以(　　)为依据。
(A)加油口一侧　(B)非加油口一侧
(C)两侧综合计算　(D)移动机车使两侧一致

90. 柴油机喷油泵的(　　)是指由于喷射后燃油压力下降过于迟缓,使针阀不能迅速回座,在喷射终了仍有燃油从喷口喷出,因流速低,使燃油不能雾化。
(A)漏油　(B)隔次喷射　(C)二次喷射　(D)连续喷射

91. 柴油机喷油泵的(　　)是指喷射后终了针阀落座后,针阀又第二次开启喷射。
(A)漏油　(B)隔次喷射　(C)二次喷射　(D)连续喷射

92. 内燃机按(　　)分类,可分为往复活塞式内燃机、旋转活塞式内燃机、轮式内燃机等。
(A)基本工作原理　(B)所用燃料
(C)工作循环冲程数　(D)旋转活塞式

93. 内燃机按所用燃料分类,可分为(　　)、汽油机、煤气机和沼气机等。
(A)煤油机　(B)柴油机　(C)往复活塞式　(D)旋转活塞式

94. 四缸柴油机,各缸做功的间隙角度为(　　)。
(A)45°　(B)30°　(C)120°　(D)180°

95. 单缸四冲程柴油机的工作过程包含有(　　)。
(A)进气冲程　(B)压缩膨胀冲程　(C)排气冲程　(D)A、B、C全包括

96. 柴油机的主要运动件是(　　)。
(A)气缸　(B)喷油器　(C)曲轴　(D)中冷器

97. (　　)是内燃机中热能转变为机械能的主要机构。
(A)曲轴连杆机构　(B)配合机构　(C)机体组件　(D)供给系统

98. 常用蒸汽、水管阀门所用铜材料一般是(　　)。
(A)纯铜　(B)黄铜　(C)青铜　(D)特殊合金铜

99. 机车上满油后移动位置或转线发现误差引起争议时，可(　　)进行确认。

(A)移动机车至无争议位置　(B)找来相关人员共同协商

(C)以上油时为准不必　(D)将机车退回原来位置

100. 燃油加油管不用时应挂好，管口(　　)。

(A)朝下　(B)朝上　(C)加盖　(D)随意

101. 油泵房应设(　　)门，面积 60 cm^2 以上不宜少于两个。

(A)单开门　(B)双开门　(C)内开门　(D)外开门

102. DF_4 型内燃机车和 SS_3 型电力机车，全车共有(　　)个砂箱。

(A)2　(B)4　(C)8　(D)12

103. 电力机车和液力传动内燃机车的传动装置都采用(　　)。

(A)气缸油　(B)空气压缩机油　(C)柴油机油　(D)齿轮油

104. 内燃机务段供给机车燃油一般是把储油罐的燃油，通过发油泵或自然压力把燃油送至整备场，由(　　)来完成。

(A)发放柱　(B)汽车　(C)卸油设备　(D)水鹤

105. 整备场发放柱一般可分为(　　)。

(A)一种　(B)两种　(C)三种　(D)四种

106. 滤清器在燃油发放系统中起着保证供给机车(　　)的作用，应定期检查、清洗或更换过滤网。

(A)清洁机油　(B)清洁燃油　(C)冷却水　(D)润滑脂

107. 油泵是燃油输送的主要(　　)设备。

(A)保养　(B)检测　(C)检修　(D)动力

108. 泵的种类很多，一般情况下输送黏度小、流量大的燃油应选择(　　)泵。

(A)齿轮　(B)离心　(C)高压　(D)真空

109. 卸油线采用尽头线，尽头线上应有明显的(　　)。

(A)白牌和白灯显示　(B)蓝牌和蓝灯显示

(C)红牌和红灯显示　(D)黄牌和黄灯显示

110. 卸油线应有足够的(　　)，以保证生产安全。

(A)场地　(B)照明和消防器材

(C)人员　(D)机车

111. 卸油鹤管指插入油槽车的卸油管，一般采用(　　)，也可采用耐油胶管。

(A)铝塑管　(B)PVC 管　(C)不锈钢管　(D)铝合金管

112. 卸油线附近应设(　　)，钢轨应有接地装置以阻止外界的散杂感应电流窜进卸油线。

(A)避雷针　(B)接地线　(C)变压器　(D)电阻箱

113. 从数量上讲，燃料占石油产品(　　)以上的是用量最大的油品。

(A)60%　(B)70%　(C)80%　(D)90%

114. 给砂作业中的矽尘浓度标准为小于(　　)，以防止矽肺病的感染。

(A)3 mg/m^3　(B)2.5 mg/m^3　(C)4 mg/m^3　(D)2 mg/m^3

115. 电渗析除盐设备由(　　)渗析器和辅助设备两大部分组成。

(A)电 (B)机械 (C)液压 (D)光学

116. 电渗析器由(　　)交换膜隔板、电极和紧固装置等部分组成。

(A)塑料 (B)电子 (C)玻璃 (D)离子

117.(　　)工作是采用逐级汇总的形式进行的，根据规定分别按日、旬、月、季、年报告周期，由专门人员负责编制上报。

(A)燃油请领单 (B)燃油统计报表 (C)领油 (D)发油

118. 内燃机车燃油请领单是运用机车领油的(　　)记录，发放燃油工作人员必须认真准确地填写"燃油请领单"，不得弄虚作假。

(A)初始 (B)交接 (C)发放 (D)原始

119. 用油单是运用机车以外的用油领油原始记录，并作为财务室办理转账手续的原始单据，工作人员必须按定额发放，(　　)要准确填写。

(A)日期 (B)地点 (C)重量 (D)数量

120. 东风4型内燃机车冷却水储量为(　　)。

(A)1 200 L (B)1 800 L (C)2 500 L (D)9 000 L

121. 在输油中断后，应立即停泵，切忌(　　)。

(A)空转 (B)惰转 (C)切断电源 (D)打开排气阀

122. 燃油发放柱指整备场单一(　　)供给机车的发放柱。

(A)发放机油 (B)发放燃油 (C)发放冷却水 (D)发放润滑脂

123. 燃油密度随(　　)和油品质量变化的影响而变化。

(A)时间长短 (B)发放频率 (C)存放方式 (D)大气温度变化

124. 燃油发放密度需(　　)测定。

(A)经常 (B)定期 (C)随时 (D)专人

125. 完成经济指标、降低燃油消耗的关键是把(　　)落实到车间、班组、个人。

(A)指标 (B)权限 (C)材料费 (D)定额

126. 燃油的验收主要指对燃油罐车在装载数量与(　　)方面的验收。

(A)运送方式 (B)质量 (C)地点 (D)到达时间

127. 维护燃油质量、(　　)是储存保管中的重要环节。

(A)定期检查 (B)按时发放 (C)减少损耗 (D)注意防火

128. 机车擦拭材料应本着"合理、节约"的精神，坚持(　　)、定额发放的原则。

(A)按车发放 (B)按人发放 (C)弃旧领新 (D)收旧领新

129. 电力机车整备作业包括机车外皮洗刷、给砂、(　　)及领取擦拭材料。

(A)给润滑油 (B)给燃油 (C)充电 (D)给润滑脂

130. 电力机车实行长交路后，可在中间站到发线设(　　)。

(A)给润滑油点 (B)给燃油点 (C)充电点 (D)给砂点

131. 内燃机车冷却系统应以(　　)为好。

(A)高分子水 (B)去分子水 (C)去离子水 (D)等离子水

132. 离子交换法除盐的基本流程中，用(　　)交换这一步都是共同的。

(A)强酸阳离子 (B)强酸阴离子 (C)弱酸阳离子 (D)弱酸阴离子

133. 为了防寒，油罐放水管外露部分应加装(　　)保护层。

(A)防盗　(B)防冻　(C)防雪　(D)防火

134. 避雷针焊在油罐顶部或(　　)。

(A)油罐中部处　(B)油罐下部处　(C)油罐底部处　(D)圈板边缘处

135. 对接触燃油毒气时间较长工种的工作人员要(　　)。

(A)定期体检　(B)定期轮换　(C)提前退休　(D)定期休息

136. 内燃机车冷却水添加剂的配方是多种腐蚀抑制剂的(　　)配方。

(A)单一　(B)祖传　(C)复合　(D)遗留

137. 油库应建立日常和节假日值班制度,警卫、(　　)要分班不间断地轮流值班护库。

(A)值班段长　(B)警察　(C)保安　(D)消防人员

138. 油库内凡是动用明火作业,必须在(　　)进行。

(A)晚上　(B)指定时间　(C)指定地点　(D)白天

139. 机车设备用油,燃油发放人员按定额发放,对无定额领油(　　)。

(A)限量发放　(B)有权不发　(C)全额发放　(D)必须发放

140. 燃烧的发生和继续,必须同时具备3个条件,即燃烧三要素,可燃物、空气、(　　),三者缺一不可。

(A)氧气　(B)明火　(C)着火点　(D)燃油

141. 按照我国现行国家标准的规定,火灾分为(　　)4个类别。

(A)A、B、C、D　(B)甲、乙、丙、丁　(C)E、F、G、H　(D)一、二、三、四

142. 不管用什么方法灭成品油火灾,其总的作用都是减少油料蒸发,使着火面与(　　)隔离,从而使火熄灭。

(A)明火　(B)成品油　(C)冷却水　(D)空气

143. 某种润滑油脂针入度变为400时,已不能在重力下保持其形状,说明其已(　　)了附着在摩擦面上的能力。

(A)产生　(B)丧失　(C)拥有　(D)明确

144. 形成残炭的主要物质是润滑油中的(　　)、胶质及多环芳烃的叠和物。

(A)杂质　(B)碳化物　(C)沥青质　(D)碳合物

145. 气缸油、压缩机油中的残炭要求一定要(　　),才能保证正常润滑。

(A)多　(B)少　(C)大　(D)小

146. 过热气缸油的闪点要求应在(　　)以下。

(A)340℃　(B)350℃　(C)360℃　(D)370℃

147. 在空气中使用的润滑油的闪点应高于该部件最大允许温度(　　)。

(A)20～30℃　(B)30～40℃　(C)40～50℃　(D)50～60℃

148. 国际标准化组织按应用场合将润滑油分为(　　)。

(A)15类　(B)16类　(C)18类　(D)20类

149. 柴油是石油产品燃料中一种半透明的(　　)三级可燃液体。

(A)白色　(B)红色　(C)无色　(D)黄色

150. 柴油根据用途可分为(　　)和重柴油两种。

(A)轻柴油　(B)中度柴油　(C)机用柴油　(D)船用柴油

151. 轻柴油适用于每分钟(　　)以上的柴油机作燃料。

(A)400 转 (B)500 转 (C)800 转 (D)1 000 转

152. 柴油的(　　)为 0.80～0.87 g/cm³。

(A)燃点 (B)黏度 (C)凝点 (D)密度

153. 机务段应有使用(　　)机车燃料的储存场地或油库。

(A)1～2 个月 (B)2～3 个月 (C)3～4 个月 (D)6～12 个月

154. 十六烷值是柴油燃烧性能的标志，是表示柴油(　　)的指标。

(A)闪点 (B)凝点 (C)阻燃性 (D)抗爆性

155. 干砂对于控制和扑灭地面(　　)比较有效。

(A)稳定油火 (B)浮流油火 (C)明火 (D)暗火

156. 润滑油的凝固，严格来说，只是其中所含石蜡的凝固，大部分油料依然是(　　)。

(A)流体 (B)气体 (C)液体 (D)固体

157. 成品石油的灭火方法主要有窒息法、(　　)、隔离法。

(A)冷却法 (B)阻断法 (C)抑制法 (D)清除法

158. 石油产品的特性主要有易燃性、(　　)、蒸发性、易产生静电、有一定的毒性。

(A)污染性 (B)易挥发性 (C)流动性 (D)易爆性

159. 空气泡沫混合器也称比例混合器，是(　　)和水的混合器械。

(A)泡沫液 (B)空气 (C)燃油 (D)润滑脂

160. 0 号轻柴油的闭口闪点应不低于(　　)。

(A)65℃ (B)70℃ (C)75℃ (D)80℃

161. 机务段的存砂数量，一般应最少储存不少于(　　)的耗砂量。

(A)1 个月 (B)2 个月 (C)3 个月 (D)6 个月

162. 东风 4 型内燃机车油箱的容积为(　　)。

(A)6 000 L (B)7 000 L (C)8 000 L (D)9 000 L

163. 灭火用的空气泡沫液日常存放要(　　)，以避免与空气接触氧化。

(A)整齐 (B)密封 (C)遮光 (D)通风

164. 灰分是润滑油按规定条件完全燃烧后所剩下的(　　)的百分含量。

(A)不燃物质 (B)可燃物质 (C)碳化物 (D)润滑脂

165. 铁路机车规定使用中的柴油机油水分含量不得大于(　　)。

(A)0.1% (B)0.2% (C)0.5% (D)0.6%

166. 补给水的软化处理就是降低水中的(　　)。

(A)悬浮物 (B)胶态物质 (C)碱度 (D)硬度

167. 总容量在 500～2 500 m³之间的石油库为(　　)。

(A)一级油库 (B)二级油库 (C)三级油库 (D)四级油库

168. 纯净的水在水层深时为(　　)。

(A)无色 (B)淡黄色 (C)棕黄色 (D)浅蓝绿色

169. 电渗析器是水除盐设备，组成部件中没有(　　)。

(A)离子交换膜 (B)极板

(C)隔板 (D)阴、阳离子交换器

170. 电渗析器开始运用时要(　　)。

(A)通电冲洗 10 min (B)倒换一次电极
(C)先通水后供电 (D)先断电后通水

171. 测定燃油视温度、视密度,用无色透明玻璃制成具有刻度的筒状量器称为( )
(A)保温盒 (B)采样器 (C)石油密度计 (D)量筒

172. 给机车上砂时,必须与( )联系好,待机车停稳后方可作业。
(A)燃料值班员 (B)车间主任 (C)班组长 (D)机车司机

173. 燃油、冷却水、机油综合发放柱适宜安装在( )。
(A)整备场 (B)架修库 (C)检修库 (D)专用线

174. 针对铁路运输的特性,燃油发放密度以( )为依据标准。
(A)当天的平均气温测定油品密度 (B)测得的较接近的油品密度
(C)产地的油品密度 (D)计算标准密度

175. 内燃机务段冷却水通常采用( )制备。
(A)过滤法 (B)蒸馏法 (C)离子交换法 (D)电渗析法

176. 内燃机务段柴油库的总储量是按( )来确定的。
(A)柴油库的储存能力 (B)按供油条件
(C)按一个月的运营备用量 (D)每昼夜最大消耗量乘规定的储备天数

177. 打温机车消耗燃油定额单位为( )。
(A)kg/台 (B)kg/h (C)kg/月 (D)kg/天

178. 储油罐涂刷成银灰色、白色等浅色油漆是为了( )。
(A)防止油罐腐蚀 (B)减轻光照升温 (C)美化环境 (D)统一规定要求

179. 抽卸油罐车底油时应先注入沉淀池沉淀后再( )。
(A)输入储油罐 (B)按次品油处理
(C)按非生产用油发放 (D)输入暂存油合格油罐

180. 非动转罐燃油在长期储存中每超过( )不使用的应取样化验,核定燃油的质量变化。
(A)1 个月 (B)2 个月
(C)半个月 (D)随季节变化规定期限

181. 除因灾害或恶劣气候不能计量外,应( )对油罐储油量进行计量。
(A)每旬 (B)每周 (C)每天 (D)每班

182. 桶装润滑油的数量验收使用( )验收。
(A)检尺计量法 (B)称重法 (C)计算法 (D)单据法

183. 钙钠基润滑油脂适用于( )的润滑。
(A)滑动轴承 (B)滚动轴承 (C)齿轮 (D)制动缸

184. 润滑脂析油严重,表示胶体安定性已破坏,应( )使用。
(A)将表面油刮去后 (B)降级 (C)不宜 (D)低温处理后

185. 消耗量小的润滑油发放一般采用带有( )高架油桶发放。
(A)齿轮泵 (B)流量仪表 (C)蛇形加热器 (D)胶圈

186. 空气中含有柴油蒸汽量的最大浓度不允许超过( )。
(A)0.1 mg/cm^3 (B)0.2 mg/cm^3 (C)0.3 mg/cm^3 (D)0.5 mg/cm^3

187. 油库的安全管理必须贯彻(　　)的方针。

(A)健全制度　(B)预防为主

(C)加强管理　(D)增强专业知识和责任心

188. 根据石油产品被引燃的难易程度,将油库储存的油品按其间点分为甲、乙、丙三类,制定相应防火布局规划措施,－35 号轻柴油属于(　　)。

(A)甲类　(B)乙类　(C)丙类　(D)易燃类

189. 为了安全和减少损耗,油罐的进油管从油罐的(　　)进入。

(A)上部　(B)下部　(C)中部　(D)底部

190. 油罐的罐顶应设立(　　),以保证操作人员的安全。

(A)盘梯　(B)扶手　(C)平台　(D)栏杆

191. 储油罐避雷针高度要比机械呼吸阀顶高(　　)。

(A)2 m　(B)3 m　(C)4 m　(D)5 m

192. 导电接地线的接地极一般埋入距油罐基础 2 m 以外,如接地处有大量油品浸渍,应做(　　)处理。

(A)无所谓　(B)换土或重设　(C)防浸　(D)注盐水

193. 油泵房应设(　　),不宜少于两个。

(A)单开门　(B)双开门　(C)内开门　(D)外开门

194. 立式罐的防火墙实高不应低于 1 m,防火墙内应为不燃材料铺设的地坪,防火墙内有效容量应为(　　)容量。

(A)油罐的最大　(B)油罐的常储

(C)大于油罐的最大　(D)因地制宜

195. 卸油线栈台上应设安全栏杆,(　　)设上下栈台的梯子。

(A)两端　(B)一端　(C)中部　(D)适当位置

196. 遇软水剂溅入眼睛时应立即(　　)。

(A)看医生　(B)用清水冲洗　(C)用手揉搓　(D)用干净毛巾擦拭

197. 本段运用机车用油凭"司机报单"领取,发放人员填写"燃油请领单"两份,(　　)送财务、统计各一份。

(A)每班　(B)每日　(C)每周　(D)每旬

198. 铁路罐车计量前稳油时间不少于(　　),以保持油面稳定。

(A)20 min　(B)30 min　(C)1 h　(D)2 h

199. 铁路罐车取样时,在罐车内油品深度的(　　)处取一份试样。

(A)3/4　(B)1/2　(C)1/4　(D)任意

200. 电气化铁路当接触网绝缘不良时,在其支柱、支撑机构及金属结构上,在回流线与钢轨的连接点上都(　　)。

(A)可能会出现高电压　(B)不会出现高电压

(C)会出现高电压　(D)可能会出现低电压

201. 在整备线上作业时,听到机车鸣笛(　　)表示机车向前移动。

(A)一短声　(B)一长声　(C)二长声　(D)二短一长声

202. (　　)柴油适用于最低气温在 4℃以上的地区使用。

(A)0号 (B)−10号 (C)−20号 (D)−35号

203. 某种润滑脂中稠化剂含量由10%增到40%时，润滑脂的稠度增大，针入度( )。

(A)增大 (B)不变 (C)变小 (D)无

204. RC—20号轻柴油其凝点应不高于( )。

(A)0℃ (B)100℃ (C)−100℃ (D)300℃

205. HC—11或HC—14号柴油机油其标号是根据( )时的运动黏度规定的。

(A)0℃ (B)100℃ (C)−100℃ (D)300℃

206. 润滑油的酸值是指中和19润滑油中的酸性物质所需( )的毫克数。

(A)氢氧化钠 (B)氢氧化钾 (C)氢氧化钙 (D)二氧化碳

207. 覆盖在金属表面上的润滑油薄膜，在高温和空气中氧的作用下，抵抗受热分解及氧化的能力，称为润滑油脂的( )。

(A)抗氧化安定性 (B)油性 (C)热氧化安定性 (D)氧化性

208. 润滑油的凝固主要是由于温度降低，溶解在油料内的( )发生结晶所引起的。

(A)沥青 (B)胶质 (C)炭 (D)石蜡

209. 根据国际规定，内燃机车所需柴油的十六烷值应不小于( )。

(A)30 (B)45 (C)0 (D)20

210. 进入各种容器内工作时，进口处应设( )的警示牌，同时设专人监护。

(A)危险 (B)里面有人工作 (C)禁止移动 (D)注意安全

211. 润滑油、脂类石油产品．当闪点在120℃以上时，其失火危险等级为( )。

(A)1级 (B)2级 (C)3级 (D)4级

212. 内燃机务段( )是用来储存和发放内燃机车燃油、保证内燃机车完成运输任务的主要储油设施。

(A)油房 (B)铁路罐车 (C)汽车罐车 (D)油库

213. 根据石油产品被引燃的难易程度，将石油库储存的油品按其( )划分为甲、乙、丙三类。

(A)十六烷值 (B)馏分 (C)闪点 (D)凝点

214. 总容量大于或等于50 000 m^3的石油库为( )。

(A)一级油库 (B)二级油库 (C)三级油库 (D)四级油库

215. 总容量在10 000～50 000 m^3之间的石油库为( )。

(A)一级油库 (B)二级油库 (C)三级油库 (D)四级油库

216. 总容量在2 500～10 000 m^3之间的石油库为( )。

(A)一级油库 (B)二级油库 (C)三级油库 (D)四级油库

217. 修理带有压力的部件时，应首先( )方准进行工作。

(A)截断压力来源，放出余压后 (B)疏散周围人员

(C)宣讲安全措施 (D)进行防护后

218. 汽油类、苯类石油产品，当闪点在28℃以下时，其失火危险等级为( )。

(A)1级 (B)2级 (C)3级 (D)4级

219. 煤油类石油产品，当闪点在28～45℃时，其失火危险等级为( )。

(A)1级 (B)2级 (C)3级 (D)4级

220. 柴油、燃料油石油产品，当闪点在45～120℃时，其失火危险等级为(　　)。

(A)1级　(B)2级　(C)3级　(D)4级

221. (　　)适用于油类、电器火灾。

(A)二氧化碳灭火机　(B)四氯化碳灭火机

(C)干粉灭火机　(D)"1211"灭火机

222. (　　)适用于油类、电器、精密仪器火灾。

(A)二氧化碳灭火机　(B)四氯化碳灭火机

(C)干粉灭火机　(D)"1211"灭火机

223. 储油罐灭火时，着火储油罐的供水强度不得少于(　　)，邻罐的供水强度不得少于0.2 L/s。

(A)0.3 L/s　(B)0.4 L/s　(C)0.5 L/s　(D)0.6 L/s

224. 库内油罐区四周应设环形通道，宽度不小于(　　)，以利于消防汽车通行。

(A)2.5 m　(B)3.0 m　(C)3.5 m　(D)4.5 m

225. 内燃机车柴油机每小时工作所消耗的燃油量称为(　　)。

(A)燃油消耗量　(B)燃油消耗率

(C)有效燃油消耗率　(D)指示燃油消耗率

226. 内燃机车柴油机工作时，按指示功率计算每千瓦小时所消耗的燃油量称为(　　)。

(A)燃油消耗量　(B)燃油消耗率

(C)有效燃油消耗率　(D)指示燃油消耗率

227. 内燃机车柴油机工作时，按有效功率计算每千瓦小时所消耗的燃油量称为(　　)。

(A)燃油消耗量　(B)燃油消耗率

(C)有效燃油消耗率　(D)指示燃油消耗率

228. (　　)适用于电器火灾。

(A)二氧化碳灭火机　(B)四氯化碳灭火机

(C)干粉灭火机　(D)"1211"灭火机

229. (　　)适用于电器、精密仪器火灾。

(A)二氧化碳灭火机　(B)四氯化碳灭火机

(C)干粉灭火机　(D)"1211"灭火机

230. 按原油的相对密度来分，相对密度小于0.830的原油为(　　)。

(A)轻质原油　(B)中质原油　(C)重质原油　(D)特重质原油

231. 按原油的相对密度来分，相对密度为0.830～0.904的原油为(　　)。

(A)轻质原油　(B)中质原油　(C)重质原油　(D)特重质原油

232. 按原油的相对密度来分，相对密度为0.904～0.966的原油为(　　)。

(A)轻质原油　(B)中质原油　(C)重质原油　(D)特重质原油

233. 按原油的相对密度来分，相对密度大于0.966的原油为(　　)。

(A)轻质原油　(B)中质原油　(C)重质原油　(D)特重质原油

234. 按原油的含硫量来分，含硫量小于0.5%的原油为(　　)。

(A)低硫原油　(B)含硫原油　(C)高硫原油　(D)无硫原油

235. 按原油的含硫量来分，含硫量为0.5%～2.0%的原油为(　　)。

(A)低硫原油 (B)含硫原油 (C)高硫原油 (D)无硫原油

236. 按原油的含硫量来分，含硫量大于2.0%的原油为(　　)。

(A)低硫原油 (B)含硫原油 (C)高硫原油 (D)无硫原油

237. 按原油的含蜡量来分，蜡含量为0.5%～2.5%的原油为(　　)。

(A)低蜡原油 (B)含蜡原油 (C)高蜡原油 (D)无蜡原油

238. 按原油的含蜡量来分，蜡含量为2.5%～10%的原油为(　　)。

(A)低蜡原油 (B)含蜡原油 (C)高蜡原油 (D)无蜡原油

239. 按原油的含蜡量来分，蜡含量大于10%的原油为(　　)。

(A)低蜡原油 (B)含蜡原油 (C)高蜡原油 (D)无蜡原油

240. 轻柴油是每分钟在(　　)以上的中、高速柴油机的燃料。

(A)500转 (B)800转 (C)1 000转 (D)1 200转

241. 重柴油是每分钟在(　　)以下的低速柴油机的燃料。

(A)200转 (B)300转 (C)400转 (D)500转

242. 转速低于(　　)的中低速柴油机，可以使用十六烷值为35～40的轻柴油。

(A)500 r/min (B)800 r/min (C)1 000 r/min (D)1 200 r/min

243. 高速柴油机用轻柴油残炭最高不得超过(　　)。

(A)0.326 (B)0.2% (C)0.15% (D)0.1%

244. 为了保证计量精度，流量表应(　　)检定一次。

(A)每月 (B)每季度 (C)每半年 (D)每年

245. (　　)具有运行平稳，管道压力波动小的优点。

(A)罗茨流量表 (B)椭圆齿轮流量表

(C)速度式流量表 (D)容积式流量表

246. 流量表与管线之间的安装应保持同心，其偏差不应超过(　　)。

(A)1° (B)1.5° (C)2° (D)2.5°

247. 流量表与管线安装法兰间的垫片厚度偏差不应超过(　　)。

(A)0.1 mm (B)0.2 mm (C)0.3 mm (D)0.5 mm

248. 卸燃油作业线与卸润滑油的作业线应分开，合用一条线时，相邻安全距离不宜小于(　　)。

(A)15 m (B)18 m (C)24 m (D)32 m

249. 油库应设高度不低于(　　)的非燃材料的实体围墙。

(A)2.0 m (B)2.5 m (C)3.0 m (D)3.5 m

250. 用于在机车检修前后，发放燃油、冷却水、机油以及卸下废机油、回收冷却水和卸空燃油箱的装置为(　　)。

(A)燃油发放柱 (B)冷却水、机油发放柱

(C)燃油、冷却水、机油发放柱 (D)综合发放柱

三、多项选择题

1. 灭火的基本原理有(　　)。

(A)冷却法 (B)窒息法 (C)隔离法 (D)化学抑制法

2. 依据国家标准,火灾种类可分为(   )。

(A)普通物品火灾 (B)易燃液体火灾 (C)可燃气体火灾 (D)金属火灾

3. 干粉灭火器适用于扑救(   )。

(A)普通物品火灾 (B)易燃液体火灾 (C)可燃气体火灾 (D)金属火灾

4. 泡沫灭火器用于扑救(   )。

(A)普通物品火灾 (B)易燃液体火灾 (C)可燃气体火灾 (D)金属火灾

5. 二氧化碳灭火器用于扑救(   )。

(A)普通物品火灾 (B)易燃液体火灾 (C)可燃气体火灾 (D)金属火灾

6. 1211 灭火器主要用于扑救(   )。

(A)贵重物品火灾 (B)易燃液体火灾 (C)可燃气体火灾 (D)电器火灾

7. 消防工作的"三会"是指(   )。

(A)会逃生自救 (B)会报警

(C)会扑救初级火灾 (D)会使用消防器材

8. 清水的灭火基理是(   )。

(A)冷却法 (B)窒息法 (C)隔离法 (D)化学抑制法

9. 发生火灾时,现场无制式灭火器材,可采用(   )灭火。

(A)水 (B)砂土 (C)浸湿的衣服 (D)树枝、笤帚

10. 油品的危险性有(   )。

(A)易燃性 (B)易爆性 (C)易积聚静电 (D)易蒸发扩散

11. 扑救油类火灾,可选择的灭火器类型有(   )。

(A)干粉灭火器 (B)泡沫灭火器

(C)二氧化碳灭火器 (D)卤代烷灭火器

12. 扑救电气类火灾,可选择的灭火器类型有(   )。

(A)干粉灭火器 (B)泡沫灭火器

(C)二氧化碳灭火器 (D)卤代烷灭火器

13. 引起火灾的原因主要有(   )。

(A)故意纵火 (B)用火不慎 (C)违规操作 (D)雷击意外

14. 火灾扑灭后,为掩盖起火原因推卸责任而伪造现场,尚不构成犯罪的,视情节可给予(   )处罚。

(A)刑拘 (B)15 日以下拘留 (C)罚款 (D)警告

15. 防止火灾的最基本方法是(   )。

(A)消除着火源 (B)消除助燃物 (C)控制助燃物 (D)控制可燃物

16. 引起火灾的火源主要有(   )。

(A)明火 (B)电火花 (C)自燃 (D)雷击

17. 常见的易燃液体有(   )。

(A)汽油 (B)柴油 (C)甲醇 (D)乙醚

18. 国标规定的安全电压额定值等级有(   )。

(A)50 (B)42 (C)36 (D)24

19. 防止进入油库引起油气中毒的措施有(   )。

(A)佩戴防毒面具　　(B)保持油库空气流通
(C)确保储油设施密封　　(D)尽量减少与油品的直接接触

20. 需要采取防静电接地的铁路线装卸油品的设施有(　　)。
(A)钢轨　　(B)输油管线　　(C)鹤管　　(D)金属作业台

21. 电力机车整备线的接触网应设有(　　)等设备。
(A)检查坑　　(B)分段绝缘器　　(C)隔离开关　　(D)检测

22. 机车定期检修的修程分为(　　)。
(A)大修　　(B)中修　　(C)小修　　(D)辅修

23.《铁路技术管理规程》内容中包含了(　　)等相关规定。
(A)技术设备　　(B)行车组织
(C)信号显示　　(D)工作人员职责要求

24. 机车车辆停放时的防溜器具有(　　)。
(A)车辆人力制动机　　(B)铁鞋
(C)手制动机器　　(D)木楔

25. 依据《铁路交通事故调查处理条例》规定,事故等级分为(　　)。
(A)特别重大事故　　(B)重大事故　　(C)较大事故　　(D)一般事故

26. 构成铁路一般D类事故的是(　　)。
(A)未撤防护信号动车　　(B)挤道岔
(C)机车溜入区间或站内　　(D)拉铁鞋开车

27. 下列属于导电体的物品是(　　)。
(A)橡胶　　(B)铁棒　　(C)石墨　　(D)陶瓷

28. 电力机车车顶作业时,应提前做好的准备工作有(　　)。
(A)办理隔离开关作业手续　　(B)司机室放置警示牌
(C)地面防护人员安排　　(D)穿戴好劳保用品

29. 机车按用途分为(　　)。
(A)客运机车　　(B)货运机车　　(C)调车机车　　(D)蒸汽机车

30. 调车作业中铁路视觉信号颜色有(　　)。
(A)绿色　　(B)红色　　(C)黄色　　(D)月白色

31. 仓储的基本功能包含(　　)。
(A)物品的进出库　　(B)在库管理　　(C)配送　　(D)仓储方法

32. 仓储管理的流程包含(　　)。
(A)验收货物　　(B)办理入库手续　　(C)货物保管　　(D)货物出库

33. 下列属于环保节约范畴的有(　　)。
(A)外出骑单车　　(B)双面使用纸张　　(C)修旧利废　　(D)随手关灯

34. 以下可以产生静电现象的有(　　)。
(A)摩擦　　(B)接地　　(C)喷射　　(D)感应

35. 普通单开道岔转辙部分的组成有(　　)。
(A)基本轨　　(B)尖轨　　(C)护轮轨　　(D)导曲线轨

36. 油泵在运转中的情况,操作人员通过(　　)等办法来掌握。

(A)检测油质　(B)听声音　(C)看仪表压力　(D)检测油泵温度

37. 油泵不出油的原因有(　　)。

(A)油管内存在气阻　(B)过滤器堵塞

(C)油泵进口阀未打开　(D)泵叶轮转向相反

38. 属于容积式流量表的是(　　)。

(A)涡轮流量表　(B)电磁流量表

(C)椭圆齿轮流量表　(D)罗茨流量表

39. 主要用于计量黏度、密度小的流量计有(　　)。

(A)差压式孔板流量计　(B)电磁流量计

(C)史密斯流量计　(D)涡轮流量计

40. 下列计量器具定检周期为6个月的是(　　)。

(A)温度计　(B)量油尺　(C)量水尺　(D)密度计

41. 下列计量器具定检周期为12个月的是(　　)。

(A)温度计　(B)量油尺　(C)量水尺　(D)密度计

42. 下列属于雷击率比较大的地点有(　　)。

(A)山岳地区　(B)高大的烟筒

(C)金属结构的建筑物　(D)地下水位较高处

43. 变压器油的主要作用有(　　)。

(A)润滑作用　(B)散热作用　(C)消弧作用　(D)绝缘作用

44. 交流传动机车定检修程有(　　)。

(A)六年检　(B)二年检　(C)年检　(D)辅修

45. 半地下式油罐与下列建筑物中(　　)至少保持20 m防火间距。

(A)空压机间　(B)油泵间　(C)库内消防泵房　(D)仓库

46. 下列属于铁路一般D类事故的有(　　)。

(A)挤道岔　(B)拉铁鞋开车

(C)机车溜入站内　(D)电气化区段攀登车顶

47. 清扫油罐车底油时,可选用的油泵型式有(　　)。

(A)离心泵　(B)往复泵　(C)齿轮泵　(D)真空泵

48. 内燃机车一次上油后允许走行的最大公里数与(　　)有关。

(A)燃油箱容积　(B)牵引总重

(C)燃油消耗指标　(D)油箱储油安全系数

49. 内燃机车用冷却水的主要质量指标有(　　)。

(A)pH值　(B)总硬度　(C)总碱度　(D)氯离子含量

50. 内燃机车用润滑油的主要种类有(　　)。

(A)柴机油　(B)齿轮油　(C)压缩机油　(D)变压器油

51. 常用的铅酸蓄电池的种类有(　　)。

(A)梅兰日兰蓄电池　(B)普通蓄电池

(C)干荷蓄电池　(D)免维护蓄电池

四、判 断 题

1. 在油库进行作业中,可以拨打接听电话。(　　)
2. 在施工过程中,可以临时使用消防设施。(　　)
3. 在禁火区域进行动火作业,必须指定具有安全操作合格证的人员实施作业。(　　)
4. 在安全条件许可的情况下,物资库房内可以使用电炉取暖。(　　)
5. 电气设备的保护接地能有效避免人体触电。(　　)
6. 火灾扑救原则为:先人后物、先重点后一般、先控制后消灭。(　　)
7. 灭火器材设置点附近不得堆放物品,以免影响灭火器材取用。(　　)
8. 从消防观点来说,液体的闪点就是可能引起火灾的最低温度。(　　)
9. 二氧化碳灭火器使用不当,可能造成手指冻伤。(　　)
10. 消防通道的宽度不应小于 3 m。(　　)
11. 物质的燃点越低,越不容易引起火灾。(　　)
12. "ABC 干粉灭火器"可以用于扑救 A 类、B 类和 C 类火灾。(　　)
13. 电加热设备必须由专人负责使用和监督,离开时必须切断电源。(　　)
14. 配电箱内所使用的熔丝应该越粗越好。(　　)
15. 油库内可以安装普通碘钨灯。(　　)
16. 泡沫灭火器可以用于扑救带电物体火灾。(　　)
17. 静电可成为引发油品火灾和爆炸的点火源。(　　)
18. 电瓶车可以进入储油区域。(　　)
19. 着火后自己应先扑救,扑不灭时再拨打"119"。(　　)
20. 人身着火后,须先奔跑远离着火区再自救。(　　)
21. 消防蓄水池在冬季为防冻可不进行蓄水。(　　)
22. 油库消防空气泡沫液储备量按不得少于 30 min 供给时间计算。(　　)
23. 针对储油罐顶装有避雷针时,测量其接地电阻不宜大于 10 Ω。(　　)
24. 为防止油气中毒,应经常保持油罐泵房的空气流通。(　　)
25. 要求机车就地制动时的鸣笛鸣示方式为二短声。(　　)
26. 除专业人员执行有关规定外,其他人员与牵引供电设备带电部分的距离不得小于 2 000 mm。(　　)
27. 机车整备线停放机车车辆时,必须采取防溜措施。(　　)
28. 在进入地沟进行机车整备作业时,应在机车端部设置防护标识。(　　)
29. 电气化线路接触网的最低工作电压为 10 kV。(　　)
30. 短期备用机车是指备用不少于 24 h 且不超过 10 天的机车。(　　)
31. 铁路信号机设置在机车运行方向右侧或所属线路中心线上空。(　　)
32. 电气化区段运行的机车应有"电气化区段严禁攀登"的标识。(　　)
33. 试验制动机缓解时,机车应鸣示缓解信号二短声。(　　)
34. 绝缘体并不是一定绝缘,在一定条件下它是可以转换为导体的。(　　)
35. 线路股道容车数就是用线路的有效长除以车辆换长所得的数。(　　)
36. 机车上油后流量表显示的计数减去上油前流量表的底数即为该机车上油的重

量。( )

37. 机车每万吨公里耗油定额用"升/万吨公里"表示。( )

38. 温度计的检定期限为半年。( )

39. 燃油计量中容积的法定计量单位名称是升,单位符号是L。( )

40. 密度是指单位体积内所含物质的质量,它是物体的质量与体积之积。( )

41. 用取样器采样,倒入量筒测定视密度同时测定的油样温度称视温度。( )

42. 燃料计量员负责燃油接卸的组织工作。( )

43. 燃油计量的目的在于求取油品的准确数量。( )

44. 计量与化验是对燃油重量与质量的验收。( )

45. 为保证计量器具的精确,温度计和量水尺、石油测深钢卷尺同样要求每半年检定一次。( )

46. 制做量水尺尺带的材料用铜、铝或合金材料是因为它们的导电、防腐性能好。( )

47. 在量筒中同时放入密度计和温度计,为使它们保持正常状态,互不干扰,与量筒壁、底保持规定距离,要求使用500 mL规格的量筒。( )

48. 废燃油回收箱必须有箱盖,倒完油后要及时盖好。( )

49. 机车整备工应每天查看机器间有无跑、冒、滴、漏现象。( )

50. 柴机油再生过程中产生的工业废水、废气和废渣,可不经利用和处理就排出废弃。( )

51. 核定燃油消耗定额不应包括非生产性用油。( )

52. 新出厂的燃油可以边卸边用。( )

53. 桶装的润滑脂重量以包装印刷标明重量验收。( )

54. 桶装的润滑脂用人工发放。( )

55. 机务段全年用油量=运用用油+非运用用油+库存储备量+外单位机车用油量。( )

56. 外单位运用机车用油"燃油请领单"填写一式两份,一份送外单位统计室,一份送本单位财务室。( )

57. 非动转罐燃油在长期储存中每超过一个月不使用的应取样化验,检定燃油的质量变化。( )

58. 严禁未戴防毒面具人员进入有油或油气浓度较大的罐内。( )

59. 废机油再生工艺的流程:沉降—蒸馏—硫酸处理—白土吸附—过滤—调和添加剂。( )

60. 隔离板是指能防止阴、阳极板间产生短路,但不会妨碍两极间离子的流通。而且经长时间使用,也不会劣化或释放杂质。铅蓄电池一般都使用胶质隔离板。( )

61. 液口栓的功能为排出充电时所产生的气体及补充纯水,测定比重。( )

62. 电能可由多种形式的能量变化得来,其中把化学能转换成电能的装置叫化学电池,一般简称为电池,电池有原电池和蓄电池之分。( )

63. 放电后不能用充电的方式使内部活性物质再生的叫原电池,也称一次性电池。( )

64. 蓄电池长时间不使用,存放时应将电池充足电存放,并且应该一个月内至少充一次

电,防止亏电。(　　)

65. 蓄电池表面上正极的表示符号是“−”。(　　)

66. 蓄电池放电时所产生的电是交流电。(　　)

67. 蓄电池的循环寿命与放电深度成反比。(　　)

68. 铅蓄电池一般连接方式是并联。(　　)

69. 铅酸蓄电池使用时,环境最佳温度为 25℃,环境温度升高会降低蓄电池使用寿命,环境温度每升高 10℃,蓄电池使用寿命减少一半。(　　)

70. 蓄电池壳体表面标志上标明 24 V 是指额定电压是 24 V。(　　)

71. 蓄电池安装时不用区分正负极。(　　)

72. 阀控式免维护铅酸蓄电池就是指在日常使用中不需要维护的蓄电池。(　　)

73. 只有各个电池的电动势相等时,才能并联使用。(　　)

74. 铅酸蓄电池正极主要是由 Pb 组成的。(　　)

75. 在冬季,机车长期停留或无动力回送时,为避免冻结,应彻底放水,所有进水阀、排水阀和排水堵全部打开,关闭门窗和百叶窗,挂好防寒被。(　　)

76. 柴油机加载时,水温不得低于规定温度。提高柴油机空转转数加温时,空转转数不宜过高,一般不超过 700 r/min。(　　)

77. 运行中,柴油机油、水温度应控制在规定范围内,停机时使油水温度降至 45~60℃,因修理或其他原因需放水时油水温度应在 50~60℃方可进行。(　　)

78. 遇气候环境恶劣时,应关闭空气滤清器百叶窗,改为内吸风。(　　)

79. 长期停留机车投入运用前,应彻底检查各电机整流子表面保持干燥,发现有缓霜、水珠时应擦净吹干,必要时可通入小电流烘干,然后投入运用。(　　)

80. 机车已发生冻结时,应进行解冻。(　　)

81. 机车冬季运行中,应坚持排放总风缸及各排水阀中的凝结水,经常检查干燥器的工作状态,防止因干燥器故障造成总风缸无法充风。(　　)

82. 东风 5 型与东风 4 型内燃机车油箱结构相同,容量相同。(　　)

83. 当输油泵转速达到额定值,压力表指针稳定,慢慢打开出口阀门后,如压力表指针迅速下降,说明表或泵发生故障。(　　)

84. 在燃油输送运转中可以用关小进口阀门的方法调节流量和扬程。(　　)

85. 电动往复泵在出口管路上安装安全阀,是为防止出口阀未开或管路堵塞而发生泄漏污染及发生事故用的。(　　)

86. 转速大于 1 000 r/min 的高速柴油机,使用十六烷值为 40~50 的轻柴油为宜。(　　)

87. 自来水不能直接加入内燃机车冷却系统。(　　)

88. 空气压缩机油可用质量良好的柴机油替代。(　　)

89. 机车用润滑油脂中混入机械杂质和水分,对于机件润滑和保养没有影响。(　　)

90. 每运用三个中检期(约三个月),应把滤芯取出置于清洁的柴油中清洗,若尼龙布破损,则应及时更换。(　　)

91. 列车运行时,在钢轨上撒砂,是为了减小钢轨与车轮间的摩擦力,防止机车发生空转。(　　)

92. 机车车体采用全钢电焊结构，由前向后可分为制动室、传动冷却室、动车室、司机室、后机室等五个部分。(　)

93. 心盘不承重、旁承承重的形式是指它没有心盘或中心销，只有弹性旁承和牵引杆系统。(　)

94. EQ6240ZJ 型柴油机为 6 缸四冲程、直列立式、废气涡轮增压带中间空气冷却器的中速柴油机。(　)

95. 虽然计量的环节不同，但采用的计量的方法和手段相同。(　)

96. 60 t 以上的卧罐每年清洗一次。(　)

97. 机车用砂的颗粒规格一般用六目筛子过筛即可，一般不超过 1.2 mm。(　)

98. 机车用的干砂，其含水量按重量计应不大于 0.5%，尘土不超过 10%，黏土不超过 3%。(　)

99. 在静止状态下，砂堆的自然坡角，干砂为 28°～30°，湿砂为 35°。(　)

100. 水的酸碱性用 pH 值表示，pH 值大于 7 呈酸性，pH 值等于 7 呈中性，pH 值小于 7 呈碱性。(　)

101. 机车用砂是为了减小机车车轮与钢轨间的黏着系数和预防机车车轮空转，一般都是采用细粒的干石英砂。(　)

102. 整备场待班线有两个以上待班台位时，只在待班线末端设一个检查沟即可。(　)

103. 机车无动力回送装置的作用为：在该机车编入列车回送时，使机车能与其他车辆一样产生制动和缓解作用。(　)

104. 冬季加油时，应有防寒预热装置，燃油温度低于 20℃时应进行预热。(　)

105. 用真空泵给离心泵引油时，应先启动真空泵，再打开离心泵进口阀门和其与真空罐连接的排气阀门。(　)

106. 在机务段整备线安装有燃油、机油、冷却水发放柱的优点是节省了空间。(　)

107. 某号燃油密度为 0.835 0 g/cm³，其含义为含油量，其余为水分及其他杂质。(　)

108. 埋设输油管路深度不应小于 0.7 m，并间隔 200～300 m 接地一次，以防静电积聚产生静电电压。(　)

109. 燃油发放过程中出现盈亏可以用调密度的方法来平衡。(　)

110. 采用流量仪表发放油品具有操作简便、节省劳力、增加劳动强度、计量准确的优点。(　)

111. 卸油台的高度一般为 3.5～4 m。(　)

112. 内燃机车冷却水添加剂采用 2 号和 3 号配方表示是由 2 种或 3 种腐蚀抑制剂组成复合配方。(　)

113. 不同牌号的燃油混装在一起不会影响油品质量。(　)

114. 柴油长期沾污在人的皮肤上，会引起皮肤上的慢性病。(　)

115. 不允许卸燃油作业线与卸润滑油作业线合用一条线。(　)

116. 没有条件的油库区周围可用铁丝网围起来做围墙。(　)

117. 因树叶、树枝易燃，油库区内不应绿化。(　)

118. 润滑油筒应垛码整齐，并挂有注明进货日期、油品名称、重量的标志牌。(　)

119. 入冬前要对储油罐、输油管、消防管的阀门用防寒毡进行包扎，以防冻结。(　)

120. 在管、存、发放化学药剂时，人员须穿戴好劳动防护用品，防止烧伤。（ ）

121. 加热溶解氢氧化钠时，可用均匀缓慢的火势加热，并随时彻底搅拌。（ ）

122. 各工作场所，应划分防火区域，由当班人员负责。（ ）

123. 运用机车转入检修时，可不必补满油箱，待检修完后，连同检修用油一并上满油箱。（ ）

124. 视温度和油罐内的油温是一回事。（ ）

125. 燃油的体积随温度的变化会增大或减小。（ ）

126. 润滑脂长期储存不会因重力作用而不断分油。（ ）

127. 柴油中混入水会发生氧化、乳化、锈蚀，影响燃烧性能。（ ）

128. 消防供水管道主干线道每隔 2～3 年要局部挖开检查腐蚀情况。（ ）

129. 油库消防水泵应每月试运转检查一次。（ ）

130. 电力机务段为满足调小内燃机车用冷却水，可设蒸馏水制备间。（ ）

131. 为了使机车车辆适应我国的气温条件，应选用黏度随温度变化较小的润滑油，即黏温性能好的油。（ ）

132. 黏度指数越低，表明其黏温性能越好。（ ）

133. 黏度是衡量润滑油质量的主要指标，一般来说，低速的机器应用低黏度油，高速的机器应用高黏度油。（ ）

134. 润滑油的润滑性能，也叫做油性，它表明润滑油在摩擦面上形成的牢固油膜的性质。（ ）

135. 润滑油脂的氧化是指该油脂在使用和贮存过程当中，与空气接触产生化学变化，而物理性质不变。（ ）

136. 在一定的外界条件下，润滑油脂抵抗氧化作用的能力，称为润滑油脂的抗氧化安定性。（ ）

137. 润滑油脂的热氧化安定性是指在高温和空气中氧的作用下，覆盖在金属表面上的润滑油薄膜，抵抗受热分解及氧化的能力。（ ）

138. 残炭愈大，则表示该油在高温工作条件下，生成炭渣的倾向愈小。（ ）

139. 中和 100 mL 润滑油中的酸性物质所需氢氧化钾的毫克数，称为该油的酸值。（ ）

140. 将润滑油加热，其闪点比燃点要高。（ ）

141. 在高温中使用的润滑油，要求其闪点低。（ ）

142. 对于一般润滑油，高黏度油的闪点要比低黏度油的闪点高。（ ）

143. 油料的黏度随着温度的降低而增大，当黏度降低到一定程度时，油料便丧失流动性。（ ）

144. 润滑油的凝固主要是由于溶解在油料内的石蜡发生结晶所引起。（ ）

145. 润滑油中石蜡含量愈高，其凝固点也愈高，即愈不易凝固。（ ）

146. 滴点是指将润滑脂按规定条件加热，从滴点计中分出并滴下第一滴液体时的温度。（ ）

147. 针入度是指将针放入油脂中，其在垂直方向陷入油脂试样中的深度。（ ）

148. 润滑脂稠度越小，其针入度则越小，稠度越大，针入度越大。（ ）

149. 机车用夏季轴油较稠，黏度较小，冬季轴油较稀，黏度较大。(　　)
150. 润滑脂俗称黄油，在常温下为黏稠的半固体油膏。(　　)
151. 柴油的自燃温度愈高，说明柴油的燃烧性能愈好。(　　)
152. 柴油的十六烷值越高越好。(　　)
153. 电力机车用变压器油的主要作用是导电。(　　)
154. 在一定的摩擦面积上，受压(压力或冲击力)过大或温度过高都会造成油膜破坏。(　　)
155. RC—0 型号轻柴油，其标号“0”表示该柴油的凝固点为 0℃。(　　)
156. HC—11 和 HC—14 型号柴油，其中标号是根据 100℃时的运动黏度规定的。(　　)
157. 油库消火栓应经常检查，每月需作一次出水试验。(　　)
158. 机车用砂，要求砂粒越小越好。(　　)
159. 机车用砂，最好使用的是纯石英砂。(　　)
160. 机务段干砂设备，只有平板烤砂炉(火坑式)一种方式。(　　)
161. 油罐的排水管装在储油罐第一圈板下缘，有的也装在罐底板集油坑上。(　　)
162. 燃油统计的报表共有 10 个种类。(　　)
163. 流量表在启动和停止时，开关阀门应迅速。(　　)
164. 采用流量仪表发放油品时应检查仪表的有效日期。(　　)
165. 燃油在收、发、存的过程中，为防止燃油质量下降，应注意排水。(　　)
166. 燃油具有蒸发、易燃烧、易爆炸、易产生静电，无毒等特性。(　　)
167. 严禁穿带钉鞋、带火柴、打火机等火种和其他易燃易爆物品进入油库。(　　)
168. 登上油罐罐顶人员不得戴近视镜。(　　)
169. 柴油的流动性决定于黏度的大小，黏度的大小又影响到供油量。(　　)
170. 试水膏是燃油计量中检测储油罐或铁路罐车油品上部是否含水及含水多少的重要手段。(　　)
171. 润滑油是石油中高沸点馏分经过加工精制而成的。(　　)
172. 油品在管内流动速度越快，流动时间越长，产生的静电荷越少。(　　)
173. 油品在容器或导管中承受的压力越大，摩擦越大，则产生的静电越多。(　　)
174. 油品温度越低，产生的静电荷越多。(　　)
175. 柴油的十六烷值是由其化学组成和馏分组成所决定的。(　　)
176. 馏程是保证柴油在发动机燃烧室里迅速蒸发气化和燃烧的主要指标。(　　)
177. 闪点是保证柴油贮运管理和使用安全的指标。(　　)
178. 闪点和冷滤点是保证柴油输送和过滤性的指标。(　　)
179. 从实际胶质的大小可以判断柴油能否使用和继续储存。(　　)
180. 柴油中混进自然水分必然会带进无机盐类而增加灰分和积垢，致使柴油机磨损减少。(　　)

五、简 答 题

1. 发放油品中使用的流量仪表都具有哪些优点？
2. 简述蓄电池检查维护程序。

3. 停放的备用机车如何保养？
4. 卸油台高度和组成是如何规定的？
5. 试述机车用砂的目的与一般标准。
6. 简述机车撒砂系统的功用。
7. 简述人工筛砂设备及优点。
8. 为什么要有燃油统计报表？
9. 燃油统计报表的种类和名称是什么？
10. 试述输油管路的作用和种类。
11. 输油泵在运转中，操作人员检查项目和方法有哪些？
12. 燃油发放过程中流量表的使用注意事项有哪些？
13. 机车整备设备主要有哪些？
14. 内燃机车冷却水应达到什么标准？
15. 燃油的发放范围包括哪些？
16. 机车整备场由什么组成？
17. 石油产品的特性有哪些？
18. 机车用砂的基本要求有哪些？
19. 电力机车与内燃机车相比其优点有哪些？
20. 试述燃油中有水的原因。
21. 试述润滑油的保管要求。
22. 试述润滑脂的储存保管要求。
23. 机车整备常用润滑油有哪些？
24. GB 252—2000 对各牌号轻柴油的适用地区是如何规定的？
25. 燃油有哪些特性？
26. 配电间火灾的发生原因有哪些？
27. 打温人员应具备的条件有哪些。
28. 试述机车打温作业的注意事项。
29. 防火重点部位要做到哪四有？
30. 试述干粉灭火器扑救可燃液体时的使用方法。
31. 为什么熔丝不能用铜丝或铁丝代替？
32. 车辆防溜的基本原则是什么？
33. 机车的检修修程是如何规定的？
34. 机车整备完毕，如何要道发车？
35. 何谓车钩的三态？
36. 防止机车滑行的办法有哪些？
37. 对物资存储的一般规定是什么？
38. 什么是仓库管理？
39. 引起储油罐爆炸起火的原因有哪些？
40. 国标对高处作业是如何定义的？
41. 机车制动力大小与哪些因素有关？

42. 在电气化区段作业时应注意什么？
43. 铅酸蓄电池的构成是什么？
44. 机车蓄电池的作用有哪些？
45. 试述备用机车的定义。
46. 内燃机车整备作业工作的主要组成。
47. 电力机车整备作业工作的主要组成。
48. 电力和内燃机车整备作业上有什么区别？
49. 机车冷却水排放时应注意哪些事项？
50. 机车冷却水加入时应注意哪些事项？
51. 储油罐应符合哪些要求？

六、综 合 题

1. 发生火灾时，应如何处理？
2. 常用的消防灭火器有哪些？它们是应用什么原理进行灭火？
3. 机车车辆防溜的作业办法是什么？
4. 论述引起油气中毒的原因及预防措施。
5. 对燃油的基本要求有哪些？
6. 仓库存储原则有哪些？
7. 静电对工业生产产生的危害有哪些？
8. 论述储油罐防雷设施的检查和注意事项。
9. 蓄电池的保管与维护有哪些要求？
10. 铁路线路分为几类及各自的用途是什么？
11. 什么是软水？鉴别软水和硬水的简易方法是什么？
12. 论述电解液比重要求及如何用比重计测量。
13. 对机油的基本要求有哪些？
14. 机车检查的一般要求有哪些？
15. 电力机车降弓、升弓手信号如何显示？
16. 在电气化线路上进行整备作业应遵守哪些规定？
17. 燃油的质量指标包括哪些？
18. 如何清扫机车撒砂喷嘴？
19. 论述离心泵的使用操作程序。
20. 写出机车清洗机操作程序与注意事项。
21. 铁路润滑油的种类有哪些？

机车整备工(初级工)答案

一、填 空 题

1. 着火源	2. 点火能量	3. 21	4. 200～300
5. 固体物质	6. 液体物质	7. 气体物质	8. 金属物质
9. 热辐射	10. 热对流	11. 热辐射	12. 闪燃
13. 易燃	14. 燃点	15. 每年	16. 静电
17. 100	18. 防毒面具	19. 停止工作	20. 电器连接
21. 安全带	22. 50	23. 16	24. 停电接地
25. 色灯	26. 警冲标	27. 建筑限界	28. 隔离开关
29. 预防修	30. 侧面冲撞	31. 25	32. 10
33. 车辆双防溜	34. 短路	35. 道岔	36. 定量
37. 真实值	38. 差	39. 检定单位	40. 半年
41. 量水尺	42. 测量油尺	43. 量水尺	44. 乘积
45. 质量	46. 90°	47. 量筒	48. 经常
49. 玻璃液体温度计	50. 0～50℃	51. 允许误差	52. 颜色变化
53. 收旧领新	54. 废气、废水、废渣	55. 节约	56. 白土渣
57. 有权不发	58. 100 kg	59. 节约燃油	60. 硫化氢
61. 旬、月	62. 原始	63. 给润滑油	64. 正极板,负极板
65. 蒸馏水	66. 比重计	67. 电解液	68. 温度
69. 温度计	70. 蓄电池	71. 负极	72. 浓硫酸
73. 最高液面	74. 放电量	75. 先串后并	76. 输出
77. 获得	78. 3月15日	79. 10月	80. 防寒计划
81. 机车打温人员	82. 燃油和润滑油脂	83. 防寒被	84. 防寒包扎
85. 轮乘制	86. 油、水管道	87. 防火	88. 机车防溜
89. 过高	90. 离开	91. 20℃	92. 燃预热系统
93. 百叶窗	94. 24 h	95. 防寒被	96. 防护用品
97. 一站、二看、三通过		98. 安全带	99. 电暖气
100. 存新用旧,沉淀后用		101. 分罐	102. 内燃机车
103. 承载式	104. 制动室	105. 无心盘形式	106. 内燃机
107. 二冲程柴油机	108. 车体走行部	109. 压燃式内燃机	110. 车体
111. 车架	112. 台车	113. 燃油系统	114. 冷却系统
115. 机车管路系统	116. 空气滤清器	117. 压缩空气系统	118. 空气制动机
119. 液力制动装置	120. 输油泵	121. 清洁燃油	122. 动力

123. 离心泵	124. 1 200	125. 齿轮	126. 进口阀门
127. 切忌空转	128. 给润滑油	129. 水-油热交换器	130. 六
131. 尼龙骨架	132. 清洗周期	133. 直流	134. 0.1%
135. 小	136. 去离子水	137. 9 000 L	138. 水
139. 给砂	140. 发油泵	141. 三	142. 过滤网
143. 动力	144. 黏度小	145. 红牌	146. 照明
147. 铝合金管	148. 接地装置	149. 两个	150. 3.0
151. 2 mg/m³	152. 电渗析器	153. 离子交换膜会隔板	
154. 逐级汇总	155. 定额发放	156. 泵室	157. 空转
158. 机车	159. 大气温度	160. 经常	161. 定额
162. 装载数量	163. 损耗	164. 收旧领新	

二、单项选择题

1. C	2. A	3. A	4. D	5. B	6. B	7. C	8. D	9. B
10. C	11. D	12. B	13. B	14. D	15. A	16. C	17. C	18. A
19. B	20. D	21. B	22. C	23. C	24. A	25. D	26. B	27. C
28. C	29. A	30. A	31. B	32. D	33. C	34. C	35. A	36. B
37. D	38. A	39. C	40. B	41. B	42. A	43. B	44. C	45. B
46. C	47. B	48. A	49. B	50. B	51. A	52. D	53. C	54. C
55. B	56. C	57. A	58. B	59. A	60. D	61. C	62. C	63. B
64. B	65. C	66. C	67. C	68. B	69. B	70. C	71. D	72. A
73. B	74. A	75. D	76. B	77. D	78. B	79. C	80. A	81. B
82. D	83. B	84. A	85. B	86. B	87. C	88. C	89. A	90. A
91. C	92. A	93. B	94. D	95. D	96. C	97. A	98. C	99. D
100. A	101. D	102. C	103. D	104. A	105. C	106. B	107. D	108. B
109. C	110. B	111. D	112. A	113. D	114. D	115. A	116. D	117. B
118. D	119. C	120. A	121. A	122. B	123. D	124. A	125. D	126. B
127. C	128. D	129. A	130. D	131. C	132. A	133. B	134. D	135. A
136. C	137. D	138. C	139. B	140. C	141. A	142. D	143. B	144. C
145. B	146. A	147. C	148. C	149. D	150. A	151. B	152. D	153. A
154. D	155. B	156. C	157. A	158. D	159. A	160. A	161. A	162. D
163. B	164. A	165. A	166. D	167. D	168. D	169. D	170. C	171. D
172. D	173. A	174. B	175. C	176. D	177. B	178. B	179. A	180. A
181. C	182. B	183. B	184. C	185. C	186. C	187. B	188. B	189. B
190. D	191. D	192. B	193. D	194. A	195. A	196. B	197. B	198. A
199. B	200. A	201. B	202. A	203. C	204. C	205. B	206. B	207. C
208. D	209. B	210. B	211. D	212. D	213. C	214. A	215. B	216. C
217. A	218. A	219. B	220. C	221. C	222. D	223. D	224. D	225. A
226. D	227. C	228. A	229. C	230. A	231. B	232. C	233. D	234. A

235. B 236. C 237. A 238. B 239. C 240. A 241. D 242. C 243. D
244. D 245. A 246. A 247. B 248. C 249. B 250. D

三、多项选择题

1. ABCD 2. ABCD 3. ABC 4. ABC 5. BC 6. ABCD 7. BCD
8. AB 9. ABCD 10. ABCD 11. ABCD 12. ACD 13. ABCD 14. BCD
15. AD 16. ABCD 17. ABCD 18. BCD 19. ABCD 20. ABCD 21. BC
22. ABCD 23. ABCD 24. AB 25. ABCD 26. ABD 27. BC 28. ABCD
29. ABC 30. BD 31. ABC 32. ABCD 33. ABCD 34. ACD 35. AB
36. BCD 37. ACD 38. CD 39. ABD 40. BC 41. AD 42. ABCD
43. BCD 44. ABC 45. ACD 46. AB 47. BCD 48. ABCD 49. ABCD
50. ABC 51. BCD

四、判 断 题

1. × 2. × 3. √ 4. × 5. √ 6. √ 7. √ 8. √ 9. √
10. × 11. × 12. √ 13. √ 14. × 15. × 16. × 17. × 18. ×
19. × 20. × 21. × 22. √ 23. √ 24. √ 25. × 26. √ 27. √
28. √ 29. × 30. × 31. × 32. √ 33. √ 34. √ 35. × 36. ×
37. × 38. × 39. √ 40. √ 41. × 42. × 43. √ 44. √ 45. ×
46. × 47. × 48. √ 49. √ 50. × 51. √ 52. × 53. × 54. √
55. √ 56. × 57. √ 58. √ 59. × 60. √ 61. √ 62. √ 63. √
64. √ 65. × 66. × 67. √ 68. × 69. √ 70. √ 71. × 72. ×
73. √ 74. × 75. √ 76. √ 77. × 78. √ 79. √ 80. √ 81. √
82. × 83. × 84. × 85. √ 86. √ 87. √ 88. × 89. × 90. ×
91. × 92. √ 93. × 94. √ 95. √ 96. × 97. √ 98. √ 99. ×
100. √ 101. × 102. × 103. √ 104. × 105. × 106. √ 107. × 108. √
109. × 110. × 111. √ 112. × 113. × 114. √ 115. × 116. × 117. ×
118. √ 119. √ 120. √ 121. √ 122. × 123. × 124. × 125. √ 126. ×
127. √ 128. √ 129. × 130. × 131. √ 132. × 133. × 134. √ 135. ×
136. √ 137. √ 138. × 139. × 140. × 141. × 142. √ 143. × 144. √
145. × 146. √ 147. × 148. × 149. × 150. √ 151. × 152. × 153. ×
154. √ 155. √ 156. √ 157. √ 158. × 159. √ 160. × 161. √ 162. √
163. × 164. √ 165. √ 166. × 167. √ 168. × 169. √ 170. × 171. √
172. × 173. √ 174. × 175. √ 176. √ 177. √ 178. × 179. √ 180. ×

五、简 答 题

1. 答:采用流量仪表发放油品具有操作简便(1分);节省劳力(1分);减轻劳动强度(1分);计量准确的优点(2分)。

2. 答:断开蓄电池闸刀,打开蓄电池安装箱(1分);检查各单节有无泄漏、通气孔及接线柱

(1分);用比重计测量电解液比重并检查液面高度(1分);用万用表测量单节电压并检查是否漏电(1分);根据检查测量结果,确定补充蒸馏水、补充电,紧固并涂凡士林等(1分)。

3. 答:机车长期停放不用时,停留时间不超过15天,要每隔两天启动机油泵往柴油机泵油1~2 min,盘车2~3圈(2分);停留时间超过15天时,则要按柴油机防腐处理规定进行整备保养工作,每月至少进行一次一般性充电2~3 h(2分);冬季长期停留机车需要上油上水时,应将机车拉入库内保温,然后再上不高于40℃的热水,并打开排气阀排气,同时打开排水阀让水循环,待排水温度达20℃时再关闭排水阀(1分)。

4. 答:卸油台的高度一般为3.5~4 m(2分);由总油管、分支管、卸油鹤管、清油管、作业平台、渡板和梯子等组成(3分)。

5. 答:机车用砂是为了增大机车车轮与钢轨间的粘着系数(2分);预防机车车轮空转(2分)。一般都是采用细粒的干石英砂(1分)。

6. 答:机车撒砂系统的主要目的是:改善车轮与轨面接触的状态,增大摩擦力和提高机车的粘着牵引力(3分);在牵引或制动工况下,正确掌握和运用撒砂时机,能够有效防止车轮空转或滑走(2分)。

7. 答:人工筛砂一般用六目筛子即可(2分);砂粒一般不超过1.2 mm(2分);露天筛砂室外空气流通,可以利用风力使空气中所含矽尘的浓度降低,且起一定的干砂作用(1分)。

8. 答:燃油统计报表是对铁路用油的统计和考核(2分),因此,必须准确及时地反映铁路用油的情况和解决收、发、管用过程中存在的问题(2分)。为编制年度燃油计划,制定合理的油耗定额指标,促进燃油管理,开展评比工作,节约能源提供了依据(1分)。

9. 答:燃油统计的报表共有10个种类,它们是:(1)燃油罐车到达验收记录簿;(2)铁路石油(燃油)运输超耗(溢余)通知书;(3)铁路(燃油)计量复测记录;(4)铁路燃油动态总账;(5)铁路燃油动态月报表;(6)燃油清查对照表;(7)内燃机车用油请领单;(8)用油单;(9)内燃机车油箱卸油登记簿;(10)非运用机车用油、调拨领油登记簿。(每项0.5分)

10. 答:为了将轻柴油从罐车卸至储油罐或从储油罐通过发放柱向机车发放,都要用设在油泵房内的输油泵,经输油管道,组成一完整的输油系统来完成(3分)。输油管路主要以钢管为主,此外还有耐油胶管(2分)。

11. 答:油泵在运转中,操作人员要注意检查电机、泵壳是否过热(1分);压力是否正常(1分);有无异响和漏泄(1分)。检查方法有听声音、看仪表、测泵温、查漏泄,随时掌握油泵的运转情况(2分)。

12. 答:(1)流量表在启动和停止时,开关阀门应缓慢(1.5分);(2)运转中不能时开时关,时大时小,更不能关阀后继续开泵造成压力过大影响读数误差,缩短流量表使用寿命(1.5分);(3)使用中如发现流量表玻璃内有水蒸气或有油溢出,说明垫盖松动,如数码与指针行走不正常,说明机件松动,摩擦过大或过滤网阻塞等,必须进行维修(2分)。

13. 答:机车整备设备主要指收、发、存储油、水、砂过程中不可缺少的设备(2分),如储油罐、卸油作业线、油泵、发放柱、流量表或自动发放设施、上砂、上水、机油发放以及确保油区安全的消防设备等(3分)。

14. 答:内燃机车冷却水制备应达到如下标准:总硬度不大于0.05 mg/L(Ca^{2+})(2分);氯离子不大于5 mg/L(1分);悬浮物不大于1 mg/L(1分);pH值不大于6.5~7.0(1分)。

15. 答:发放范围包括:(1)运用机车和非运用机车(新配属机车,解除储备机车,辅修、小修、临修、中检、清洗油箱及备用机车打温)用油(3分);(2)检修用油(1分);(3)机械设备用油(1分)。

16. 答:机车整备场由机车走行线、地沟、上油、上水、上砂、清洁设备、隔离开关操作设备及相应的作业场组成(5分)。

17. 答:易燃性、易爆性、易蒸发性、易产生静电、具有一定毒性。(每项1分)

18. 答:(1)砂粒要有一定大小的粒度,不能过于细小也不能过大(1.5分);(2)砂粒要有一定的硬度和强度,最好是纯石英砂(1.5分);(3)砂子湿度小、杂质少,能在砂管顺畅流动,不结块或粘附且总保持松散状态(2分)。

19. 答:优点有:功率大;热效率高;速度快;过载能力强;运行可靠。(每项1分)

20. 答:(1)燃油在收、发、存的过程中接触的容器、管路、器材中有水混入(2分);(2)燃油在储存、运输中容器不严外部水(如雨雪)进入(1分);(3)燃油中的不同烃类会吸收少量的凝结水(1分);(4)燃油中的水蒸气遇温度变化会凝结于罐底(1分)。

21. 答:(1)装油容器必须要清洁,油桶装润滑油前一定要清洗干净,配齐胶圈,装油后要拧紧桶盖(2分);(2)应当密封储存,减少与空气接触和防止杂物侵入(1分);(3)应放置库内或有遮光的天棚内,一定要避免阳光暴晒(2分)。

22. 答:(1)润滑脂应尽可能置室(库)内储存,不得暴晒,应置于通风良好处,温度以10~30℃为宜,防止润滑脂因高温胶体安定性变差和氧化变质(2分);(2)防止砂粒、灰尘和杂质及其他机械杂质、水等混入润滑脂(2分);(3)因润滑脂长期储存会因重力作用引起产品变质,除应根据生产需要进货外,还应"发旧存新",以免造成损失(1分)。

23. 答:(1)柴机油(1分);(2)液力传动油(1分);(3)齿轮油(0.5分);(4)空气压缩机油(0.5分);(5)气缸油(0.5分);(6)变压器油(1分);(7)车轴油(0.5分)。

24. 答:(1)10号轻柴油适合于有预热设备的高速柴油机上使用(1分);(2)0号轻柴油适合于最低气温在4℃以上地区使用(1分);(3)−10号轻柴油适合于最低气温在−5℃以上的地区使用(1分);(4)−20号轻柴油适合于最低气温在−5~−14℃的地区使用(1分);(5)−35号轻柴油适合于最低气温在−14~−29℃的地区使用(0.5分);(6)−50号轻柴油适合于最低气温在−39~−44℃的地区使用(0.5分)。

25. 答:燃油具有蒸发(1分)、易燃烧(1分)、易爆炸(1分)、易产生静电(1分)、有一定的毒性(1分)等特性。

26. 答:短路(1分);过载(1分);电火花(1分);电弧(1分);接触电阻过大(1分)。

27. 答:(1)熟练掌握预热系统的使用方法(1分);(2)熟知机车油、水管路布置情况及各阀门的使用情况(1分);(3)掌握机车性能,会查找和处理一般故障(1分);(4)熟知防火、灭火措施,会使用机车灭火器(1分);(5)责任心强,过冬防寒知识、措施等培训考试合格(1分)。

28. 答:(1)检查确认并做好机车防溜措施(1分);(2)启动柴油机前应检查机车各部正常,确认具备启机条件(1分);(3)打温过程中手柄位置不能过高,保持规定的油水温度,并检查柴油机辅助装置的运转情况,保证状态良好(2分);(4)在柴油机启动状态下,禁止离开机车(1分)。

29. 答:(1)有防火负责人(1分);(2)有防火安全制度(1分);(3)有义务消防组织(1分);(4)有消防器材及消防设施(2分)。

30. 答:干粉灭火器扑救可燃液体火灾时,应对准火焰根部扫射,如果被扑救的液体火灾呈流淌燃烧时，应对准火焰根部由近而远，并左右扫射，直至把火焰全部扑灭(2 分)。如果可燃液体在容器内燃烧，使用者应对准火焰根部左右晃动扫射，使喷射出的干粉流覆盖整个容器开口表面(1 分)；当火焰被赶出容器时，使用者仍应继续喷射，直至将火焰全部扑灭(1 分)。在扑救容器内可燃液体火灾时，应注意不能将喷嘴直接对准液面喷射，防止喷流的冲击力使可燃液体溅出而扩大火势，造成灭火困难(1 分)。

31. 答：铜丝和铁丝在电线短路或者电流过大时，产生的高温无法将其熔断(2 分)，导致熔丝无法正常断开而切断电路，容易引起火灾等严重事故(2 分)，所以一定要用低熔点的金属丝来确保当电流产生的温度达到安全隐患临界点时，及时断开电路，避免事故发生(1 分)。

32. 答：(1)谁作业谁防溜原则(1 分)；(2)作业中钩钩防溜原则(1 分)；(3)未采取防溜措施不得摘开机车车辆，机车未挂好不得撤除防溜措施原则(2 分)；(4)非行车人员不得参与机车车辆防溜的原则(1 分)。

33. 答：修程分为大修、中修、小修和辅修(1 分)。其中，大修：大范围解体检修，恢复机车基本性能(1 分)；中修：主要部件解体检修，恢复机车主要性能(1 分)；小修：关键部件解体检修，有针对性恢复机车运行可靠性能(1 分)；辅修：机车清扫保养，做故障诊断，执行状态检修(1 分)。

34. 答：确认股道号码信号、道岔开通信号、道岔标记的显示正确(1 分)；例行呼唤应答，鸣笛动车(1 分)；移动机车前，注意邻线机车车辆的移动情况(1 分)；严格按规定速度行车(1 分)；机车到达厂、站分界点停车，确认径路和信号(1 分)。

35. 答：为了使机车与车辆编挂在一起不分离，车钩必须有闭锁作用(1 分)；为了易于车辆摘解，车钩必须具有开锁作用(1 分)；在进行连接时，为了使一个车钩的钩舌伸入另一个车钩的钩舌内，必须使钩舌充分张开，所以必须具有全开作用(2 分)。这三种作用状态就称为车钩三态(1 分)。

36. 答：(1)适当掌握减压量(2 分)；(2)低速制动时，一次减压量不可过大(1 分)；(3)机车紧急制动位的自动撒砂作用良好(1 分)；(4)列车紧急制动时，应在停车前适当撒砂(1 分)。

37. 答：(1)防火、防水、防压、防潮(2 分)；(2)定点、定位、定容、定量(2 分)；(3)先进先出(1 分)。

38. 答：仓库管理指的是对仓储货物的收发、结存等活动的有效控制(2 分)，其目的是为企业保证仓储货物的完好无损，确保生产经营活动的正常进行(1 分)，并在此基础上对各类货物的活动状况进行分类记录，以明确的图表方式表达仓储货物在数量、品质方面的状况(1 分)，以及目前所在的地理位置、部门、订单归属和仓储分散程度等情况的综合管理形式(1 分)。

39. 答：明火(2 分)；静电(1 分)；雷击(1 分)；自燃(1 分)。

40. 答：所谓高处作业是指人在一定位置为基准的高处进行的作业(2 分)。国家标准《高处作业分级》(GB/T 3608—2008)规定："凡在坠落高度基准面 2 m 以上(含 2 m)有可能坠落的高处进行作业，都称为高处作业(3 分)。

41. 答：(1)制动缸内空气压力的大小(1 分)；(2)制动缸活塞直径的大小(1 分)；(3)制动倍率的大小(1 分)；(4)闸瓦与车轮间摩擦系数的变化(2 分)。

42. 答：在电气化区段，接触网的各导线及其连接部件通常均带有高压电，因此禁止直接或间接通过任何物件与上述设备接触(2 分)；当接触网的绝缘不良时，其支柱、支撑构件上及回流线与钢轨的连接点上，都可能出现高压电，因此应避免与上述部件相接触(2 分)；当接触网损坏时，同样禁止接触(1分)。

43. 答：蓄电池用填满海绵状铅的铅板作负极(2分)，填满二氧化铅的铅板作正极(2分)，并用1.28%的稀硫酸作电解质(1分)。

44. 答：在柴油机停机时向车内的辅助设备、控制设备供电(2分)；用来向启动发电机供电，带动柴油机启动(2分)；在柴油机启动后，当辅助发电机故障时，向辅助设备、控制设备及测速发电机供电(1分)。

45. 答：备用机车是为了适应生产运输的急剧变化(1分)，确保临时紧急的运输需要而储备(1分)或因超过运输任务需要而将部分多余的机车转入储备的技术状态良好的机车(2分)，机车备用分为长期备用(1个月以上)和短期备用(24 h以上1个月以内)(1分)。

46. 答：(1)供给机车燃油、润滑油、砂、冷却水和擦拭材料(2分)；(2)进行机车运用前的准备工作——转向、给油、检查、擦拭机车以及乘务员交接班等工作(3分)。

47. 答：(1)供给机车润滑油、砂、冷却水和擦拭材料(2分)；(2)进行机车运用前的准备工作—转向、给油、检查、擦拭机车以及乘务员交接班等工作(3分)。

48. 答：电力机车整备需要办理隔离电网，上车顶进行受电弓检查；内燃机车不需要不上车顶，但根据需要上油(3分)。其他整备内容相似，车底走行部、车上检查、上砂、保洁等(2分)。

49. 答：水温降至50℃以下时方准放水，否则强迫冷却(1分)；当气温在5℃以下时，水温应降至35℃以下方准放水(1分)；冬季放水时，应迅速将各排水阀、堵开启，防止冻结(1分)；放完水后，各排水阀、堵应处于开启状态(1分)；为达到彻底放水的目的，必要时可用别的机车移动放水机车(1分)。

50. 答：加水温度应在40～60℃(1分)；加完水后如水温低于20℃，应使用预热锅炉进行加温(1分)；机车全部上新水时，上水前应先将放气截止阀开启，以排出空气，待出水后再关闭(2分)；上水不要过多，一般距水表上端略低些，以可以看见水位为宜(1分)。

51. 答：储油罐应符合的要求有：严密性要好，不发生油品与其蒸发气体的渗漏(2分)；为不燃材料，经久耐用，与油品不发生化学变化(2分)；结构及附件简单而坚固，便于备料、施工及日常管理(1分)。

六、综 合 题

1. 答：(1)当发生火灾时，应当报警与灭火同时进行(2分)。

(2)火灾现场只有一个人时，应一边呼救，一边进行灭火(2分)。

1)如果火灾初起阶段燃烧面积很小，完全有把握将火扑灭，就应当立即采用最快速有效的方法将火扑灭。因为这时如果不去灭火，而去报警，就会由于耽误时间使小火变大火，形成难以扑救的火灾(1分)。

2)如果发现火灾火势已很大时，难以扑灭，就应当立即打“119”报警(1分)。

3)灭火时应当注意先切断通向火场的电源、燃气源(2分)。

4)灭火的同时应设法转移火场附近的易燃易爆危险品，转移不了的应设法降温冷却(2分)。

2. 答：常用的灭火器种类有：干粉类的灭火器；二氧化碳灭火器；泡沫型灭火器；水型灭火器(2分)。

灭火器灭火的原理：

(1)冷却法：将灭火剂直接喷到燃烧物上，使燃烧物质的温度降低到燃点之下，停止燃烧(2分)。

(2)隔离法：将火源处及其周围的可燃物质撤离或隔开，使燃烧因与可燃物隔离而停止(2分)。

(3)窒息法：阻止空气流入燃烧区或用不燃烧物质冲淡空气，使燃烧物质得不到足够的氧气而熄灭(2分)。

(4)中断化学反应法：使灭火剂参与到燃烧反应过程中去，使燃烧过程产生的游离基消失，而形成稳定分子或活性的游离基，从而使燃烧的化学反应中断(2分)。

3. 答：(1)使用铁鞋防溜时，鞋尖必须紧贴车轮踏面(2分)。(2)使用人力制动机时，必须处于制动状态(2分)。(3)使用人力制动机紧固器时，必须在车辆排风后方可进行(3分)。(4)在正常情况下，不得以车辆放风制动、打掩等代替车辆的防溜措施(3分)。

4. 答：油气中毒原因分析：油气严重泄露(2分)；人员长时间处在油气浓度过高的环境中(2分)。

预防油气中毒措施：(1)在对天然气放空或发现有油气泄漏时，人员要站在上风头，并保持一定距离(2分)；(2)处理油气泄漏时要有人监护，要避免长时间在油气浓度过高的环境中工作(2分)；(3)需要在油气浓度过高的环境中工作时，要佩戴给氧呼吸器(2分)。

5. 答：(1)易与空气充分混合，且具有良好燃烧性，以提高柴油机热效率(2分)。(2)灰分和杂质符合国标要求，以减少柴油机的磨损，保证柴油机工作可靠(2分)。(3)应具有高的热值(1分)。(4)具有较高的闪点，保证储存和使用的安全(2分)。(5)在外界温度低时，有良好的流动性，以便输送(1分)。(6)有良好的安定性，宜长期储存(2分)。

6. 答：(1)物料存储要分门别类，按"先进先出"原则堆放物料，填写"物料标识卡"等标识，尾数应贴上"尾数标签"或做好尾数标识，并有相应的台账、卡账以供查询(3分)。(2)对因有批次规定、色别规定等特殊原因而不能混放的同一物料应分开摆放(3分)。(3)物料储存要尽量做到"上小下大，上轻下重，不超安全高度"，物料不得直接置于地上，必要时加垫板、纸皮或置于容器内，予以保护存放(2分)。(4)任何物料不得堆放在仓库通道上，以免影响物料的收发(2分)。

7. 答：静电的产生在工业生产中是不可避免的，其造成的危害主要可归结为以下两种：

其一，静电放电造成的危害(1分)：(1)引起电子设备的故障或误动作，造成电磁干扰(1分)。(2)击穿集成电路和精密的电子元件，或者促使元件老化，降低生产成品率(1分)。(3)高压静电放电造成电击，危及人身安全(1分)。(4)在多易燃易爆品或粉尘、油雾的生产场所极易引起爆炸和火灾(1分)。

其二，静电引力造成的危害(1分)：(1)电子工业：吸附灰尘，造成集成电路和半导体元件的污染，大大降低成品率(1分)。(2)胶片和塑料工业：使胶片或薄膜收卷不齐；胶片、CD塑盘沾染灰尘，影响品质(1分)。(3)造纸印刷工业：纸张收卷不齐，套印不准，吸污严重，甚至纸张粘结，影响生产(1分)。(4)纺织工业：造成根丝飘动、缠花断头、纱线纠结等危害(1分)。

8. 答：(1)凡装设独立或罐顶接闪器的防雷接地设施，每年雷雨季节到来之前检查一次。(2)引下线在距地面2 m至地下0.3 m一段的保护设施要完好。(3)从罐壁接地卡直接入地的引下线，要检查螺栓于连接件的表面有无松脱和锈蚀现象。(4)无接闪器的储罐，要检查罐顶附件与罐顶金属有无绝缘连接，尤其是呼吸阀与阻火器、阻火器与连接短管之间的螺栓螺帽。(5)每年检查两次外浮顶及内浮顶储油罐的浮盘和罐体之间的等电位连接装置是否完好，软铜导线有无断裂和缠绕。(6)每年对接地电阻检测两次，其中雷雨季节到来之前必须测定一次，其独立电阻值不应大于10 Ω。(7)单纯的防感应电接地，每年检测不少于一次，其电阻不大于30 Ω。(8)罐区有地面或地下工程施工时，要加强对接地极的监护。(9)接地电阻越小越好，以便能安全地把雷电流导入大地。(10)在接地体的布置上要考虑限制接地装置周围的雷击跨步电压，以免造成人员伤害。(每项1分)

9. 答：蓄电池在存储和运输过程中，应防止蓄电池短路(1分)；在使用前，必须检查各连接板是否拧紧，防止虚连打火(1分)；蓄电池应保持在清洁干燥通风的库房，环境温度在5～35℃之间，避免阳光照射并远离火源1 m以上(1分)；蓄电池排气孔应保持畅通，并检查各部件是否完好(2分)；蓄电池储存超过3个月，在投入使用前应进行补充充电(1分)；蓄电池放电后要立即充电，防止极板硫酸盐化，切忌将安全阀取下(2分)；擦拭蓄电池表面时，应使用肥皂水及棉布清洁巾清洗，避免使用有机溶剂擦拭，以免损坏蓄电池槽与盖子，不可使用化纤类清洁布，以免产生静电(1分)；不可将不同容量、厂家的的蓄电池连接一起使用(1分)。

10. 答：铁路线路分为正线、站线、段管线、岔线及特别用途线(2分)。正线是指连接车站并贯穿或直股伸入车站的线路(2分)；站线是指车站除正线外，所设置的其他线路(到发线、调车线、牵出线、机车整备线等)(2分)；段管线是指由机务、车辆、工务、电务等专用并管理的线路(折返段内的机车整备线、转盘线等)(1分)；岔线是指在区间或站内接轨，通向路外单位的专用线路(2分)；特别用途线是指防止发生运行冲突的安全线及防止陡长下坡道列车失去控制所建的避难线等(1分)。

11. 答：软水指的是不含或含较少可溶性钙、镁化合物的水(2分)，通常把水中钙、镁离子的含量用“硬度”这个指标来表示。硬度1度相当于每升水中含有10 mg氧化钙。低于8度的水称为软水，高于17度的称为硬水，介于8～17度之间的称为中度硬水(2分)。

软水与硬水的鉴别方法一：分别用两只烧杯取等量水样，向两只烧杯中分别滴加等量肥皂水。泡沫多、浮渣少的为软水。反之，泡沫少、浮渣多的为硬水(2分)。方法二：取一干净、干燥的玻璃片。分别在不同的位置滴等量水样。待其完全蒸发后，白色残留物多的为硬水，反之为软水(2分)。方法三：还可以用烧杯加热，在杯壁留下较多水垢的是硬水。因为硬水是含有较多的可溶性钙、镁物质的水，加热后，这些可溶性的钙镁物质转化成不可溶性的物质，沉淀杂质多的是硬水，杂质越多，水的硬度越大(2分)。

12. 答：对电解液比重要求是：夏季1.24～1.25(2分)；冬季1.26～1.27(2分)。用比重计测量电解液比重的方法是：(1)使用前先将比重计擦拭干净，不得用手直接擦抹(2分)；(2)拧开蓄电池通气堵，插入比重计让玻璃管吸进一定量电解液，并使玻璃浮计漂浮起来，但不得让浮计顶端与玻璃管顶端相接触(2分)；(3)查看浮计与玻璃管内液面接触处的数值，即为电解液的比重值(2分)。

13. 答：(1)有足够的润滑性，使机油粘附于金属表面形成坚固油膜。(2)适当的黏度。(3)必要的纯洁性。(4)对摩擦表面无腐蚀作用。(5)有低的凝固点以适应低温工作条件。(每项2分)

14. 答：(1)机车冷却水、机油、燃油及空气制动系统无泄漏(1分)。(2)润滑部分保持油润状态良好(1分)。(3)机车各部件安装状态良好，无松缓(2分)。(4)各电机电刷无烧损，导线连接无虚接，电器触点接触良好(1分)。(5)各保护装置作用良好，关键部件铅封良好(2分)。

(6)机车走行部各件无松弛、脱落或裂纹等(2 分)。(7)检查完毕各阀、开关、按钮、手柄均恢复定位,各防护网罩及盖恢复原状(1 分)。

15. 答:降弓手信号:昼间——左臂垂直高举,右臂前伸并左右水平重复摇动(2.5 分)。

夜间——白色灯光上下左右重复摇动(2.5 分)。

升弓手信号:昼间——左臂垂直高举,右臂前伸并上下重复摇动(2.5 分)。

夜间——白色灯光作圆形转动(2.5 分)。

16. 答:整备场地保持整洁,禁止乱堆乱放及闲杂人员进入(1 分);严禁未取得电气化区段作业安全合格证的人员上岗(1 分);除专业人员按规定作业外,其他人员严禁攀爬接触网支柱,并保持所携带的物件与接触网设备带电部分有 2 m 以上距离,雷雨天不准撑用可导电材料制作的雨伞(2 分);在接触网未停电并接地的情况下,任何人不准攀登机车车辆顶部,不得用水冲洗机车上部(2 分);因检查、验收、整备工作需要登车顶时,应严格履行申请登记手续,在专业监护下按操作程序操作隔离开关并挂好地线后,再登车顶作业(2 分);发现整备场电气化线路故障应立即上报,并做好现场安全防护,不得擅自处理(2 分)。

17. 答:燃油的质量指标包括:十六烷值、燃油黏度、燃油的灰分、燃油的机械杂质和水分、燃油的残炭量、燃油的含硫量和酸值、燃油的凝固点、闪点和冷滤点。(每项 1 分)

18. 答:(1)用扳手松开撒砂阀下堵,将余砂排至托盘(1 分);(2)再拆卸下撒砂阀所接风管及其侧盖(1 分);(3)用螺钉旋具卸下喷嘴,以清扫针清扫,若喷嘴磨损超限时必须更换,但须注意两喷嘴位置不得装错(2 分);(4)清扫撒砂阀通道内的堵塞物(1 分);(5)清扫撒砂管及其管接(1 分);(6)按拆卸反序组装撒砂阀及其组件(2 分);(7)进行撒砂试验,检验清扫效果(2 分)。

19. 答:(1)打开进口阀门并开启排气阀,排净管道和泵室内气体后,再关闭排气阀启动电机;(2)当油泵转速到额定值,压力表指针稳定,慢打开出口阀门;(3)在运转中可采用关小出口阀门方法来调节流量和扬程;(4)泵在运转中要注意检查电机、泵是否过热,压力是否正常,有无异声和泄漏;(5)在输油中断后,要立即停泵切忌空转。(每项 2 分)

20. 答:(1)穿戴好防护用品,查看交接记录,了解设备运行情况;(2)检查设备各运动部件状态及清洗刷转动是否灵活等;(3)启动前检查各功能开关位置是否正常,严格按程序启动,禁止一次性将全部开关置于开位;(4)掌握好洗涤剂与水的调配比例,搅拌均匀后再投用;(5)实时调整机车行进速度,并据洗涤情况进行延时,确保洗涤质量;(6)定时查看水池水量,及时补水;(7)运行中定时巡视设备状态及仪表显示,发现异常立即停机,凡保护装置动作原因未查明不得重启;(8)及时疏通被堵喷水水嘴和紧固松弛部件;(9)工程车、调车机及载货车辆不得进入洗刷区洗涤;(10)作业完停机后按规定切断电源,对设备进行清扫保养,并填写好交接班运行记录。(每项 1 分)

21. 答:(1)发动机柴机油;(2)机械油;(3)变速箱齿轮油;(4)静液压油;(5)变压器油;(6)空气压缩机油;(7)联合调节器油;(8)液力传动油;(9)抱轴油;(10)其他专用润滑油。(每项1 分)

机车整备工(中级工)习题

一、填 空 题

1. 电流所经之路称为电路,电路是由电源、导线及(　　)组成。

2. 燃烧的发生和继续,必须同时具备三个条件,即燃烧三要素:助燃物、(　　)、着火源,三者缺一不可。

3. 安装在油库内的灯具应是(　　)型的。

4. 装卸易燃易爆危险化学品时,作业人员不得穿带有(　　)的鞋进入现场。

5. 火灾种类中,固体物质燃烧所引起的火灾称为(　　)。

6. 火灾种类中,液体物质燃烧所引起的火灾称为(　　)。

7. 根据 GB 50016—2006 按火灾危险等级,将能够燃烧的液体划分为(　　)三类。

8. 按火灾危险等级分常用 0 号柴油属于(　　)类可燃液体。

9. 火灾中,(　　)对人的危害特性有缺氧、毒害和尘害等。

10. 当火灾处于初级阶段时,(　　)成为热传播的主要形式。

11. 当火灾处于发展阶段时,(　　)成为热传播的主要形式。

12. 一些燃点低的物质,由于自身缓慢氧化产生的热量使其温度到达着火点,而形成的燃烧现象称为(　　)。

13. 燃烧是一种发光发热的(　　)反应。

14. 可燃物开始持续燃烧所需的最低温度称为(　　)。

15. 空气泡沫灭火装置应(　　)检查一次泡沫液的沉淀状况。

16. 钢制储油罐的防雷接地装置可以兼作为防(　　)接地装置。

17. 燃油储油罐防静电接地装置的接地电阻不宜大于(　　)Ω。

18. 避雷针焊在油罐顶部或(　　)处。

19. 工作中不慎发生油气中毒,应立即(　　),进行抢救。

20. 铁路线装卸油品的设施应作电器连接并(　　)。

21. 带电物质发生火灾,应首先采取(　　)措施。

22. 检查维护消防栓和清水管道,(　　)应做一次出水试验。

23. 电气设备的(　　)能有效避免人体触电。

24. 储油罐着火后,应首先关闭着火储油罐的所有(　　),再进行扑救。

25. 铁路信号机应采用(　　)信号机,具体设置采用高柱或矮型两种。

26. 进入油区的汽车,其排气管应加装有(　　)。

27. 整备作业中遇无渡板的地沟,不得由地沟上面(　　)通过。

28. 登高使用梯子时,应注意和地面保持(　　)的角度。

29. 扑灭成品油火灾时,其作用原理是使着火面与(　　)隔离、窒息,从而使火熄灭。

30. 正常情况下灭火器有效期可达 3～5 年，但是还应该(　　)进行一次检查。

31. B 等级电表(　　)于温度－20～＋50℃。

32. 电子在导体内移动时，导体阻碍电子移动的能力称为(　　)。

33. 电表准确度等级的数字(　　)，电表越准确。

34. 磁电式电表只能测(　　)。

35. 二极管最主要的就是(　　)的特性。

36. 在使用二极管时，必须注意它的(　　)不能接错。

37. 将机械能转化为直流电能的电机叫(　　)。

38. 既可以作发电机运行，又可以作电动机运行。这种特性称为直流电机的(　　)。

39. 通过整流组件把(　　)的电路称为整流电路。

40. 柴油有一特性，温度越低产生的静电荷(　　)。

41. 物体在一定电位下，容纳(　　)的能力称为该物体的电容。

42. 电工设备国际惯用文字符号(　　)用 R 表示。

43. 所谓 286 机、386 机、486 机是以(　　)划分的。

44. CPU 中有少量存放数据的机构，被称为(　　)。

45. CPU 的主要功能是(　　)。

46. 计量测试是(　　)的一项基础工作。

47. 在计算机中存储一个汉字占(　　)个字节。

48. 计算机的发展经历了电子管计算机、(　　)计算机、集成电路计算机和大规模集成电路计算机四个阶段。

49. 是否用计算机进行管理已成为企业(　　)程度的一个重要标志。

50. 人们常讲的计算机病毒不是生物病毒，而是一种(　　)。

51. 金属的机械性能主要包括强度、硬度、塑性、韧性、疲劳强度等指标，其中衡量金属材料在静载荷下机械性能的指标有(　　)、硬度、塑性。

52. 衡量金属材料在交变载荷和冲击载荷作用下的指标有(　　)和冲击韧性。

53. 常用的回火方法有低温回火、(　　)和高温回火。

54. 工程中常用的特殊性能钢有不锈钢、(　　)、耐磨钢。

55. 根据铝合金成分和工艺特点，可将铝合金分为变形铝合金和(　　)两大类。

56. 离心泵开泵前应先关闭出口阀门，否则易造成(　　)。

57. 输油泵由(　　)电动机直接驱动。

58. 电动往复泵开泵前应先开启出口阀门，否则易造成(　　)。

59. 滤清器主要由壳体、连接法兰、法兰盖、(　　)和排污堵组成。

60. 输送黏度大的油品时多采用(　　)泵。

61. 输油泵启动电机前，应先打开(　　)，开启排气阀排尽管道和泵室内的气体。

62. 在输油中断后，应立即停泵(　　)。

63. 电力机车整备作业包括机车外皮洗刷、给砂、(　　)领取擦拭材料。

64. 东风 4 型内燃机车油箱的容积为(　　)。

65. 内然机车冷却系统应以(　　)水为好。

66. 燃油粗滤器由心杆串联的(　　)个滤芯、体和罩筒等组成。

67. 滤芯是用(　　)和120目尼龙布组成的。

68. 内燃机车一般有两个燃油精滤器并联使用,目的是增加(　　),延长清洗周期。

69. (　　)是过滤空气中灰尘等脏物的装置。

70. (　　)是指保证给柴油机供应燃油的设备及管路系统。

71. 燃油系统由燃油箱、粗滤器、(　　)、燃油加热器、旁通阀、污油箱及阀类、管道、压力表组成。应定期检查、清洗或更换过滤网。

72. 滤清器在燃油发放系统中起着保证供给机车(　　)的作用。

73. 低压恒压充电分为恒流、(　　)阶段,直至充电终了。

74. 常用的直流基础电源为−48 V、(　　)。

75. 充电是指蓄电池从其他直流电源(　　)电能。

76. 放电是指蓄电池对外电路(　　)电能。

77. 预热锅炉为直立水管式(　　)锅炉,它安装在机车后机室内。

78. 预热锅炉主要是由炉体、风机、(　　)和燃烧装置等组成。

79. 配齐并加挂(　　)和远心集尘器、油水分离器、通风口、总风缸排水阀等部位的防寒罩。

80. 准备好毡条、麻布条、铁丝、防腐漆或防腐,指定专人对机车有关处所进行(　　)。

81. 配齐机车打温人员,并进行(　　)。

82. 打温人员应熟知机车(　　)布置情况及各阀门的使用情况。

83. 打温人员应熟知(　　)、灭火措施,会使用机车灭火器。

84. 打温前应认真检查确认并做好(　　)措施。

85. 打温过程中,手柄位置不能(　　),保持规定的油水温度,并检查柴油机及辅助装置的运转情况,保证状态良好。

86. 预热锅炉的作用是对柴油机里的循环水进行(　　),从而达到规定的启动温度。

87. 预热达到要求后,先停止(　　),再断开控制箱上所有开关。

88. 禁止向柴油机补加冷水;补水温度不得低于(　　),但也不宜过高。

89. 启动柴油机时,水温不得低于规定温度,水温过低时,应点(　　)或接入循环热水加温。

90. 到达终点或入库前,应及时关闭(　　)并放下防寒被进行保温,并及时与地勤或打温人员进行交接。

91. 冬季长期停留的机车转入运用时,应拉到暖库内保温(　　)以上,然后注入规定温度的油、水。

92. 测量电解液比重的器具叫做(　　)。

93. 测量比重时,须使用吸取式比重计将(　　)缓缓吸入外筒,从浮标之刻度即可测知比重。

94. 铅蓄电池的电解液比重会随(　　)改变而变化,电解液比重以20℃时的比重为标准。

95. 放电后可以用充电的方式使内部活性物质再生,把电能储存为化学能,需要放电时再次把化学能转换为电能的电池,叫(　　),也称二次电池。

96. 蓄电池的电解液比重几乎与(　　)成比例。

97. 流量仪表发放油品的主要优点是:(　　)、计量准确。

98. 流量表的型号样式很多,现普遍采用的是速度式和(　　)。

99. 温度计选用棒式水银温度计,每组两支,量限一支是−30～10℃,另一支是(　　)。

100. 测深钢卷尺对尺带宽度、尺带厚度、刻线长度、各长度范围内的(　　)均有严格规定。

101. 在量水尺上涂抹均匀的试水膏,在水中(　　)的速度不应超过 4 s。

102. 误差是结果与(　　)之间的差值。

103. 绝对误差是指误差的绝对值,即测量值与真实值的(　　)。

104. 计量器具经检定合格的,由(　　)按照计量检定规程的,出具检定证书、检定合格证或加盖检定合格印。

105. 使电流中断而不能流通的电路称为(　　)。

106. 电流的方向及大小随时间作(　　)变化叫交流电。

107. 电力机车施行长交路后,可在(　　)到发线设给砂点。

108. 内燃机车冷却系统应以(　　)为好。

109. 离子交换法除盐的基本流程中,用(　　)变换这步都是共同的。

110. 油罐的排水管装在储油罐(　　)下缘,也有的装在罐底板集油坑上。

111. 避雷针焊在油罐(　　)或圈板边缘处。

112. 对接触燃油毒气时间较长工种的工作人员要(　　)体检。

113. 内燃机车冷却水添加剂的配方是多种腐蚀抑制剂的(　　)配方。

114. 油库应建立日常和节假日值班制度,警卫、消防人员要分班(　　)地轮流值班护库。

115. 油库内凡是(　　)作业,必须在指定地点进行。

116. 机械设备用油,燃油发放人员按定额发放,对(　　)领油有权不发。

117. 水鹤(　　)按运动方式分为两种:一种是垂直运动的叫做立式阀,另一种是沿水平方向运动的称卧式阀。

118. 水鹤主阀的开关形式有手动开关、(　　)和电力开关三种。

119. 某种润滑油脂针入度变为 400 时,已不能在重力下保持其形状,说明其已丧失了(　　)在摩擦面上的能力。

120. 形成残炭的主要物质是润滑油中的(　　)、胶质及多环芳烃的叠和物。

121. 气缸油、压缩机油中的残炭要求一定(　　),才能保证正常润滑。

122. 过热汽缸油的闪点要求应为(　　)℃以下。

123. 在空气中使用的润滑油的(　　)应高于该部件最大允许温度 40～50℃。

124. 气缸油按接触蒸汽的性质可分为(　　)气缸油和和过热气缸油两种。

125. 柴油是石油产品燃料中一种(　　)的黄色三级可燃液体。

126. 铁路内燃机车使用(　　)作燃料,习惯上又称为燃油。

127. 柴油根据(　　)可分为轻柴油和重柴油两种。

128. 轻柴油是适合用于每分种在(　　)转以上的中、高速柴油机作燃料。

129. 柴油的密度为(　　)。

130. 机务段应有使用一至两个月(　　)的储存场地或油库。

131. 十六烷值是柴油燃烧性能的标志,是表示柴油(　　)的指标。

132. 干砂对于控制和扑灭地面(　　)比较有效。

133. 润滑油的凝固，严格来说，只是其中所含(　　)的凝固，大部分油料依然是液体。
134. 石油产品的特性主要有易燃性、易爆性、蒸发性、易产生静电、有一定的(　　)。
135. 空气泡沫混合器也称比例混合器，是泡沫液和(　　)的混合器械。
136. 空气泡沫液灭火比较简单，主要用于一般(　　)易燃和可燃液体火灾。
137. 根据国标规定，0 号轻柴油的闭口闪点应不低于(　　)。
138. 存砂数量，一般最少储存应不少于(　　)的耗砂量。
139. 东风型内燃机车油箱的容积为(　　)L。
140. 电力机车常用油脂有(　　)、齿轮油、压缩机油、变压器油、润滑脂等。
141. 灭火用的空气泡沫液日常存放要(　　)以避免与空气接触氧化。
142. 灰分是润滑油按规定条件完全燃烧后所剩下的不燃物质的(　　)。
143. 铁路机车规定使用中的柴油机油水分含量不得大于(　　)。

二、单项选择题

1. 可燃液体表面蒸汽与空气混合后，遇点火源发生一闪即灭现象称为(　　)。
(A)自燃　(B)爆燃　(C)闪燃　(D)燃烧
2. 电气设备发生火灾时，不能用(　　)灭火。
(A)水　(B)二氧化碳灭火器　(C)干粉灭火器　(D)1211 灭火器
3. 在(　　)火灾使用水扑救会使火势扩大。
(A)燃油类　(B)木材类　(C)图书类　(D)电器类
4. 使用灭火器灭火时，灭火器的喷射口应对准火焰的(　　)。
(A)外部　(B)上部　(C)中部　(D)根部
5. 消防工作贯彻(　　)的方针。
(A)谁主管谁负责　(B)单位负责
(C)作业人负责　(D)预防为主，防消结合
6. 大型油罐应设置(　　)自动灭火系统。
(A)干粉　(B)泡沫　(C)二氧化碳　(D)喷淋
7. 单位的消防档案，一般由(　　)部门管理。
(A)行政　(B)党群　(C)工会　(D)保卫
8. 用灭火器进行灭火的最佳位置是(　　)。
(A)距起火点 10 m 以上位置　(B)距起火点 10 m 以内位置
(C)下风位置　(D)上风或侧风位置
9. 采取适当措施，使燃烧因缺乏或隔绝氧气而熄灭，此方法称为(　　)。
(A)冷却灭火法　(B)窒息灭火法
(C)隔离灭火法　(D)化学抑制灭火法
10. 因行为人过失引起火灾并造成严重后果，其行为构成(　　)。
(A)玩忽职守罪　(B)纵火罪
(C)失火罪　(D)重大责任事故罪
11. 据统计，火灾中死亡的人有 80%以上属于(　　)。
(A)被火直接烧死　(B)烟气窒息致死　(C)跳楼　(D)惊吓致死

12. 我国目前通用的急救电话是(　　)。

(A)110　　(B)119　　(C)120　　(D)911

13. 消防重点单位应每隔(　　)举行一次灭火演练。

(A)一个月　　(B)三个月　　(C)半年　　(D)一年

14. 二氧化碳灭火器在(　　)地区不能使用。

(A)南方　　(B)北方　　(C)0℃以下　　(D)−20℃以下

15. 下列常见可燃物质中,(　　)属于燃点最低的物品。

(A)衣服　　(B)纸张　　(C)煤油　　(D)松节油

16. 液体类储油罐区的消火栓应设在(　　)。

(A)储罐区内　　(B)储罐下　　(C)防护堤外　　(D)防护堤内

17. 机车车辆或单机开始退行时的鸣笛鸣示方式为(　　)。

(A)一长声　　(B)二长声　　(C)一短声　　(D)二短声

18. 消防水泵应(　　)试运转检查一次,发现问题及时处理。

(A)每天　　(B)每周　　(C)每月　　(D)每季度

19. 储油罐设置独立霹雷针(线)的接地电阻阻值应(　　)Ω。

(A)≥10　　(B)≤10　　(C)≥30　　(D)≤30

20. 储油罐设置的防静电接地装置阻值应(　　)Ω。

(A)≥30　　(B)≤30　　(C)≥100　　(D)≤100

21. 当电气设备采用超过(　　)V电压时,应采取安全保护措施。

(A)12　　(B)24　　(C)36　　(D)42

22. 火灾种类中,气体物质燃烧所引起的火灾称为(　　)。

(A)A类　　(B)B类　　(C)C类　　(D)D类

23. 火灾种类中,金属物质燃烧所引起的火灾称为(　　)。

(A)A类　　(B)B类　　(C)C类　　(D)D类

24. 机车在启动时的鸣笛鸣示方式为(　　)。

(A)一长声　　(B)二长声　　(C)一短声　　(D)二短声

25. 机车在要求出段时的鸣笛鸣示方式为(　　)。

(A)一长一短声　　(B)二长一短声　　(C)二长二短声　　(D)二短一长声

26. 按火灾危险性,甲类易燃液体的闪点基准温度为(　　)。

(A)<28℃　　(B)28～45℃　　(C)45～60℃　　(D)>60℃

27. 卸油作业线应为平道直线,以保证(　　)和最大限度地卸空油罐。

(A)防溜　　(B)利于调车安全

(C)对货位瞭望便利　　(D)准确计量

28. 若几个储油罐同时起火,应集中力量先扑救(　　)油罐。

(A)威胁最小的　　(B)威胁最大的　　(C)火势最小的　　(D)火势最大的

29. 半固定式泡沫灭火器,供给空气泡沫混合器的水压应保持在(　　)。

(A)2～4 kg/cm^2　　(B)4～6 kg/cm^2　　(C)6～9 kg/cm^2　　(D)9 kg/cm^2以上

30. 三相异步电动机的含义是(　　)。

(A)电流异步　　(B)电压异步

(C)磁场异步 (D)旋转磁场与转子转速异步

31. 机车在试验制动机开始减压时的鸣笛鸣示方式为( )。

(A)一长声 (B)一短声 (C)二长声 (D)二短声

32. 下列属于导电体的物品是( )。

(A)石墨 (B)橡胶 (C)陶瓷 (D)玻璃

33. 半固定式泡沫灭火器,供给化学泡沫发生器的水压应保持在( )。

(A)2～4 kg/cm^2 (B)4～6 kg/cm^2 (C)6～9 kg/cm^2 (D)9 kg/cm^2以上

34. 使用泡沫灭火装置扑救燃油储罐着火,应将泡沫直接喷射向( )。

(A)燃油表面 (B)罐体下部 (C)罐体外壁 (D)罐体内壁

35. 机车进出站时,信号机灯光熄灭或显示不明,可视为( )信号。

(A)通过 (B)减速 (C)停车 (D)注意

36. 内燃机车加油所用流量表基本上都是( )流量表。

(A)涡轮 (B)转子 (C)椭圆齿轮 (D)罗茨

37. 为了保证流量表的计量精度,应( )检定一次。

(A)每月 (B)每季度 (C)每半年 (D)每年

38. 流量表的上游安装滤清器是为了( )。

(A)为机车供应清洁燃油 (B)保证流量表工作正常、计量准确

(C)使燃油进流量表前压力稳定 (D)利于排除燃油中的空气

39. 温度计上必须有制造生产日期和器号,最小分度值为( )。

(A)(1/5)℃ (B)(1/4)℃ (C)(1/3)℃ (D)(1/2)℃

40. 采样器的储油容量应为( )。

(A)1 000 mL (B)1 200 mL (C)1 500 mL (D)2 000 mL

41. 测量燃油视密度、视温度时使用由( )制成的,具有刻度的筒状量器称量筒。

(A)铜、铝材料 (B)合金材料 (C)有机玻璃 (D)透明无色玻璃

42. 作业人员计量时,铁路罐车站立在( )处,储油罐在计量口的导尺槽处作业。

(A)人孔盖铰链对面 (B)安全可靠 (C)上风 (D)人孔盖的侧面

43. 除因灾害或恶劣气候不能计量外,应( )对油罐储油量进行计量。

(A)每旬 (B)每周 (C)每天 (D)每班

44. 桶装润滑油的数量验收使用( )法验收。

(A)检尺计量 (B)称重 (C)计算 (D)单据

45. 铁路罐车计量前稳油时间不少于( ),以保持油面稳定。

(A)20 min (B)30 min (C)1 h (D)2 h

46. 电度表也称为( )。

(A)安培表 (B)瓦特表 (C)伏特表 (D)瓦时表

47. 万用表上的符号 MΩ 表示( )。

(A)电阻 (B)奥姆 (C)千欧 (D)兆欧

48. 电表按作用原理分类有( )。

(A)电磁式、电动式 (B)磁电式、电磁式、电动式

(C)感应式、磁电式、电磁式、电动式 (D)电桥式、感应式、磁电式、电磁式、电动式

49. 万用表上的＋或 POS 表示(　　)。

(A)直流　(B)交流　(C)正极　(D)负极

50. 励磁绕组与电枢绕组串联,用本身负载电流励磁的电磁式电机称(　　)电机。

(A)他励　(B)并励　(C)串励　(D)复励

51. 在直流电机的结构中,主要由定子和转子两大部分组成,下列部件中(　　)属于转子部件。

(A)机座　(B)磁极铁心　(C)刷架　(D)换向器

52. 改变直流电动机的转向就要(　　)。

(A)改变电枢绕组电流方向　(B)改变磁极方位

(C)电枢、励磁绕组电流方向都改变　(D)降低磁极电流

53. 三相异步电动机异步的含义是(　　)。

(A)三相电流异步　(B)三相电压异步

(C)旋转磁场与转子转速异步　(D)三相电磁场异步

54. (　　)是半导体整流组件。

(A)电容　(B)电阻　(C)二极管　(D)三极管

55. 国产晶体管的外壳上,用数字和汉语拼音表示其型号,第一部分数字表示(　　)。

(A)电极数　(B)材料及极性　(C)类型　(D)产品的序列

56. 水的 pH 值小于 7 表示呈(　　)。

(A)导电性　(B)中性　(C)碱性　(D)酸性

57. 万用表上符号 μF 是测量(　　)的插口或开关位置。

(A)电压　(B)电流　(C)电阻　(D)电容器容量

58. 常用电工仪表中的(　　)是用来测定绝缘电阻等大阻值。

(A)电流表　(B)电压表　(C)兆欧表　(D)万用表

59. 使用万用表时转换开关在电流挡位置上,绝不许可测量(　　)。

(A)电流　(B)电阻　(C)电压　(D)电容器容量

60. 直流(　　)工况是输入电能输出机械能。

(A)电动机　(B)发电机　(C)电机　(D)伺服电机

61. 五笔字型属于(　　)编码方式。

(A)数字　(B)字音　(C)字形　(D)形音

62. 铁路运输生产的最终产品是位移。位移是动态加工,而动态加工的质量特性最重要的是(　　)。

(A)经济效益　(B)服务质量　(C)准确迅速　(D)安全

63. 显示器是目前使用最多的(　　)。

(A)内存　(B)输入设备　(C)微处理器　(D)输出设备

64. 机务段燃料管理中心从(　　)读取司机报单的有关内容。

(A)多路通信器　(B)燃料管理微机　(C)报单打印机　(D)IC 卡

65. 下列设备中属于输入设备的是(　　)。

(A)鼠标　(B)显示器　(C)打印机　(D)绘图仪

66. 现代计算机采用的是(　　)。

(A)十进制 (B)八进制 (C)十六进制 (D)二进制

67. 拉伸试验时,试样拉断前能承受的最大标拉应力称为材料的(　　)。

(A)屈服点 (B)抗拉强度 (C)弹性极限 (D)刚度

68. 金属的(　　)越好,其锻造性能就越好。

(A)硬度 (B)塑性 (C)弹性 (D)强度

69. 根据金属铝的密度,它属于(　　)。

(A)贵金属 (B)重金属 (C)轻金属 (D)稀有金属

70. 机械制造中,T10 钢常用来制造(　　)。

(A)容器 (B)刀具 (C)轴承 (D)齿轮

71. 黄铜、青铜和白铜的分类是根据(　　)。

(A)合金元素 (B)密度 (C)颜色 (D)主加元素

72. 金属材料的种类很多,一般分为黑色金属和有色金属两大类,黑色金属是指(　　)。

(A)黑色的金属 (B)钢、铁

(C)碳素钢 (D)以铁为主的所有合金

73. 工具钢的牌号用汉语拼音第一个字母"T"和后加一位或两位数字组成。数字表示(　　)。

(A)机械性能 (B)含碳量的千分比

(C)含碳量 (D)硬度指标

74. 盘点、清查后,账、物盈亏不符以不超过(　　)掌握。

(A)2% (B)3% (C)4% (D)5%

75. 现库存润滑油脂实物数量减去账面结存数量等于(　　)。

(A)清点数量 (B)发放数量 (C)盈亏率 (D)盈亏数量

76. 盈亏数量除以两次盘点清查间发放总数乘以百分之百等于(　　)。

(A)清点数量 (B)发放数量 (C)盈亏率 (D)盈亏数量

77. 综合发放柱内分别装有燃油、冷却水和机油发放装置,一般多安装在整备线上,有(　　)的优点。

(A)减少整备作业时间 (B)减少设备占用空间

(C)节约资金 (D)便于管理

78. 路用机械干砂设备从热效率高、省燃料、机械化程度高、劳动条件好、生产效率高等方面考虑,(　　)烤砂炉是最适用的。

(A)滚筒式 (B)立式 (C)火管式 (D)平板式

79. 燃油的自然损耗是在收、发、管、用过程中造成的数量损失,不包括(　　)的数量损失。

(A)自然蒸发 (B)零星洒漏

(C)事故及人力不可抗拒的自然灾害 (D)容器粘附

80. 参加盘点、清查人员必须是懂得业务的工作人员,(　　)不参加盘点工作。

(A)整备车间主任 (B)热力工程师(技术员)

(C)值班员 (D)计量员

81. 盘点和清查主要是检查燃油的(　　)是否相符,盈亏是否超过规定标准,以利提高管理水平。

(A)账、物　(B)储量与要求　(C)收、发账目　(D)质量与牌号

82. 燃油盘点(　　)进行一次。

(A)每班　(B)每周　(C)每月　(D)每季

83. 燃油清查(　　)进行一次。

(A)每班　(B)每周　(C)每月　(D)每季

84. 废气中最主要的成分为(　　)。

(A)SO_2　(B)NO_2　(C)H_2S　(D)CO_2

85. 二轴转向架固定轴距较小,(　　)通过能力比三轴转向架要好。

(A)曲线　(B)上坡　(C)下坡　(D)隧道

86. 高速电力机车弹簧悬挂普通采用(　　)悬挂。

(A)一系　(B)两系　(C)板弹簧　(D)圆弹簧

87. 抱轴式悬挂一般适用于速度不超过(　　)的客、货两用机车。

(A)90 km/h　(B)100 km/h　(C)120 km/h　(D)150 km/h

88. 架悬式悬挂就是将牵引电动机完全固定在(　　)上。

(A)转向架　(B)弹簧　(C)牵引梁　(D)车轴

89. 轮周牵引力除去驱动机车本身的阻力消耗,实际作用在车钩上的牵引力称为(　　)。

(A)机车牵引力　(B)指示牵引力　(C)车钩牵引力　(D)黏着牵引力

90. 机车转向架的弹簧悬挂装置中,(　　)是位于转向架与轴箱之间,其主要作用是缓和来自线路的冲击,能使机车在运用速度范围内平稳运行。

(A)旁承　(B)一系悬挂装置　(C)二系悬挂装置　(D)油压减振器

91. 机车转向架的弹簧悬挂装置中,(　　)是指转向架与车体之间的弹簧装置,它的作用是进一步衰减走行部传往机车上部的高频振动。

(A)旁承　(B)一系悬挂装置　(C)二系悬挂装置　(D)油压减振器

92. 转向架(　　)的作用是承受机车上部结构的垂直载荷;保证车体在转向架上的稳定性;衰减转向架的摇头振动;减少机车通过曲线的构架力。

(A)牵引杆　(B)一系悬挂装置　(C)二系悬挂装置　(D)旁承

93. (　　)制动是以压缩空气为动力,通过空气制动机将闸瓦压紧车轮踏面上摩擦而形成制动力。

(A)盘形　(B)闸瓦　(C)电阻　(D)液力

94. (　　)制动是以空气压缩为动力,通过空气制动机将闸瓦压紧装在车轴上的制动盘产生摩擦而形成制动力。

(A)盘形　(B)闸瓦　(C)电阻　(D)液力

95. 当自阀手柄置于紧急制动位时,列车管的压力空气首先通过(　　)迅速向大气排风,从而达到紧急制动的目的。

(A)自动调整阀　(B)分配阀紧急部

(C)自阀放风阀　(D)分配阀紧急部与放风阀同时动作

96. JZ-7 型空气制动机分配阀的(　　),当列车管减压量大或降压至零时,能使降压风缸空气压力保持在 280～340 kPa 之间。

(A)充气阀　　(B)一次缓解逆流止回阀
(C)转换盖板　　(D)保持阀

97. 常用限压阀限压状态自动转换为正常状态是通过紧急限压阀的(　　)进行的。
(A)缓解　　(B)限压　　(C)制动　　(D)其他

98. 自阀常用制动区,列车管的减压量是由(　　)来决定的。
(A)中继阀　　(B)工作风缸　　(C)作用风缸　　(D)均衡风缸

99. JZ-7 型空气制动机分配阀当作用风缸的压力下降到(　　)时,充气阀呈缓解位。
(A)350 kPa　　(B)240 kPa　　(C)420～450 kPa　　(D)24 kPa

100. JZ-7 型制动机系统中,(　　)与作用阀管座相连接。
(A)总风缸管　　(B)列车管　　(C)均衡风缸管　　(D)工作风缸管

101. JZ-7 型制动机作用阀的供气阀上方通(　　)。
(A)作用管　　(B)总风管　　(C)工作风缸管　　(D)制动缸管

102. 分配阀在缓解充气位时,(　　)的压力空气排至大气。
(A)降压风缸　　(B)工作风缸　　(C)作用风缸　　(D)过充风缸

103. 在四冲程柴油机一个工作循环中,只有(　　)是做功冲程,其他三个都是辅助冲程。
(A)进气冲程　　(B)压缩冲程　　(C)燃烧膨胀冲程　　(D)排气冲程

104. 柴油机(　　)的作用是承受燃气压力,并传递给曲轴,使往复运动转换成旋转运动,将气缸内的热能转变为机械能。
(A)活塞组　　(B)连杆组　　(C)曲轴组　　(D)气缸组

105. 活塞环的(　　)是指活塞组对气缸燃烧室的密封由活塞、活塞环和机油膜共同完成。
(A)传热作用　　(B)密封作用　　(C)布油作用　　(D)支承作用

106. 活塞环的(　　)是指活塞环槽与活塞环接触,又通过活塞与气缸接触而传递热,导出活塞体内的一部分热量,从而使体温下降。
(A)传热作用　　(B)密封作用　　(C)布油作用　　(D)支承作用

107. 东风 4B 型内燃机车使用 16V240ZJB 型柴油机,其柴油机型号中"V"表示(　　)。
(A)四冲程　　(B)V 型气缸　　(C)平卧式　　(D)增压

108. 机车各轴承的给油,需在机车小、辅修时定期补油,轴承内存油量不应多于轴承空腔容积的(　　)。
(A)1/3　　(B)1/2　　(C)2/3　　(D)3/4

109. 机车给油时,油枪给油方式有点式、弧形、线式等,(　　)适用于直径较小的穿销及摩擦接触面较小的部位。
(A)点式　　(B)弧形　　(C)线式　　(D)反射

110. 机车给油时,油枪给油方式有点式、弧形、线式等,(　　)适用于摩擦接触面较大的部位。
(A)点式　　(B)弧形　　(C)线式　　(D)反射

111. 机车给油时,油枪给油方式有点式、弧形、线式等,(　　)适用于采用点式给油不能满足其润滑要求的穿销及销套。
(A)点式　　(B)弧形　　(C)线式　　(D)反射

112. 内燃机车应按规定使用油脂,机车静液压系统使用(　　)。

(A)机油　(B)双曲线齿轮油　(C)静液压油　(D)空压机油

113. 输送黏度小、流量大的燃油时使用(　　)泵。

(A)往复　(B)齿轮　(C)真空　(D)离心

114. 滤清器的过滤面积通常是管道截面积的(　　)倍。

(A)1～2　(B)2～3　(C)3～4　(D)4～5

115. 输送黏度大的油品时多采用(　　)。

(A)齿轮泵　(B)离心泵　(C)高压泵　(D)真空泵

116. 输油泵启动电机前,应先打开(　　),开启排气阀排尽管道和泵室内的气体。

(A)出口阀门　(B)进口阀门　(C)放气阀　(D)截止阀

117. 卸油台上位置最高的设备是(　　)。

(A)避雷针　(B)卸油鹤管　(C)平台栏杆　(D)清油管

118. 卸油鹤管在作业中用重锤平衡或铰盘钢丝控制是为了(　　)。

(A)升降容易控制　(B)作业安全　(C)减轻劳动强度　(D)增加鹤管强度

119. 清油管多采用耐油细胶管插入油罐车底部集油槽将余油抽入(　　)。

(A)储油罐　(B)沉淀池　(C)暂存油罐　(D)废油罐

120. 蓄电池重复放电时,电解液面会(　　),因此定期检视电解液液位,随时补充纯水,以维持适当的液位。

(A)上升　(B)先下降再上升　(C)不变　(D)下降

121. 柴油机的主要运动件是(　　)。

(A)气缸　(B)喷油器　(C)曲轴　(D)中冷器

122. (　　)是内燃机中热能转变为机械能的主要机构。

(A)曲轴连杆机构　(B)配合机构　(C)机体机构　(D)供给系统

123. 在防寒期柴油机加载时,水温不得低于规定温度。若提高柴油机空转转数加温时,空转转数一般不超过(　　)。

(A)600 r/min　(B)650 r/min　(C)700 r/min　(D)800 r/min

124. 在防寒期内燃机车运行中,柴油机油、水温度控制在规定的范围内,停机时使油水温度降至(　　)。

(A)45～55℃　(B)50～55℃　(C)50～60℃　(D)55～65℃

125. 在防寒期内燃机车运行中,柴油机油、水温度控制在规定的范围内。因修理和其他原因需放水时,油水温度在(　　)方可进行。

(A)45～55℃　(B)50～55℃　(C)50～60℃　(D)55～65℃

126. 禁止向柴油机补加冷水,补水温度不得低于(　　),但也不宜过高。

(A)10℃　(B)20℃　(C)30℃　(D)40℃

127. 冬季长期停留的机车转入运用时,应拉到暖库内保温(　　)以上,然后注入规定温度的油、水。

(A)8 h　(B)12 h　(C)24 h　(D)48 h

128. 打温过程中,手柄位置不能(　　),保持规定的油水温度,并检查柴油机及辅助装置的运转情况,保证状态良好。

(A)过高 (B)正常 (C)过低 (D)不变

129. 每运行(　　)小时后,应检查锅炉喷嘴和点火电极,用软刷子和汽油擦洗喷嘴,并检查喷嘴与点火电极位置是否正确。

(A)24 (B)35 (C)50 (D)72

130. 在机车蓄电池的使用和维护保养中,蓄电池电解液密度不应低于(　　)。

(A)1.20 (B)1.21 (C)1.22 (D)1.23

131. 在机车蓄电池的使用和维护保养中,蓄电池电解液表面应高出防护板(　　)。

(A)10~12 mm (B)10~15 mm (C)12~18 mm (D)15~ 20mm

132. 柴油机运转后,必须经常注意启动发电机电压表和蓄电池充放电电流表的显示。蓄电池充放电电流表在柴油机刚启动后约为(　　)。

(A)20 A (B)30 A (C)40A (D)40~ 60A

133. 柴油机运转后需要停机时,应等待蓄电池充电电流下降到(　　)后方可停机,以保证下次顺利启动柴油机。

(A)10~20 A (B)20~30 A (C)30~40 A (D)40~60 A

134. 下列(　　)措施可较大发挥电池容量。

(A)过充电 (B)增大放电电流 (C)过放电 (D)减小放电电流

135. 当蓄电池的放电率(　　)10 h 放电率时,电池容量较小。

(A)低于 (B)高于 (C)等于 (D)不变

136. 环境温度下降时,蓄电池的内阻(　　)。

(A)增大 (B)降低 (C)不变 (D)以上三个

137. 1个单体铅酸蓄电池的额定电压为(　　)。

(A)2 V (B)12 V (C)2.23 V (D)1.8 V

138. 以下关于同一规格铅酸蓄电池连接使用正确的叙述为(　　)。

(A)电池串联使用,电压等于分电压之和,容量等于分容量之和

(B)电池串联使用,电压等于分电压之和,容量不变

(C)电池并联使用,电流不变,容量等于分容量之和

(D)电池并联使用,电压不变,容量不变

139. 蓄电池放电容量与放电电流、环境温度(视作蓄电池温度)的关系为(　　)。

(A)放电电流越小放电容量越大,温度越低放电容量越小

(B)放电电流越小放电容量越大,温度越低放电容量越大

(C)放电电流越小放电容量越小,温度越低放电容量越小

(D)放电电流越小放电容量越小,温度越低放电容量越大

140. 蓄电池应避免在高温下使用是因为(　　)。

(A)高温使用时,蓄电池无法进行氧气复合反应

(B)电池壳在高温时容易变形

(C)高温使用可能造成电解液沸腾溢出电池壳

(D)高温时,浮充电流增加,加快了板栅腐蚀速度和气体的生成逸出,导致电池寿命缩短。

141. 过放电(Over discharge)指的是(　　)。

(A)过大电流放电的放电方式

(B)超过蓄电池规定的放电终止保护电压后的继续放电

(C)过充电的相反过程

(D)蓄电池达到完全充电状态之后继续进行的充电

142. 电池在补充充电时应采取(　　)充电方式。

(A)低压恒压　(B)恒压限流　(C)恒流　(D)高压恒压

143. 电池放电终了电压一般不应低于(　　)。

(A)1.7 V　(B)1.8 V　(C)1.9 V　(D)1.65V

144. −48 V 直流电源电压允许变化范围为:(　　)。

(A)−38～−55 V　(B)−40～−57 V　(C)−42～−55 V　(D)−38～−57 V

145. 充电过程中应保持电解液温度不超过(　　)℃,当电液温度达到这个温度时,应采用降温措施。

(A)30　(B)40　(C)50　(D)25

146. 电解液比重以(　　)时的值为标准。

(A)10℃　(B)20℃　(C)25℃　(D)30℃

147. 内燃机车启动用电压为(　　)。

(A)24 V　(B)48 V　(C)110 V　(D)220 V

148. 柴油有一特性,温度越低产生的静电荷(　　)。

(A)越多　(B)越少　(C)越大　(D)越小

149. SS3 型电力机车采用的是(　　)变压器油。

(A)10 号　(B)15 号　(C)20 号　(D)25 号

150. 操作隔离开关时,必须(　　)。

(A)一人操作　(B)二人同时操作　(C)三人操作　(D)四人操作

151. 石油产品的闪点越低,(　　)危险性越大。

(A)爆炸　(B)触电　(C)着火　(D)摔伤

152. 由于外界温度作用或受到超负荷压力,使容器里的石油发生膨胀而爆炸,这种现象称为(　　)爆炸。

(A)人为性　(B)机械性　(C)化学性　(D)物理性

153. SS3 型电力机车的砂箱总容量为(　　)。

(A)0.6 m^3　(B)0.8 m^3　(C)1.0 m^3　(D)1.2 m^3

154. 油脂经高温汽化及热分解后所剩下的胶质和沥青成分,称为油脂的(　　)。

(A)残炭　(B)机械杂质　(C)灰分　(D)酸质

155. 石油产品本身是绝缘体,当它沿管道流动与管壁摩擦或在运输中与车船罐壁冲击,都会产生(　　)。

(A)爆炸　(B)静电　(C)杂质　(D)水分

156. 沉淀型腐蚀抑制剂生成保护膜的最佳条件 pH 值在(　　)范围内。

(A)8.0～9.5　(B)9.0～9.5　(C)10.0～11.5　(D)12.0～12.5

157. 内燃、电力机车无动力回送时,应将分配阀、安全阀压力调整为(　　)。

(A)50～100 kPa　(B)100～150 kPa　(C)150～200 kPa　(D)200～250 kPa

158. 油脂在加热蒸发后接触火焰而产生短促闪火时的最低温度称为油脂的(　　)。

(A)凝固点 (B)燃点 (C)闪点 (D)酸值

159.(　　)就是对机车出发前进行的检查、保养、维修及供应油、水、砂等项工作的总称,使其达到《铁路技术管理规程》规定的技术状态。

(A)交班作业 (B)机车检查 (C)机车辅修 (D)整备作业

160. 内燃机车应按规定使用油脂,机车静液压系统使用(　　)。

(A)机油 (B)双曲线齿轮油 (C)静液压油 (D)空压机油

161. 10 号轻柴油适用于有预热设备的(　　)柴油机上使用。

(A)机用 (B)船用 (C)高速 (D)低速

162. 水在 0~4℃范围内,随温度升高体积变小,密度增大为(　　)。

(A)1 g/cm^3 (B)1.5 g/cm^3 (C)2 g/cm^3 (D)2.5 g/cm^3

163. 内燃机车冷却系统应以(　　)为好。

(A)纯净水 (B)矿泉水 (C)去离子水 (D)等离子水

164. 为防雷电和传导静电,卸油鹤管的(　　)用铜或铝线接通。

(A)上部 (B)中部 (C)下部 (D)法兰连接处

165. 沉淀池一般置于卸油台下,用以沉淀(　　)中的机械杂质。

(A)油罐 (B)底油 (C)油池 (D)明油

166. 离心泵开泵前应先关闭出口阀门,否则易造成(　　)。

(A)泵不出油 (B)过量泵油 (C)间歇性泵油 (D)泵内压力超高

167. 电动往复泵开泵前应先开启出口阀门,否则易造成(　　)。

(A)泵不出油 (B)过量泵油 (C)间歇性泵油 (D)泵内压力超高

168. 滤清器主要由壳体、连接法兰、法兰盖、(　　)和排污堵组成。

(A)滤芯 (B)过滤网 (C)轴承 (D)主轴

169. 流量仪表发放油品的主要优点是(　　)、计量准确。

(A)少污染 (B)安全系数高 (C)操作简单 (D)经济实用

170. 流量表的型号样式很多,现普遍采用的是速度式和(　　)。

(A)容积式 (B)压力式 (C)弹簧管式 (D)电子式

171. 温度计选用棒式水银温度计,每组两支,量限一支是−30~10℃,另一支是(　　)。

(A)10~50℃ (B)0~50℃ (C)0~100℃ (D)50~100℃

172. 亚硝酸钠在 pH 值为(　　)时,其抑制腐蚀的效果最好。

(A)3~6 (B)5~7 (C)9~10 (D)10~12

173. 在量水尺上涂抹均匀的试水膏,在水中颜色的变化不应超过(　　)。

(A)3 s (B)5 s (C)10 s (D)15 s

174. 电力机车的给砂作业及其设备和(　　)完全相同。

(A)给油设备 (B)上水设备 (C)内燃机车 (D)蒸汽机车

175. 变压器油在变压器中的主要作用是冷却和(　　)。

(A)绝缘 (B)润滑 (C)散热 (D)密封

176. 燃油密度受油品质量和(　　)变化的影响。

(A)黏度 (B)闪点 (C)大气压力 (D)大气温度

177. 燃油发放密度直接关系到内燃机车耗油实绩和燃油(　　)的平衡。

(A)储油量　(B)收、发数量　(C)消耗数量　(D)定额

178. 确定燃油发放密度时必须有(　)、燃油计量员、段热力技术人员共同参加。

(A)燃料主任　(B)燃料副主任　(C)燃料值班员　(D)化验员

179. 常用的干砂方式分机械干砂和(　)。

(A)电动干砂　(B)自然干砂　(C)人工干砂　(D)自动干砂

180. 耗砂量较小时,可用小车把干砂送到整备线由(　)上砂。

(A)人工　(B)电动　(C)机械　(D)传送带

181. 铁路机车使用中的柴油机水分不得大于(　)

(A)0.1%　(B)0.2%　(C)0.3%　(D)0.4%

182. 目前使用的给砂设备有(　)及鼓风式两种。

(A)分立式　(B)压缩式　(C)吹风式　(D)挤压式

183. 废柴油机油经再生处理后,可以回收机油(　),回收柴油 15%。

(A)40%~45%　(B)50%~55%　(C)60%~65%　(D)70%~75%

184. 电力机车整备工作量计算,一般只作整备台次、(　)及干砂项目的计算。

(A)整备数量　(B)整备台位　(C)整备次数　(D)整备质量

185. 燃油蒸发后不仅造成数量上的减少,还使(　)降低。

(A)密度　(B)黏度　(C)重量　(D)质量

186. 燃油氧化的结果使酸度和胶质都会增加,并出现(　)沉淀。

(A)黄色　(B)白色　(C)黑色　(D)红色

187. 储油罐装油根据温度变化情况留出必要的(　)外,应尽可能装满。

(A)安全容量　(B)安全余量　(C)空间　(D)位置

188. 不同牌号的燃油要分罐储存,因为不同牌号是由其(　)决定的,否则会造成经济损失。

(A)密度　(B)黏度　(C)凝固点　(D)闪点

189. 运用机车每次自进段进行整备作业至出段,算作一个(　)。

(A)整备数量　(B)整备台次　(C)工作过程　(D)整备过程

190. 在铁路运输生产中,每个职工必须始终贯彻(　)的方针,才能进行安全生产。

(A)信誉第一　(B)预防为主　(C)质量第一　(D)安全第一

191. 油库的安全管理,必须贯彻(　)的方针。

(A)信誉至上　(B)安全正点　(C)尊老爱幼　(D)以防为主

192. (　)对同时担当两个及以上区段运输任务的机务段,可用作发油定额依据。

(A)机车交路号　(B)机车号　(C)报单号　(D)司机姓名

193. 空气中燃油气浓度超过(　)时,就能引起人们的慢性中毒。

(A)0.2 mg/L　(B)0.3 mg/L　(C)0.4 mg/L　(D)0.5 mg/L

194. 油脂的(　)是指油脂中所含的有机物质烧焦后剩下的矿物质的残余物。

(A)残碳　(B)机械杂质　(C)灰分　(D)酸质

195. 内燃机车整备时,上冷却水由(　)负责递、接上水胶管。

(A)乘务员　(B)检修人员　(C)整备工　(D)燃料值班员

196. 内燃机车上水后,将胶管妥善挂好,管口(　),有防尘堵的及时挂好防尘堵,避免

灰尘、杂质进入。

(A)朝下 (B)朝上 (C)朝内 (D)朝外

197. 电力和液力传动内燃机车的传动装置都采用( )。

(A)液力传动油 (B)齿轮油 (C)车轴油 (D)气缸油

198. ( )不能用来评定变压器油的电气性能。

(A)击穿强度 (B)介质损失角 (C)体电阻力率 (D)黏度

199. ( )是测定增压柴机油添加剂碱性组分含量的一个指标。

(A)pH 值 (B)酸值 (C)碱值 (D)氧化安定性

200. 铁路按用途和使用条件选用( )润滑脂。

(A)工业 (B)铁道 (C)船用 (D)高温和低温

201. 柴油的( )是燃烧性能的标志，是表示柴油抗爆性的指标。

(A)馏程 (B)十六烷值 (C)闪点 (D)凝点和冷滤点

202. 使用燃油发放柱上油时，整备工应把上油数量、( )通知计算机操作员输入计算机。

(A)司机姓名 (B)机车号 (C)燃油密度 (D)燃油闪点

203. 油品的温度越高，产生的静电荷越多，但( )的特性相反，温度越低产生的静荷越多。

(A)变压器油 (B)齿轮油 (C)气缸油 (D)柴油

204. 电力机车洗刷场不应设在( )。

(A)入库道岔外方 (B)入库道岔内方 (C)机车整备线 (D)机车走行线

205. 卸油作业线是指( )停放铁路罐车进行卸油作业的专用线。

(A)车站 (B)油库 (C)机务段 (D)折返段

206. 渡板供卸油时上下油罐车用，要求渡板与罐车接触部分用胶皮包扎是为了( )。

(A)减轻渡板与罐车碰击 (B)绝缘

(C)防止上下车滑倒 (D)渡板与罐车可靠搭靠

207. 测燃油密度时，小数点后取( )。

(A)两位 (B)三位 (C)四位 (D)五位

208. 测量发放密度的地点，以( )为固定检测点。

(A)发放柱的输油胶管 (B)储油罐内

(C)便于检测，与实际发放密度相近 (D)机务段自行指定

209. 测量发放密度的时间规定以( )的较多。

(A)10 时 (B)17 时 (C)日平均气温 (D)自行规定

210. 燃油发放因密度测量、气温变化、自然损耗所出现的盈亏( )用调密度来平衡。

(A)允许 (B)不允许 (C)范围内的允许 (D)少量的允许

211. 为便于统计燃油发放数量，考核机车油耗，统一规定( )为燃油密度调整起始日。

(A)每月 1 日 (B)每月 10 日 (C)每月 15 日 (D)每月 20 日

212. 调整燃油发放密度规定用至小数点后( )。

(A)两位 (B)三位 (C)四位 (D)五位

213. “燃油发放密度调整通知单”必须在调整( )发给本段有关部门，并抄送路局主管

部门。

(A)前十天 (B)前一周 (C)前五天 (D)前三天

214. 东风$_{4B}$型内燃机车如司机在1端司机室，踩砂阀左右分别是(　　)砂管下。

(A)1、2、3、4位 (B)1、2位 (C)1、3位 (D)2、4位

215. (　　)是计量单位名称中属于国际单位制基本单位名称的。

(A)伏 (B)瓦 (C)弧度 (D)坎

216. 机务作业中，机车检修、整备、运用都要经过许多工序，这些工序之间都应坚持(　　)的原则。

(A)职能机构为生产现场 (B)后勤为一线

(C)为下道工序服务 (D)全员全过程管理

217. 储油罐经长期使用，底部产生了沉积物，为了检查、修理储油罐及附件，立式储油罐不得超过(　　)清洗一次。

(A)4年 (B)3年 (C)2年 (D)1年

218. 燃油自动发放控制台向燃料全面管理迈进了一大步，但不能直接(　　)。

(A)从加油机读取上油量 (B)向上级发送数据

(C)得知机车需补满油箱数量 (D)打印司机报单

219. 整备场的照明装置应良好，工作地点的照明度应不低于(　　)照度。

(A)3个 (B)5个 (C)10个 (D)15个

220. 检定流量表时，在检定过程中读数误差不应超过被测燃油体积的(　　)。

(A)十分之一 (B)百分之一 (C)千分之一 (D)万分之一

221. 整备时需用绝缘鞋，绝缘手套每隔(　　)要送电段检查和试验一次。

(A)3个月 (B)6个月 (C)12个月 (D)18个月

222. 在给砂作业中的砂尘浓度标准为小于(　　)。

(A)2 mg/m^3 (B)3 mg/m^3 (C)4 mg/m^3 (D)5 mg/m^3

223. 在装卸线，电力机车整备线、给水线等线路两端分段绝缘器内侧(　　)处，装设"安全作业标"。

(A)1 m (B)2 m (C)3 m (D)4 m

224. (　　)是指机油在加热蒸发后接触火焰而产生短促闪火时的最低温度，是安全性能指标。

(A)燃点 (B)闪点 (C)凝固点 (D)化学安定性

225. 操作隔离开关必须实行呼唤应答制度，一人操作，(　　)监护。

(A)1人 (B)2人 (C)3人 (D)4人

226. DF_4型内燃机车和SS_3型电力机车，全车共有(　　)砂箱。

(A)2个 (B)4个 (C)8个 (D)12个

227. 一般油脂发放间的面积为(　　)左右。

(A)60 m^2 (B)70 m^2 (C)80 m^2 (D)90 m^2

228. 为了达到足够的硬度和强度，机车用砂要求其中石英含量应不少于(　　)。

(A)30% (B)50% (C)75% (D)100%

229. 润滑脂的制作是将液体润滑油中加入(　　)而制成。

(A)稠化剂　(B)润滑剂　(C)固体石蜡　(D)沥青

230. 电力机车和液力传动内燃机车的传动装置用油都采用(　　)。

(A)气缸油　(B)空气压缩机油　(C)柴油机油　(D)齿轮油

231. 储油罐内安装的(　　)灭火装置适用于缺水和交通不便地区，对扑救直径为 11～12 m 的储油罐火灾效果显著。

(A)烟雾自动　(B)化学泡沫　(C)空气泡沫　(D)氟蛋白泡沫

232. RC-20、RC-10、RC-0 都是表示轻柴油的牌号，当中后面的数字代表该种柴油的(　　)。

(A)黏度　(B)酸度　(C)凝固点　(D)密度

233. 机车用砂是为了增大机车车轮与钢轨间的(　　)和预防机车车轮空转。

(A)冲击　(B)摩擦　(C)黏着系数　(D)压力

234. 内燃机务段应使用卸油台接卸，卸油台的高度一般为(　　)。

(A)3.5～4.0 m　(B)3.8～4.0 m　(C)4.2～4.5 m　(D)4.5～5.0 m

235. 燃油统计的报表共有(　　)种类。

(A)7 个　(B)8 个　(C)9 个　(D)10 个

236. 接取内燃冷却水样要使用专用水样壶，接样前冲洗(　　)。

(A)1 次　(B)2 次　(C)3 次　(D)4 次

237. FDTA 容量法测定硬度的方法：温度(　　)，水样 pH＝10 左右，以铬黑 T 作指示剂，用 EDTA 溶液滴定。

(A)20℃　(B)30℃　(C)40℃　(D)50℃

238. 现有储油设备不足的必须列入(　　)计划迅速补建。

(A)集团公司　(B)所在公司　(C)管理部门　(D)整备车间

239. 铁路罐车代替储油罐的，(　　)清洗一次。

(A)每月　(B)每季　(C)每年　(D)每两年

240. 单位机车或出租机车上油时，填写(　　)一式三份办理领油手续。

(A)用油单(铁油 8)

(B)非运用机车用油、调拨领油登记簿(铁油 12)

(C)内燃机车燃油领油单(铁油 7)

(D)燃油清查对照表(铁油 6)

241. 转入贮备的机车，机车油箱余油由(　　)回收。

(A)检修车间　(B)物资科　(C)运用科　(D)燃整车间

242. 解除贮备的机车在第一次加入运用空油箱加油时，填写(　　)办理领油手续。

(A)用油单(铁油 8)

(B)非运用机车用油、调拨领油登记簿(铁油 12)

(C)内燃机车燃油领油单(铁油 7)

(D)燃油清查对照表(铁油 6)

243. 变型或大修后的储油罐应立即进行复检，检定所需费用应列入(　　)财务计划。

(A)国家　(B)集团公司　(C)管理部门　(D)整备车间

244. 输送空气泡沫液的管线(　　)应用清水冲洗一次，保持通畅。

(A)每月　(B)每季度　(C)每半年　(D)每年

245. 燃油发放密度(　　)调整一次。

(A)每天　(B)每周　(C)每旬　(D)每月

246. 确定调整燃油发放密度时,必须有(　　)、燃油计量员和段热力技术人员共同参加。

(A)整备车间主任　(B)化验员　(C)燃料值班员　(D)机车整备工

247. 使用中的输油管路(　　)应进行一次强度试验。

(A)每1～2年　(B)每2～3年　(C)每3～4年　(D)每4～5年

248. 直接埋入地下的输油管线,埋置时间够五年者,(　　)要在低洼潮湿的地方,挖开数处检查。

(A)每半年　(B)每年　(C)每两年　(D)每三年

249. 油罐区、油泵房、卸油作业台、燃油发放区和输油管线上的主要常用阀门,要(　　)检修一次。

(A)每月　(B)每季度　(C)每半年　(D)每年

250. 机车用的干砂,其含水量按重量计应不大于(　　)。

(A)0.2%　(B)0.3%　(C)0.4%　(D)0.5%

251. 机车用的干砂在静止状态下,砂堆的自然坡角,干砂为28°～30°,湿砂可采用(　　)。

(A)25°　(B)30°　(C)35°　(D)45°

252. 空气压缩机间距离整备场给砂房不超过(　　),可利用空气压缩机间的风源给砂塔进行送砂。

(A)200 m　(B)300 m　(C)400 m　(D)500 m

253. 机务段(所)等耗砂量每昼夜不超过(　　)时,可采用机车风源给砂塔送砂。

(A)2 m^3　(B)3 m^3　(C)4 m^3　(D)5 m^3

254. 干砂房的高度根据烤砂炉作业要求确定,一般为(　　)(自室内地面距梁底或屋架下弦)。

(A)2.5 m　(B)3.5 m　(C)4.5 m　(D)5.5m

255. 干砂库干砂堆放一般为(　　)高,其外墙侧压应按3 m高考虑。

(A)1.0 m　(B)1.5 m　(C)2.0 m　(D)2.5 m

256. 润滑脂应尽可能放入室(库)内贮存,温度以(　　)为宜。

(A)5～10℃　(B)10～20℃　(C)10～30℃　(D)20～30℃

257. 铁路罐车的罐体底板宽度约占罐体横截面周长的(　　)左右。

(A)1/5　(B)1/4　(C)1/3　(D)1/2

258. 部分铁路罐车上部圆柱形空气包装置的容积为(　　)左右。

(A)1.5 m^3　(B)1.8 m^3　(C)2.0 m^3　(D)2.4 m^3

259. 部分铁路罐车上部椭圆形空气包装置的容积为(　　)左右。

(A)1.5 m^3　(B)1.8 m^3　(C)2.0 m^3　(D)2.4 m^3

260. 选用柴油机牌号时,应该以(　　)的具体数值作为参考依据。

(A)燃点　(B)闪点　(C)凝固点　(D)冷滤点

261. 计算标准密度就是将任意温度下的视密度换算到(　　)温度下的密度。

(A)10℃　(B)15℃　(C)20℃　(D)25℃

262. 标准体积就是根据油品的标准密度和测定该油品体积时的温度，查表计算出(　　)的体积。

(A)10℃　(B)15℃　(C)20℃　(D)25℃

263. 当燃油罐车进入专用线，(　　)负责做好罐车防溜措施。

(A)燃油计量员　(B)燃料值班员　(C)化验员　(D)卸油工作人员

264. 在使用过程中，如发现流量表玻璃内有水蒸气或有油溢出，说明(　　)。

(A)过滤网阻塞　(B)摩擦大　(C)机件松动　(D)垫盖松动

265. 油脂中含有的不溶解于溶剂的机械类杂物(如金属颗粒、泥砂等物)称为油脂的(　　)。

(A)残碳　(B)机械杂质　(C)灰分　(D)酸质

266. 消防泵房的冬季室温应不低于(　　)。

(A)5℃　(B)10℃　(C)15℃　(D)20℃

267. 消火栓半径(　　)范围内，严禁堆放杂物或种植花草。

(A)4.5 m　(B)3.5 m　(C)2.5 m　(D)1.5 m

268. 消防栓最大保护半径为(　　)。

(A)50 m　(B)80 m　(C)120 m　(D)150 m

269. 空气泡沫液应储存在温度为5～40℃的室内，(　　)检查一次泡沫液沉淀状况。

(A)每月　(B)每季度　(C)每半年　(D)每年

270. 测定油脂中的(　　)可采用定性试验和定量试验两种方法。

(A)密度　(B)水分　(C)油分　(D)硬度

三、多项选择题

1. 灭火的基本原理有(　　)。

(A)冷却法　(B)窒息法　(C)隔离法　(D)化学抑制法

2. 下列(　　)种类不可用水进行扑救。

(A)带电电气火灾　(B)可燃液体火灾　(C)可燃气体火灾　(D)金属钾钠火灾

3. 干粉灭火器适用于扑救(　　)。

(A)普通物品火灾　(B)易燃液体火灾　(C)可燃气体火灾　(D)金属火灾

4. 泡沫灭火器用于扑救(　　)。

(A)普通物品火灾　(B)易燃液体火灾　(C)可燃气体火灾　(D)金属火灾

5. 二氧化碳灭火器用于扑救(　　)。

(A)普通物品火灾　(B)易燃液体火灾　(C)可燃气体火灾　(D)金属火灾

6. 1211灭火器主要用于扑救(　　)。

(A)贵重物品火灾　(B)易燃液体火灾　(C)可燃气体火灾　(D)电器火灾

7. 岗位消防工作的“四会”是指(　　)。

(A)会报警　(B)会使用消防器材

(C)会扑救初级火灾　(D)会逃生自救

8. 按所充装灭火剂成分，干粉灭火器类别分为(　　)。

(A)AB　(B)ABC　(C)BC　(D)AC

9. 发生火灾拨通"119"后,应报告的内容有(　　)。

(A)失火位置　(B)燃烧的物质　(C)火势情况　(D)报警人信息

10. 油品的危险性有(　　)。

(A)易燃性　(B)易爆性　(C)易积聚静电　(D)易蒸发扩散

11. 扑救油类火灾,可选择的灭火器类型有(　　)。

(A)干粉灭火器　(B)泡沫灭火器

(C)二氧化碳灭火器　(D)卤代烷灭火器

12. 扑救电气类火灾,可选择的灭火器类型有(　　)。

(A)干粉灭火器　(B)泡沫灭火器

(C)二氧化碳灭火器　(D)卤代烷灭火器

13. 引起火灾的原因主要有(　　)。

(A)故意纵火　(B)用火不慎　(C)违规操作　(D)雷击意外

14. 火灾扑灭后,为掩盖起火原因推卸责任而伪造现场,尚不构成犯罪的,视情节可给予(　　)处罚。

(A)刑拘　(B)十五日以下拘留

(C)罚款　(D)警告

15. 防止火灾的最基本方法是(　　)。

(A)消除着火源　(B)消除助燃物　(C)控制助燃物　(D)控制可燃物

16. 引起火灾的火源类型主要有(　　)。

(A)意外火源　(B)生产性火源　(C)自然火源　(D)明火火源

17. 下列常见物品中属于易燃液体的有(　　)

(A)汽油　(B)柴油　(C)甲醇　(D)乙醚

18. 化学泡沫灭火剂的主要成分组成有(　　)

(A)一氧化碳　(B)二氧化碳　(C)碳酸氢钠　(D)硫酸铝

19. 防止进入油库引起油气中毒的措施有(　　)。

(A)佩戴防毒面具　(B)保持油库空气流通

(C)确保储油设施密封　(D)尽量减少与油品的直接接触

20. 需要采取防静电接地的铁路线装卸油品的设施有(　　)。

(A)钢轨　(B)输油管线　(C)鹤管　(D)金属作业台

21. 电力机车整备线的接触网应设有(　　)等设备。

(A)检查坑　(B)分段绝缘器　(C)隔离开关　(D)电压检测

22. 易燃液体具有的特性有(　　)。

(A)燃烧爆炸性　(B)挥发性　(C)受热膨胀性　(D)流动性

23. 引起油区着火的原因主要有(　　)。

(A)存在着火源　(B)违章作业

(C)避雷接地装置失效　(D)电气设备不防爆

24. 发现油气中毒者已停止呼气,应立即采取的措施有(　　)。

(A)促使其自由呼气　(B)通知单位领导

(C)施行人工呼吸 (D)迅速送往医院

25. 铁路《技规》中视觉信号的基本颜色为(   )。

(A)绿色 (B)红色 (C)黄色 (D)月白色

26. 构成铁路一般D类事故的是(   )。

(A)未撤防护信号动车 (B)挤道岔

(C)机车溜入区间或站内 (D)拉铁鞋开车

27. 空气泡沫灭火剂的主要成分组成有(   )

(A)酸性盐 (B)蛋白 (C)氟蛋白 (D)碱性盐

28. 电力机车车顶作业时,应提前做好的准备工作有(   )。

(A)办理隔离开关作业手续 (B)司机室放置警示牌

(C)地面防护人员安排 (D)穿戴好劳保用品

29. 对油库的安全巡视作业项目主要有(   )。

(A)储、输油设备的技术状态 (B)防雷防静电装置效能

(C)消防设施是否有效 (D)门卫制度及明火管理情况

30. 铁路视觉信号是以(   )来表示的。

(A)颜色 (B)形状 (C)位置 (D)显示状态

31. 下列属于计量测量要素的是(   )。

(A)重量 (B)计量单位 (C)测量方法 (D)准确度

32. 下面属于国际单位制基本单位的是(   )。

(A)长度(m) (B)面积(亩) (C)容积(L) (D)距离(英里)

33. 普通单开道岔的构成有(   )。

(A)尖轨 (B)转辙部分 (C)辙叉部分 (D)连接部分

34. 内燃机车差示压力计是(   )

(A)测量机车燃油压力 (B)测量机车机油压力

(C)监测曲轴箱压力 (D)柴油机自动保护装置

35. 电路发生故障的情况有(   )。

(A)短路 (B)断路 (C)通路 (D)开路

36. 变压器油应具有的性能有(   )。

(A)润滑性 (B)传热性

(C)绝缘性 (D)良好的电气性能

37. 变压器油的电气性能用(   )表示。

(A)击穿电压 (B)过载能力 (C)体电阻率 (D)介质损失角

38. 造成齿轮泵不吸油的故障原因有(   )表示。

(A)油中有空气 (B)吸入管堵塞 (C)安全阀卡住 (D)泵反转

39. 往复泵气缸中有摩擦声,其故障原因可能是(   )

(A)气缸套填料磨损 (B)活塞杆螺帽脱落

(C)弹簧阀门损坏 (D)润滑不足

40. 电力机车整备线的接触网应设有(   )设备。

(A)隔离开关 (B)接地线 (C)变电所 (D)分段绝缘器

41. 下列属于铁路一般C类事故的有(　　)。
(A)挤道岔　(B)列车冲突
(C)机车溜入站内　(D)电气化区段攀登车顶
42. 内燃机车用柴机油的主要质量指标有(　　)。
(A)运动黏度　(B)开口闪点　(C)机械杂质　(D)水分
43. 电力机车用润滑油的主要种类有(　　)。
(A)柴机油　(B)齿轮油　(C)压缩机油　(D)变压器油
44. 燃油在存储中的质量变化有(　　)。
(A)蒸发　(B)颜色变黑
(C)氧化　(D)混入机械杂质和水分
45. 燃油保管损耗主要包括(　　)。
(A)蒸发损耗　(B)泵装卸损耗　(C)运输损耗　(D)清洗油罐损耗
46. 一般在(　　)设置有隔离开关。
(A)专用线　(B)电力机车库　(C)车站装卸线　(D)机车整备线
47. 节约燃油的途径有(　　)。
(A)提高机车运用操作技术　(B)提高机车检修质量
(C)推广节油新技术新工艺　(D)搞好废油再生工作
48. 隔离开关结构的主要组成部件有(　　)。
(A)导电刀闸　(B)接地刀闸　(C)绝缘瓷柱　(D)操作机构
49. 制作软水的方法有(　　)。
(A)过滤法　(B)离子交换法　(C)电渗析法　(D)膜分离法
50. 下列属于金属材料物理性能的是(　　)。
(A)抗氧化性　(B)密度　(C)可焊性　(D)熔点
51. 油脂中的水分可通过(　　)方法进行测定。
(A)定量试验　(B)高温收集　(C)定性试验　(D)冷冻分离

四、判 断 题

1. 在管理水平和要求上,油库是不存在分级的。(　　)
2. 在施工过程中,可以临时使用消防设施。(　　)
3. 在禁火区域进行动火作业,必须指定具有安全操作合格证的人员实施作业。(　　)
4. 经领导批准的情况下,存储油类的库房可使用电视机收看节目。(　　)
5. 在尽头线停放车辆应留有10 m以上的安全距离。(　　)
6. 火灾扑救原则为:先人后物、先重点后一般、先控制后消灭。(　　)
7. 油库内的照明特殊情况下可以使用普通灯具。(　　)
8. 从消防观点来说,液体的闪点就是可能引起火灾的最低温度。(　　)
9. 二氧化碳灭火器使用不当,可能造成手指冻伤。(　　)
10. 火灾扑救中,可以同时使用泡沫灭火器和清水进行灭火。(　　)
11. 物质的燃点越低,越不容易引起火灾。(　　)
12. “ABC干粉灭火器”可以用于扑救A类、B类和C类火灾。(　　)

13. 电加热设备必须有专人负责使用和监督，离开时必须切断电源。(　　)

14. 绝缘材料电木、橡胶、电瓷、云母带中，电木的绝缘等级最高。(　　)

15. 泡沫灭火器可以用于扑救带电物体火灾。(　　)

16. 静电可成为引发油品火灾和爆炸的点火源。(　　)

17. 当温度升高时，半导体的电阻率随温度升高而迅速减小，而金属的电阻率却会增大。(　　)

18. 化学泡沫灭火剂在发生作用后生成大量的一氧化碳气体，它与发泡剂作用便生成许多气泡。(　　)

19. 可燃气体与空气形成混合物遇到明火就会发生爆炸。(　　)

20. 凡是能引起可燃物着火或爆炸的热源统称为点火源。(　　)

21. 油库消防空气泡沫液储备量按不得少于 30 min 供给时间计算。(　　)

22. 针对储油罐顶装有避雷针时，测量其接地电阻不宜大于 10 Ω。(　　)

23. 为防止油气中毒，应经常保持油罐泵房的空气流通。(　　)

24. 要求机车就地制动时的鸣笛鸣示方式为二短声。(　　)

25. 使用泡沫灭火装置扑救燃油着火，应将泡沫直接喷向燃烧油面。(　　)

26. 机车整备线停放机车车辆时，必须采取防溜措施。(　　)

27. "BC 干粉灭火器"对纸张、木材等 A 类物质火灾只能扑灭其火焰，渗透性差，易复燃。(　　)

28. 电气化线路接触网的最低工作电压为 10 kV。(　　)

29. 使用干粉灭火器灭火时，先拔掉保险销，紧握喷嘴对准火源，压住压把，在干粉喷出后，应摇摆喷嘴，由近而远地向前逐步推行，实施灭火。(　　)

30. 铁路信号机设置在机车运行方向右侧或所属线路中心线上空。(　　)

31. 手提式二氧化碳灭火器，若重量减少 1/10 就应补充灌装。(　　)

32. 试验制动机缓解时，机车应鸣示缓解信号二短声。(　　)

33. 绝缘体并不是一定绝缘，在一定条件下它是可以转换为导体的。(　　)

34. 线路股道容车数就是用线路的有效长除以车辆换长的得数。(　　)

35. 椭圆齿轮流量表属于速度式流量表。(　　)

36. 容积式流量表的安装涉及技术较多，是一个比较复杂的工程。(　　)

37. 流量表管线的连接部分，只允许有轻微的漏气。(　　)

38. 流量表与管线安装的同心度偏差不应超过 1°，法兰间的垫片厚度偏差不应超过 0.2 mm。(　　)

39. 流量表装在水平管上，燃油流向与表壳体上的流向标记相一致即可，不要求表面字盘与地面垂直。(　　)

40. 制作量水尺尺带的材料用铜、铝或合金材料是因为它们的导电、防腐性能好。(　　)

41. 保温盒采用铜、铝或合金材料制成，其储油容量不应小于 50 mL。(　　)

42. 采样器的自重是排出液体重量的 1.5～2 倍是为了便于沉到油品中采样。(　　)

43. 在量筒中同时放入密度计和温度计，为使它们保持正常状态，互不干扰，与量筒壁、底保持规定距离，要求使用 500 mL 规格的量筒。(　　)

44. 试水膏可以检测储油罐或铁路罐车油品底部是否有水，也可以测出含水的多少。(　　)

45. 在量筒中同时放入密度计和温度计,为使它们保持正常状态,互不干扰,与量筒壁、底保持规定距离,要求使用 1 000 mL,规格的量筒。( )

46. 机车每万吨公里耗油定额用“L/万吨公里”表示。( )

47. 为保证计量器具的精确,温度计和量水尺、石油测深钢卷尺同样要求每半年检定一次。( )

48. 电磁式电表既可测交流电又可测直流电。( )

49. 万用表上的符号“DC”代表交流。( )

50. 直流电机既可以作发电机运行,又可以作电动机运行。( )

51. 若要改变三相异步电动机的转向,只要将三相电源中的任意两相对换,就可以改变电动机的转向。( )

52. 三相异步电动机转子的旋转方向与定子旋转磁场的旋转方向相反。( )

53. 计算机主要的应用领域是用于科学计算。( )

54. 操作系统是指操作者使用的所有硬件和软件的总称。( )

55. 一个字节由 8 个字字节组成。( )

56. 用硬盘热启动计算机的方法是依次按下 CTRL、ALT、DEL 三个键。( )

57. 设置系统日期时,输入日期的格式是“98-12-15”。( )

58. CCED 中文字表处理软件属于系统软件。( )

59. 普通碳素钢中的甲类钢,只保证钢的化学成分而不保证机械性的高低。( )

60. 钢材按用途分类有:建筑钢、机械结构钢、工具钢、特殊用途钢。( )

61. 铸铁不可以进行热处理,因为它和钢的材质结构不同。所以用于对钢的各种热处理方法,不适用于铸铁。( )

62. 燃料实行微机管理后可以自动测出机车的需上油数量。( )

63. 盘点清查时,当实物数小于账存数时为盈。( )

64. 盘点清查时,严格禁止在测取动转罐燃油数据时边测量边发放燃油。( )

65. 在对旧机油回收时,润滑脂及齿轮油等可和旧柴油机油混在一起。( )

66. 报单打印机只能在司机报单上打印出有关数据,不能打印出有关报表。( )

67. 进行盈亏分析是实物盘点的目的之一。( )

68. 盘点清查工作是检验燃油数量管理的重要工作。( )

69. 做好废燃油的回收和再生是节约的一个较好途径。( )

70. 在机油再生过程中产生的工业废水、废气和废渣,可不经利用和处理就能排出废弃。( )

71. 燃油清查对照表是“铁路燃油动态总账”收入和列销的依据。( )

72. 内燃机车燃油领用单是备用机车领油的原始记录。( )

73. 燃油储存中应坚持“存新用旧,沉淀后用”的原则。( )

74. 废燃油回收箱必须有箱盖,倒完油后要及时盖好。( )

75. 增压器工作叶轮的作用是将涡轮的机械能转换成空气的动能和压能。( )

76. 列车制动后单独缓解机车,当松开单阀手柄时,手柄自动恢复制动区最小减压位。( )

77. 设置变向阀的作用之一是,用于转换自阀和间阀对作用阀的控制。( )

78. 曲轴是柴油机中最重要的部件之一。活塞的往复运动通过连杆转变为曲轴的旋转运动,柴油机的功率通过它输出。( )

79. 若柴油机停放较长时间未用,在启动前应打开示功阀进行甩车,以排除气缸内积存的油和水,防止事故的发生。( )

80. 柴油机极限调速器是一种保护装置,当柴油机转速超过规定值时起作用。( )

81. C型联合调速器控制转速从400 r/min上升到1 000 r/min,连续升速过渡时间约为12 s。( )

82. C型联合调速器控制转速从1 000 r/min下降到400 r/min连续降速过渡时间约为20 s。( )

83. 机油在油泵作用下,建立起一定的压力,然后输送到摩擦表面进行润滑,这种润滑方式称为压力润滑。( )

84. 柴油机连杆大端、曲轴等零件在运转时,将下落的机油甩到气缸套、活塞裙各处进行润滑,这种润滑方式称为混合式润滑。( )

85. 往复泵、齿轮泵开泵时必须打开排出系统的所有阀门。( )

86. 每运用三个中检期(约三个月),应把滤芯取出置于清洁的柴油中清洗,若尼龙布破损,则应及时更换。( )

87. 上水时,水鹤拉链可由地面人员甩向机车。( )

88. 修理水鹤时,严禁把梯子放在臂管上对水鹤上部进行修理,以免发生滑动摔伤。( )

89. 润滑脂长期储存不会因重力作用而不断分油。( )

90. 润滑油的润滑性能,也叫做油性,它表明润滑油在摩擦面上形成的牢固油膜的性质。( )

91. 燃油泵是由直流电动机直接驱动的齿轮油泵,它的作用是供给预热锅炉燃烧用燃油。( )

92. 机车冬季运行中,应坚持排放总风缸及各排水阀中的凝结水,经常检查干燥器的工作状态,防止因干燥器故障造成总风缸无法充风。( )

93. 长期停车时,预热锅炉应排尽锅炉内积水、积油,同时卸下喷油嘴。( )

94. 每运用两个中检期需要清洗预热锅炉柴油滤清器,并检查喷油嘴状况,如有损坏应及时更换。( )

95. 柴油机启动有严格的水温和油温要求,只有达到了规定的温度才能启动,在防寒期要达到这个温度就必须使用预热锅炉进行加热。( )

96. 液口栓的功能为排出充电时所产生的气体及补充纯水,测定比重。( )

97. 放电后不能用充电的方式使内部活性物质再生的叫原电池,也称一次性电池。( )

98. 安全阀的作用是单向压力控制,漏气不漏液。( )

99. 在蓄电池周期均充电时,均充时间最好调到均充时间的最大值。( )

100. 铅蓄电池的寿命终止指标为小于额定容量的75%。( )

101. 电池组在放电过程中,其中个别落后电池可能会出现反极现象。( )

102. 机车用润滑油脂中混入机械杂质和水分,对于机件润滑和保养没有影响。( )

103. 内燃机车冷却系统应以去离子水为好。( )

104. 抗泡沫性好的润滑油产生的泡沫会很快消失。( )

105. 润滑油的闪点是指润滑油燃烧时的温度。( )

106. 国产车轴油根据黏度和凝点分“夏用”(44 号)、“冬用”(23 号)和通用车轴油三个牌号。( )

107. 内燃机车冷却用水要求总硬度≤0.05 mg/L,氯离子≤5 mg/L,悬浮物≤1 g/L,pH 值为 6。( )

108. 十六烷值是柴油的主要质量指标,是燃烧性能的标志,是表示柴油抗爆性的指标。( )

109. 设置机车检查整备台位和待班台位是根据机车交路方向及每昼夜整备台次来确定的。( )

110. 齿轮泵工作时,齿轮啮合时泵油,分离时吸油。( )

111. 单侧卸油台设卸油主管和清油主管各两条。( )

112. 卸油作业线的钢轨应有接地装置以阻止外界的散杂感应电流窜进卸油线。( )

113. 用纯干油、红印油、立德粉和桃胶按比例调配成粉红色的试水膏,遇水变成白色,反应一目了然。( )

114. 国标规定对内燃机车所用柴油的十六烷值不小于 50。( )

115. 水中离子含量越大,温度越高,导电能力就越强。( )

116. 速度式流量表是以排出流体固定体积的数目作为计量的依据。( )

117. 往复泵、齿轮泵开泵时必须打开排出系统的所有阀门。( )

118. 燃油自然损耗客观存在,数量又小,不包括在季度盈亏范围之内。( )

119. 不同产地的同一牌号的燃油在相同温度下所测得的密度是一样的。( )

120. 要准确地确定燃油发放密度,必须每天以适当气温测定油品密度,作为第二天的燃油发放密度。( )

121. 调整燃油发放密度必须填写“燃油发放密度调整通知单”。( )

122. 测燃油密度和燃油发放密度小数点后面取几位是相同的。( )

123. 东风 4B 型、韶山 3 型机车每个砂箱的储砂量要求不少于容积的 1/2。( )

124. 接机车风管上砂时,必须与机车乘务员联系好,缓开风阀,风压不得超过 650 kPa。( )

125. 东风 4 型及韶山 3 型机车共有 6 个砂箱。( )

126. 上砂后将砂箱锁闭销复原锁闭是为了防止砂箱盖丢失。( )

127. 干燥后的砂子每立方米重 1.4~1.6 t。( )

128. 为了方便和安全,电力机车变压器油由油脂房发放。( )

129. 流量表安装不牢固在大流量时容易发生移动。( )

130. 综合发放柱多安装在辅修库附近。( )

131. 椭圆齿轮流量表可实行管道流量远距离集中控制与测试。( )

132. 储存消耗量大的如机油、变压器油可设一个地下油罐。( )

133. 电力机车与内燃调小机车的整备待班线应分别设置。( )

134. 电力机车在折返段的整备作业,不包括特殊情况下的给砂。( )

135. 单一发放燃油供给机车的发放柱,在发放柱内只有一根燃油管路。( )

136. 容积式流量表是以测量液体石油在管道的流速 v 作为测量依据。( )
137. 闪点是保证油品储运管理和使用安全的指标。( )
138. 机车整备作业时,机车进行对位,需要稍稍移动时,可以不停止工作。( )
139. 机车上下转盘的速度规定为不超过 5 km/h。( )
140. 变压器油在变压器内的主要作用是冷却和绝缘。( )
141. 油库的安全管理主要是指防偷、防冻。( )
142. 机车用砂在干燥前的湿砂重量每立方米约为 1.9 t。( )
143. 安全是铁路运输产品最重要、最核心的质量特性。( )
144. 机车用变压器油的外观质量应达到透明,可稍稍存在沉淀和悬浮物。( )
145. 铁路运输业的最终产品是指货物或旅客的位移。( )
146. 变压器油具备良好的绝缘性、传热性、低温流动性、氧化安定性和热安定性能。( )
147. 生产现场质量控制的工作和活动重点在生产第一线的车间班组。( )
148. 调车机车燃油消耗量一般规定为 50～60 kg/h。( )
149. 调小机车的整备一般按每台机车每昼夜进段整备计一次。( )
150. 轻柴油按质量分为优级品、一级品、合格品和等外品 4 个等级。( )
151. 统计分析表法是质量控制中常用的统计分析方法的一种。( )
152. "预防为主"就是说把管理工作的重点,从"事先预防"转向"事后检查"上来。( )
153. 罗茨流量表的工作原理与椭圆齿轮流量表完全不同。( )
154. 石油产品对人的毒害主要表现在蒸发气体上。( )
155. 卸油主管和清油主管设在卸油平台上部,分别连通卸油平台上各卸油鹤管或清油管。( )
156. 直联式水环真空泵可供抽吸空气,特别适用大型泵引油用。( )
157. 油库应设立严禁烟火的明显标志,不得将火种带入。( )
158. 放入油罐的计量器具吊绳不能使用化纤制品。( )
159. 机车冬用轴油规定凝点低于−40℃以下,黏度在 50℃的状态下为(20～25)×10 m^2/s。( )
160. 测量视温度必须要与测试视密度同时进行。( )
161. 盘点是根据业务工作需要,每季度进行一次,也可以不定期举行。( )
162. 发放柱主要由上、下骨架、油管路、滤清器、胶管接头、流量计、控制板、电器板等组成。( )
163. 石油密度计采用温度计玻璃制造,根据其最小分度值和测量范围进行分类。( )
164. 采样器的材质为铜、铝或与铁器撞击不产生火花的材料制成。( )
165. 以年盘点测出的油品密度和下月大气平均温度作为油品温度,换算出单位体积重量作为下月油品发放密度。( )
166. 新建储油罐经验收合格后方可装油,不再垫水。( )
167. 为了加速罐车周转,经计量、化验合格的燃油应及时组织卸车。( )
168. 油库内严禁存放易燃、易爆物品,闲人不得入内,吸烟时应注意安全。( )
169. 非动转罐燃油在长期储存中每超过三个月不使用的应取样化验。( )

170. 泡沫灭火器主要用于消除电气火灾。( )

171. 干粉灭火器其干粉成分主要是碳酸氢钠。( )

172. 当一个物体沿着另一个物体运动时,发生的摩擦就叫静摩擦。( )

173. 1211(CF2CLBr)灭火器中,1211 是白色泡沫。( )

174. 四氯化碳灭火器中,四氯化碳的绝缘性能在 600 V 以下。( )

175. 调整燃油发放密度规定用至小数点后四位,不允许无依据的调整和以调整密度平衡盈亏。( )

176. 空气泡沫灭火装置当中,空气泡沫液日常储存可以在高温环境中。( )

177. 开启量油口时,要站在下风处,放置油口盖动作要轻。( )

178. 大风及雨、雪天气应停止计量作业。( )

179. 铁路罐车空气包的作用是当气温增高时,作为液体膨胀的附加容器和减少液体对罐体的冲击。( )

180. 立式储油罐防静电接地装置不可兼作防雷电副作用接地装置。( )

181. 加强对储油罐的使用检查和维护,是管好燃油的重要环节。( )

182. 流量表应安装在水平管上,表面字盘与地面平行,燃油的流向与流量表壳体上的流向标记一致。( )

183. 燃料计量员负责燃油接卸的组织工作。( )

184. 计量与化验是对燃油重量与质量的验收。( )

185. 卸油应尽量装满至储油罐的安全高度,减少罐内空容量。( )

186. 可以同时边卸边发同一储油罐的燃油。( )

187. 同批同品种燃油,经计量在扣除运输定额损耗后,盈、亏不超过发运数的 0.8%时,互不找补。( )

188. 运用机车入库或转入检修时,要一律补满燃油箱。( )

189. 机械设备用油应凭有权领油人签发“用油单”办理领油手续。( )

190. 燃油发放密度直接关系到内燃机车万吨公里用油消耗实绩和燃油收、发数量的平衡。( )

五、简 答 题

1. 简述石油制品如何对人体产生毒害。

2. 简述石油产品的燃点。

3. 内燃机车冷却用什么水为好?

4. 轻柴油的等级、牌号是怎样划分的?机车用燃油的等级是怎样规定的?

5. 柴油的十六烷值标志着什么?内燃机车用柴油的十六烷值是如何规定的?

6. 什么是油品的闪点?它的实际意义是什么?

7. 什么是柴油的冷滤点?常用 0 号、−10 号、−20 号柴油的冷滤点是多少?

8. 变压器油的主要作用是什么?它应具备哪些性能?

9. 水为什么能导电?

10. 变压器油的外观质量指标应达到什么标准?

11. 机车用齿轮油应具备哪些特性?

12. 万用表使用后，开关位置应放在什么位置？
13. 简述往复泵的构造及工作原理。
14. 简述齿轮泵的构造及工作原理。
15. 简述速度式流量表的原理、适用范围。
16. 简述盘点和清查的时间要求。
17. 简述容积式流量表的原理、适用范围。
18. 试比较椭圆齿轮流量表和罗茨流量表的相同和不同。
19. 试述测视温度时的要求。
20. 试述电渗析器运行时淡水系统的要求。
21. 简述离心泵的工作原理。
22. 测燃油密度有何要求？
23. 试述机车用砂的基本要求。
24. 什么是综合发放柱及设置位置？
25. 简述燃油发放柱及其组成。
26. 电池的寿命与哪些因素有关？
27. 电路图有几类？各有什么用途？
28. 以什么区分易然和可燃液体？
29. 防火重点部位要做到哪“四有一及时”？
30. 工业消防设备有哪些？
31. 什么是火灾？形成火灾燃烧的三要素是什么？
32. 通常所采取的灭火措施是什么？
33. 举例说明扑救六类火灾适合选择的灭火器类型(至少一种)。
34. 实施强制检定的计量器具范围包括哪些？
35. 在进行测量时应注意哪些事项？
36. 油品取样时应注意什么事项？
37. 什么是铁路信号，主要有哪些种类？
38. 简述预热锅炉的结构和作用。
39. 离子交换法制取软水的主要设备有哪些？
40. 什么是短路和断路？两者有哪些异同？
41. 桶装润滑油在存储时应注意哪些事项？
42. 燃油输送过程中，泵为什么不能空转？
43. 什么是废润滑油再生？其方法有哪些？
44. 什么是柴油的凝点和冷凝点？两者的区别。
45. 机械干砂设备有哪些？
46. 简述废燃油的再生工艺方法。
47. 简述长期备用电力机车的整备内容。
48. 如何接取机车油水化验样品？
49. 简述清扫差示压力计补充溶液的程序。
50. 脱轨表示器是如何显示信号的？

51. 什么是金属的力学性能?

52. 何谓体积和容积? 其各自单位是什么?

53. 简述隔离开关的功能。

54. 简述隔离开关的组成。

55. 简述隔离开关的分类。

六、综 合 题

1. 核定燃油消耗定额有哪些要求?

2. 论述机车制动撒砂系统的构成及工作原理。

3. 什么是线路全长和有效长,确定线路有效长起止点的标记有哪些?

4. 论述燃油计划的分类和计算方法。

5. 燃油都有毒性,整备工应采取什么防毒措施?

6. 综合叙述防火及灭火过程。

7. 油库的安全管理制度应包括哪些?

8. 机车因检修或其他原因需要卸空油箱时应如何处理?

9. 为什么要定出内燃机车油箱补满数量标准,东风 4 机车油箱容积 9 000 L,某单位定出标准为 7 000 L,允许吗?

10. 油库的防火规定有哪些?

11. 某单位运用机车需要卸空油箱,发放人员与司机共同确认存油量为 6 250 L,该单位核定满油箱标准为 8 500 L,当月密度 839 kg/m^3,问应按规定在司机报单和燃油请领单戳记多少千克发放数量。

12. 防火防爆的十大禁令是什么?

13. 国家标准对火灾是如何分类的? 并举例说明。

14. 什么是内燃机? 内燃机车为什么采用柴油机作原动机?

15. 试述工业用蒸馏水制取的原理。

16. 蓄电池的检查内容与要求有哪些?

17. 警冲标有何作用? 其应设置在什么地方?

18. 试述我国柴油牌号的分类及其选用。

19. 论述长期备用内燃机车的整备内容。

20. 论述进入冬季前机车防寒防冻整备范围及要求。

21. 试述高压冲洗机的工作原理。

22. 论述燃油盘点清查的作业程序。

23. 试述电力机车保洁作业中的安全要求。

24. 试述常用废机油再生工艺流程。

机车整备工(中级工)答案

一、填 空 题

1. 负载	2. 可燃物	3. 防爆	4. 铁钉
5. A类火灾	6. B类火灾	7. 甲乙丙	8. 丙
9. 烟气	10. 热对流	11. 热辐射	12. 自燃
13. 化学	14. 燃点	15. 每年	16. 静电
17. 100	18. 圈板边缘	19. 停止工作	20. 接地
21. 切断电源	22. 每月	23. 保护接地	24. 阀门
25. 色灯	26. 防火罩	27. 横跨或跳跃	28. 55°～70°
29. 空气	30. 每年	31. 适用	32. 电阻
33. 越小	34. 电流	35. 单向导电	36. 极性
37. 直流发电机	38. 可逆性	39. 交流电变直流电	40. 越多
41. 电荷	42. 电阻	43. CPU芯片性能	44. 寄存器
45. 控制和预算	46. 质量管理	47. 两	48. 晶体管
49. 现代化	50. 程序	51. 强度	52. 疲劳强度
53. 中温回火	54. 耐热钢	55. 铸造铝合金	56. 泵不出油
57. 直流	58. 泵内压力超高	59. 过滤网	60. 齿轮泵
61. 进口阀门	62. 切忌空转	63. 给润滑油	64. 9 000 L
65. 去离子水	66. 六	67. 尼龙骨架	68. 过滤面积
69. 空气滤清器	70. 燃油系统	71. 输油泵	72. 清洁燃油
73. 恒压	74. 24 V	75. 获得	76. 输出
77. 燃油	78. 点火	79. 防寒被	80. 防寒包扎
81. 轮乘制	82. 油、水管路	83. 防火	84. 机车防溜
85. 过高	86. 加热	87. 燃油泵	88. 20℃
89. 燃油预热系统	90. 百叶窗	91. 24 h	92. 比重计
93. 电解液	94. 温度	95. 蓄电池	96. 放电量
97. 操作简单	98. 容积式	99. 0～50℃	100. 允许误差
101. 颜色变化	102. 真实值	103. 差	104. 检定单位
105. 断路	106. 周期性	107. 中间站	108. 去离子水
109. 酸阳离子	110. 第一圈板	111. 顶部	112. 定期
113. 复合	114. 不间断	115. 动用明火	116. 无定额
117. 主阀	118. 水力开关	119. 附着	120. 沥青质
121. 要小	122. 340	123. 闪点	124. 饱和

125. 半透明	126. 柴油	127. 用途	128. 500
129. 0.80～0.87 g/cm³		130. 机车燃料	131. 抗爆性
132. 浮流油火	133. 石蜡	134. 毒性	135. 水
136. 非水溶性	137. 65℃	138. 一个月	139. 9 000
140. 轴油	141. 密封	142. 百分含量	143. 0.1%

二、单项选择题

1. C	2. A	3. A	4. D	5. D	6. B	7. D	8. D	9. B
10. C	11. B	12. C	13. B	14. D	15. D	16. C	17. B	18. A
19. B	20. D	21. B	22. C	23. D	24. A	25. D	26. A	27. C
28. B	29. C	30. D	31. B	32. A	33. B	34. D	35. C	36. C
37. D	38. B	39. A	40. B	41. D	42. A	43. C	44. B	45. A
46. D	47. D	48. D	49. C	50. C	51. D	52. A	53. C	54. C
55. B	56. D	57. D	58. C	59. C	60. A	61. C	62. D	63. D
64. D	65. A	66. D	67. B	68. D	69. C	70. B	71. D	72. D
73. B	74. B	75. D	76. C	77. A	78. A	79. C	80. B	81. A
82. C	83. D	84. C	85. A	86. B	87. C	88. A	89. C	90. B
91. C	92. D	93. B	94. A	95. C	96. D	97. A	98. D	99. D
100. A	101. B	102. C	103. C	104. A	105. A	106. A	107. B	108. B
109. A	110. C	111. B	112. A	113. D	114. B	115. A	116. C	117. B
118. C	119. B	120. D	121. A	122. C	123. C	124. C	125. B	126. B
127. C	128. A	129. C	130. D	131. B	132. D	133. B	134. D	135. B
136. A	137. A	138. B	139. C	140. D	141. B	142. B	143. B	144. B
145. B	146. B	147. C	148. A	149. D	150. A	151. C	152. D	153. B
154. A	155. B	156. A	157. C	158. C	159. D	160. A	161. C	162. A
163. C	164. D	165. B	166. A	167. D	168. B	169. C	170. A	171. B
172. C	173. B	174. C	175. A	176. D	177. B	178. C	179. B	180. A
181. A	182. D	183. D	184. B	185. D	186. C	187. A	188. C	189. B
190. D	191. D	192. A	193. B	194. C	195. C	196. A	197. B	198. D
199. C	200. B	201. B	202. B	203. D	204. C	205. C	206. A	207. C
208. C	209. A	210. B	211. A	212. B	213. C	214. C	215. D	216. C
217. A	218. C	219. B	220. D	221. B	222. A	223. B	224. B	225. A
226. C	227. D	228. C	229. A	230. D	231. A	232. C	233. C	234. A
235. D	236. B	237. A	238. B	239. C	240. A	241. D	242. A	243. D
244. C	245. D	246. C	247. A	248. B	249. D	250. D	251. C	252. C
253. B	254. C	255. D	256. C	257. B	258. A	259. D	260. D	261. C
262. C	263. D	264. D	265. B	266. B	267. D	268. C	269. D	270. B

三、多项选择题

1. ABCD　2. ABD　3. ABC　4. ABC　5. BC　6. ABCD　7. ABCD
8. BC　9. ABCD　10. ABCD　11. ABCD　12. ACD　13. ABCD　14. BCD
15. AD　16. BCD　17. ACD　18. CD　19. ABCD　20. ABCD　21. BC
22. ABCD　23. ABCD　24. CD　25. ABC　26. ABD　27. BC　28. ABCD
29. ABCD　30. ABCD　31. BCD　32. AC　33. BCD　34. CD　35. ABD
36. BCD　37. ACD　38. BCD　39. ABC　40. AD　41. BCD　42. ABCD
43. BCD　44. ACD　45. ABD　46. ABCD　47. ABCD　48. ABCD　49. BCD
50. BD　51. AC

四、判 断 题

1. ×　2. ×　3. √　4. ×　5. √　6. √　7. ×　8. √　9. √
10. ×　11. ×　12. √　13. √　14. ×　15. ×　16. √　17. √　18. ×
19. ×　20. √　21. √　22. √　23. √　24. ×　25. ×　26. √　27. √
28. ×　29. √　30. ×　31. √　32. √　33. √　34. ×　35. ×　36. √
37. ×　38. √　39. ×　40. √　41. √　42. √　43. ×　44. ×　45. ×
46. ×　47. ×　48. √　49. ×　50. √　51. √　52. ×　53. ×　54. ×
55. √　56. ×　57. ×　58. ×　59. ×　60. √　61. ×　62. ×　63. ×
64. √　65. ×　66. ×　67. ×　68. √　69. √　70. ×　71. √　72. ×
73. √　74. √　75. ×　76. ×　77. √　78. √　79. √　80. √　81. ×
82. ×　83. √　84. √　85. √　86. ×　87. ×　88. √　89. ×　90. ×
91. √　92. √　93. √　94. ×　95. √　96. √　97. √　98. √　99. ×
100. ×　101. √　102. ×　103. √　104. √　105. ×　106. √　107. ×　108. √
109. √　110. ×　111. ×　112. √　113. √　114. ×　115. √　116. ×　117. √
118. ×　119. ×　120. √　121. √　122. ×　123. ×　124. ×　125. ×　126. ×
127. √　128. ×　129. √　130. ×　131. ×　132. ×　133. √　134. ×　135. √
136. ×　137. √　138. ×　139. ×　140. √　141. ×　142. √　143. √　144. ×
145. √　146. √　147. √　148. ×　149. √　150. ×　151. √　152. ×　153. ×
154. √　155. ×　156. √　157. √　158. √　159. √　160. √　161. ×　162. √
163. √　164. √　165. ×　166. √　167. √　168. ×　169. ×　170. ×　171. √
172. ×　173. ×　174. ×　175. ×　176. ×　177. ×　178. √　179. √　180. ×
181. √　182. ×　183. ×　184. √　185. √　186. ×　187. ×　188. √　189. √
190. √

五、简 答 题

1. 答：石油制品对人体产生毒害主要表现在蒸发气体上(2 分)。它通过人体的呼吸道、消化道、皮肤三个途径进入人体内(2 分)。中毒程度与蒸气浓度、作用时间长短有关(1 分)。

2. 答：在规定的试验条件下，石油产品蒸气与空气的混合物(2 分)，当接近火焰而着火并继续燃烧时的最低温度(3分)。

3. 答:内燃机车冷却系统应以去离子水为好(3分),如阴阳离子交换水、蒸馏水或电渗析制备的去离子水等均可采用(2分)。

4. 答:轻柴油按质量分为优级品、一级品和合格品三个等级(1分),每个等级的轻柴油按凝点分为10号、0号、－10号、－20号、－35号、－50号六种牌号(2分),按规定国家供应的内燃机车用柴油要求为优级品或一级品(2分)。

5. 答:十六烷值是柴油的主要质量指标,是燃烧性能的标志(1分),是表示柴油抗爆性的指标(2分)。国标规定对内燃机车所需柴油的十六烷值不小于45(2分)。

6. 答:油品在规定条件下加热到其蒸汽与周围空气形成的混合物,当与接触火焰发出闪光时的最低温度称为闪点(3分),所以闪点是保证油品储运管理和使用安全的指标(2分)。

7. 答:冷滤点是柴油仍具有流动性,还可使用的最低环境温度,它是柴油的最低实际使用温度(2分)。常用0号、－10号、－20号柴油的冷滤点分别为4℃、－5℃和－14℃(3分)。

8. 答:变压器油在变压器内的主要作用是冷却和绝缘(2分)。因此变压器油应具备良好的绝缘性、传热性、低温流动性、氧化安定性和热安定性能(3分)。

9. 答:纯水不导电,水中含有电解质时才导电(2分)。水导电是因为溶解在水中的阴、阳离子的作用(2分)。水中离子含量越大,温度越高,导电能力就越强(1分)。

10. 答:机车用变压器油的外观质量应达到透明(2分)、无沉淀(2分)和无悬浮物(1分)。

11. 答:机车用齿轮油应具备以下特性:(1)极压抗磨性优良(2分)。(2)具有适当的黏度,低温流动性好(1分)。(3)具有良好的氧化安定性和防锈性(1分)。(4)具有良好的抗泡沫性能(1分)。

12. 答:使用完毕后,开关位置应放在交流高电压挡(3分),而不应放在电阻挡和电流挡(1分)。

13. 答:往复泵由泵筒、活塞、吸入管、吸入阀、排出管、排出阀组成(2分)。活塞向左推进,吸入阀关闭,排出阀被打开,液体排出泵筒,活塞向右推进时,排出阀关闭,吸入阀打开,液体被吸入,由于活塞不间断地运动,液体也被不间断地吸入或排出(2分)。按活塞往复次数,吸入、排出作用发生次数分单作用或双作用往复泵(1分)。

14. 答:齿轮泵由两根轴带动齿轮转动,将液体挤排出泵体,简单讲,齿轮啮合时吸油,分离时泵油(3分)。构造由泵体、主从动轴、主副齿轮、传动齿轮组成(2分)。

15. 答:速度式流量表是以测量液体石油在管道的流速(v)作为测量依据(1分)。在已知管道截面积(F)的条件下,液体的体积流量$Q=v\cdot F$(2分)。速度式流量表大部分用在计量黏度、密度较小的油品(2分)。

16. 答:(1)盘点是根据业务工作需要,每月进行一次,也可以不定期举行,一般在每旬末和月末进行为宜(3分)。(2)清查一般是在季度末,每年必须全面清查一次(2分)。

17. 答:容积式流量表是以排出流体固定体积V的数目作为计量的依据(1分)。在仪表上可以进行流量调节,一般都有就地显示和信号远传两套装置,使用比较方便,缺点是压力损失较大(2分)。容积式流量表多用在计量黏度较大的油品,也可以计量黏度较小的油品(2分)。

18. 答:罗茨流量表又称腰轮流量表,罗茨流量表的工作原理与椭圆齿轮流量表近似(1分)。不同的是罗茨流量表的两个轮没有齿,形状象花生(2分)。椭圆齿轮流量表的两个轮有齿,形状为椭圆形(2 分)。

19. 答:测量视温度必须要在测试视密度的同时进行(1 分)。对温度计的质量、洁净和油品的要求除同于密度计外,要求油温要均匀(1 分),温度计用试管夹悬挂在油样中间,水银柱绝大部分浸没在油样中,仅露出顶部少许,以便读数(1 分)。温度计在油样中停留 2~3 min(1 分),油样视温度与罐车油温相差±5℃时,要重新取样测量(1 分)。

20. 答:淡水系统的压力应与浓水系统、极水系统的压力保持基本平衡,并稍有提高(3 分);要防止浓水和极水向淡水渗漏(2 分)。

21. 答:在吸入管和泵室充满液体的情况下(0.5 分);由于叶轮高速旋转,产生离心力,将液体由叶轮孔内甩出泵体(2 分);与此同时,叶轮孔内形成真空,连接吸入管端的液面在大气压力的作用下,将液体压入泵体内(2 分);如此周而复始进行工作(0.5 分)。

22. 答:(1)坚持每天一次测量发放密度。(2)测量内容:油品温度、取样测量视密度、视温度。(3)换算发放油品温度下的实际发放密度。(4)及时填记"燃油密度检测登记簿"。(5)按月进行汇总,作为发放密度调整依据。(每项 1 分)

23. 答:砂子应保持松散状态,能均匀通畅地沿砂管流动,不会粘附在砂箱壁上,也不会粘结成块,堵塞砂管(2 分)。砂子粒度大小要适当,过小易从轨面吹掉,过大易滚落(2 分)。砂粒要有足够的硬度和强度,最好是纯石英砂(1 分)。

24. 答:综合发放柱是集成机车使用各种液体的发放装置(2 分)。在各个发放柱内分别装有燃油、冷却水和机油发放装置(2 分)。一般将这种发放柱安装在机车整备线位置上(1 分)。

25. 答:单一发放燃油供给机车的发放柱,在发放柱内只有一根燃油管路(2 分),并装有控制阀门、流量表、电气操作开关和发放柱的锁闭装置(3 分)。

26. 答:电池环境温度、充放电循环、放电深度、充电电压、充电电流选定。(每项 1 分)

27. 答:一般电路图有两种:一种是电气原理图;一种是电气安装配线图(2 分)。原理图只表示电气的动作原理,而不考虑电气设备和电气元件的实际结构和安装情况(1.5 分)。电气安装配线图则是根据电气设备、元件的实际结构和安装情况配置的一种图(1.5 分)。

28. 答:以该液体的闪点温度进行区分(2 分),45℃以上是可燃液体(1.5 分),45℃以下是易燃液体(1.5 分)。

29. 答:四有是:有防火责任人(1 分)、有义务消防组织(1 分)、有健全的防火制度(1 分)、有足够的灭火器材(1 分)。一及时是:及时消除火灾隐患或采取可行的安全措施(1 分)。

30. 答:一般都会有消防给水系统(1 分)、室内外消火栓系统(1 分)、自动喷水灭火系统(1 分)、火灾自动报警系统(1 分)、冷却系统、气体灭火系系统、防排烟系统等(1 分)。

31. 答:火灾——是指在时间和空间上失去控制的燃烧造成的灾害(2 分)。燃烧的三要素:可燃物、助燃物、着火源(3 分)。

32. 答:灭火的主要措施:控制可燃物(2 分),减少氧气(1 分),降低温度(1 分),化学抑制(针对链式反应)(1 分)。

33. 答:扑救 A 类火灾可选择水型灭火器、泡沫灭火器、磷酸铵盐干粉灭火器、卤代烷灭火器(1 分)。扑救 B 类火灾可选择泡沫灭火器(化学泡沫灭火器只限于扑灭非极性溶剂)、干粉灭火器、卤代烷灭火器、二氧化碳灭火器(1 分)。扑救 C 类火灾可选择干粉灭火器、卤代烷灭火器、二氧化碳灭火器等(1 分)。扑救 D 类火灾可选择粉状石墨灭火器、专用干粉灭火器,也可用干砂或铸铁屑末代替(1 分)。扑救 E 类带电火灾可选择干粉灭火器、卤代烷灭火器、二氧化碳灭火器等(0.5 分)。扑救 F 类火灾可选择干粉灭火器(0.5 分)。

34. 答:实施强制检定计量器具范围包括两部分,一是计量标准,即社会公用计量标准、部门和企事业单位使用的高计量标准(2 分);二是工作计量器具,即直接用于贸易结算、安全防护、医疗卫生、环境监测方面并列入《中华人民共和国强制检定的工作计量器具目录》的工作计量器具(3 分)。

35. 答:(1)正确读出刻度尺的零刻度、最小刻度、测量范围(1 分)。(2)把刻度尺的刻度尽可能与被测物体接近,不能歪斜(1 分)。(3)读数时,视线应垂直于被测物体与刻度尺(1 分)。(4)除读出最小刻度以上各位数字外,还应估读最小刻度下一位的数字(1 分)。(5)记录的测量数据,包括准确值、估计值以及单位(1 分)。

36. 答:(1)使用清洁密封的容器,并将取样管清洗干净(1 分)。(2)取样器应处于稳定运行状态(1 分)。(3)抽取油样应选择油罐的中部,避免油底和油面(1 分)。(4)做好样本油相关标注(取样日期、油罐车号、油样分析目的等)(1 分)。(5)进行化验前应将油样摇均匀(1 分)。

37. 答:铁路信号是用特定的物体(包括灯)的颜色、形状、位置,或用仪表和音响设备等向铁路行车人员传达有关机车车辆运行条件、行车设备状态以及行车的指示和命令等信息(2 分)。按感觉分为:视觉信号和听觉信号(1.5 分);按设置方式分为:固定信号、移动信号和手信号(1.5 分)。

38. 答:预热锅炉一般为螺旋管式锅炉,主要由炉体、管组、喷油点火装置构成(2 分)。冬天寒冷,柴油机不易启动,用预热锅炉加热冷却水到 20℃,通过循环以加热后的冷却水促使柴油机机体、柴机油等加热到 20℃,达到柴油机容易启动的目的(3 分)。

39. 答:离子交换法制取软水设备主要包括:阴、阳离子交换罐(2 分);备用交换罐、压酸液罐、压碱液罐(1 分);碱液池、酸液池(1 分);碱溶解箱等(1 分)。

40. 答:在电路中,电流不流经用电器,直接连接电源两极,则称为短路(1 分)。当电路没有闭合开关,或者导线没有连接好,或用电器烧坏或没安装好时,即整个电路在某处断开,处在这种状态的电路叫做断路(1 分)。短路和断路现象都属于一种故障电路(1 分),发生短路时,因电流过大往往引起设备损坏或火灾(1 分);发生断路时,电路某处断开,不是完整的通路,电路不能使用(1 分)。

41. 答:(1)油品装卸车严禁野蛮作业,油品堆放的高度要适当,层数不宜过多,以免产生倒塌危险或压坏产品(1 分)。(2)储存过程中要特别注意防止混入水分和杂质(1 分)。(3)润滑油品的密度在 0.75～0.95 g/cm^3之间,比水轻又不溶于水,润滑油的闪点(开口)一般高于 150℃,属可燃物品,储运过程应注意防止外流污染环境和着火燃烧(1 分)。(4)不同油品应分开堆放并标志清楚品名、牌号、级别、数量及入库等,以免发货时搞错(1 分)。(5)桶装润滑油品的储存期可以比散装的长一些,但一般不要超过一年(1 分)。

42. 答:因为燃油具有易燃、易爆、易蒸发的特性(2 分);通常情况下,泵体内充满燃油气体,泵房内也常有浓度较高的油蒸汽,如泵长时间空转,摩擦发热,泵体和输油管内的少量存油或油蒸汽因受热挥发,体积迅速膨胀,会引起泵体爆炸,并引起泵房内油、气混合体燃烧或爆炸(2 分);长时间空转也能引起泵轴承温度过高,压板发热造成故障,甚至因热量过高而引起失火(1 分)。

43. 答:将用过的润滑油中的变质物及杂质分离除去后所得的润滑油即废润滑油再生(2 分)。再生方法有:(1)机械法,即用离心分离或过滤的方法(1 分);(2)物理法,即用减压蒸馏、吸附精制的方法(1分);(3)化学法,即用酸和碱精制的方法(1分)。

44. 答:柴油的凝点是指油品在规定条件下冷却至丧失流动性时的最高温度(2分)。在实际使用中,柴油在低温下会析出结晶体,晶体长大到一定程度就会堵塞滤网,这时的温度称作冷滤点(2分)。与凝点相比,它更能反映实际使用性能。对同一油品,一般冷滤点比凝点高1~3℃(1分)。

45. 答:主要有滚筒式烤砂炉(2分)、立式烤砂炉(1分)、火管式烤砂炉(1分)、平板式烤砂炉(1分)。

46. 答:废燃油主要是混入杂质和水分(2分)。再生工艺:(1)预处理:将废燃油倒入沉淀池,静置一段时间待杂质和水分全部沉淀(1分);(2)白土处理:将沉淀过的油抽入白土接触罐内,加入活性白土搅拌再沉淀(1分);(3)过滤:将加完白土沉淀后的油经滤布滤纸进行过滤,获得需要的燃油(1分)。

47. 答:(1)检查、吹扫各电机电器,清扫走行部,摩擦部分涂油。(2)清扫蓄电池,调整好电解液密度,连接部位涂凡士林。(3)排出制动系统内各处积水,用高压风吹扫风管路、风缸、油水分离器。(4)主变压器、油浸调压开关及油浸励磁变压器保持规定油位。(5)清除砂箱存砂并涂油,取出自阀关门锁车,并每月溜轴一次。(每项1分)

48. 答:(1)接取油水化验样品应在机车柴油机停机前进行。(2)柴油机润滑油应在油热交换器排油堵或粗滤器放油堵处取样,不得在油底壳取样。(3)冷却水应在热交换器排水阀处取样。(4)取样容器及取样处阀口应清洁干净。(5)适量排出部分油和水再各取样500 mL,取样完毕关闭阀堵不得渗漏。(每项1分)

49. 答:(1)用扳手松开差示压力计管接头螺母及触针螺母取出导线和触针,清洗触针。(2)用螺钉旋具松开差示压力计体上螺钉,取下压力计体,将旧溶液倒出并清除污垢。(3)装上差示压力计体,注入新的红色食盐溶液至"0"刻线处。(4)组装触针,触指距"0"刻线20 mm,然后紧固好触针螺母和接头螺母。(5)作业完毕应进行电气动作试验,确认无误。(每项1分)

50. 答:脱轨表示器是铁路防护区段的双向隔离设备,用于保护轨道上的人员或者重要的机车车辆,一旦有机车车辆进入该轨道即行脱轨以保证被保护对象的安全(1分)。

表示线路处在遮断状态:昼间为带白边的红色长方牌;夜间为红色灯光(2分)。

表示线路处于开通状态:昼间为带白边的绿色圆牌;夜间为月白色灯光(2分)。

51. 答:金属的力学性能是指金属在外力作用下表现出来的性能(1分),包括强度、塑性、硬度、韧性及疲劳强度等(4分)。

52. 答:物体所占空间的大小叫做物体的体积(1.5分),其常用单位是 m^3 或 cm^3(1分);容器容量的大小称为容器的容积(1.5分),其常用单位是L或mL(1分)。

53. 答:隔离开关的功能是连通或切断接触网供电分段间的电路(3分),增加供电的灵活性,以满足检修和供电方式的需要(2分)。

54. 答:隔离开关由金属底座、绝缘瓷柱、导电刀闸、接地刀闸和操作机构组成。(每项1分)

55. 答:隔离开关按用途分为带接地刀闸和不带接地刀闸两种(3分),按操作次数多少分为经常操作和不经常操作两种(2分)。

六、综 合 题

1. 答:(1)齐全:燃油消耗定额应包括完成生产计划所需的全部燃油(3 分)。(2)准确:燃油消耗的数据来源,必须有可靠的原始记录和统计资料并经查对核实,不许有虚假现象(4 分)。(3)合理:核定定额从实际出发,定额高了,经过努力达不到,将挫伤职工积极性,影响企业生产。低了,很容易达到,就会失去意义,定额先进与否可由行业的平均先进定额来衡量(3 分)。

2. 答:撒砂系统主要由砂箱、撒砂阀、喷嘴、作用阀、砂管、风管等组成(4 分)。其工作原理是:机车走行部转向架每个角均设置有砂箱,砂箱装有撒砂阀,同方向的撒砂阀上共用一根风管(2 分);当机车需要制动时,为有效防止车轮空转或滑走,由司机踩动安装在操纵台下的撒砂作用阀,来接通撒砂阀风源撒砂(2 分),或当进行紧急制动时,通过自阀自动接通风源,实现自动撒砂(2 分)。

3. 答:线路全长是指该线路的道岔尖轨尖端与基本轨接头处至车挡的距离(3 分);线路有效长是指线路内停留机车车辆后,不影响信号显示、道岔转换或邻线行车的线路最长利用部分长度(3 分)。其起止点确定标志有:警冲标、进路信号机、轨道绝缘节、车挡或端头站台(4 分)。

4. 答:燃油计划分为:运用用油、非运用用油、最低库存储备量和外单位机车用油量(3 分)。运用用油=年度总重吨公里×年度万吨公里用油指标(2 分);非运用用油=年度中修台次×中修定额+年度小修台次×小修定额+年度辅修台次×辅修定额+年度备用机车打温小时数×打温用油定额+机械设备定额用油(2 分);最低库存储备量=日均耗油量×额定储备天数(2 分)。另外,考虑到技改、临修等项目可适当留有余地(1 分)。

5. 答:(1)进入储油罐内作业时,应戴防毒面具,罐外应有专人看护(2.5 分)。(2)油罐及泵管线等设备不应有渗漏,油罐做到安全密封(2.5 分)。(3)要经常保持泵房的空气流通,以降低空气中的油气浓度(2.5 分)。(4)养成良好的防毒习惯,尽量减少燃油与皮肤的接触(2.5 分)。

6. 答:首先懂得燃烧的发生和延续必须同时具备三个条件:可燃物;空气(含氧);着火点。三者缺一不可(3 分)。防火就是对这三个条件分别加以控制,使其不同时发生相互作用使燃烧发生(4 分)。灭火就是破坏或消除这些发生相互作用的条件,切断它们之间的接触和联系,使燃烧不能延续,达到灭火的目的(3 分)。

7. 答:(1)入库门卫制度(2.5 分)。(2)入库人员应先办理入库手续,凭证件登记入库(2.5 分)。(3)严禁穿钉鞋、带火柴、打火机等火种和其他易燃易爆物品入库(2.5 分)。(4)经批准入库的机动车必须配有防火罩(2.5 分)。

8. 答:燃油发放人应同司机共同确认油箱现存油量和补满油箱的数量(2.5 分),然后按满油箱办理暂存交接手续(2.5 分),将补油量填写司机报单和"燃油请领单",连同实际卸出数一同填入"内燃机车油箱卸油登记簿"(2.5 分)。检修完交车后,发放人员按"内燃机车油箱卸油登记簿"上暂存交接数量加入机车,司机在登记簿上盖章签收(2.5 分)。

9. 答:为了准确地考核各项定额用油损耗,必须根据内燃机车型号定出补满油箱的数量标准(4 分)。各单位根据自己的工作需求和特性,为避免损耗等定出自己的满油箱标准是允许的,不一定按油箱的构造标准来制定(6 分)。

10. 答:(1)油库应设立严禁烟火的明显标志,不得将火种带入。(2)及时清除油库内杂草、树叶及棉纱，并不得在库内集中处理。(3)油库需明火作业时，须经保卫部门批准，制订出有效的安全防范措施，由消防人员现场监督方可作业。(4)电气设备必须采用防爆型的电机、开关和照明，不得临时拉接电源线，不准使用电热产品。(5)定期检查避雷针装置，测试接地电阻。(6)人员进入油库不得穿有铁钉的鞋，避免铁器撞击。(7)登上罐顶不得藏老花镜。(8)放入油罐的计量器具吊绳不能使用化纤制品。(9)配齐足量的消防器材。(10)建立专业和业余的消防队伍。(每项1分)

11. 答：此种情况按规定满油箱办理暂存交接手续，按现存油量及满油箱标准应补油数＝8 500－6 250＝2 250 L。(4分)

换算：2.250×839＝1 887.6 kg。应在司机报单和燃油清领单上戳记发放1 887.6 kg。并连同实际卸出数填入"内燃机车油箱卸油登记簿"(6分)。

12. 答：(1)严禁携带香烟、火柴、打火机等火种和易燃、易爆、有毒、易腐蚀物品入库。(2)严禁未按规定办理用火审批手续，在库区内进行施工或生活用火。(3)严禁在防火堤内种植作物或树木。(4)严禁穿带铁钉鞋和易产生静电的服装进入爆炸危险区。(5)严禁在爆炸危险区使用非防爆电器或修理防爆电器。(6)严禁未经批准的各种机车车辆进入油罐区及爆炸危险区域。(7)严禁就地排放各种油品易燃、易爆物料及化学危险品。(8)严禁在爆炸危险区内，用易产生火花的工具进行敲打作业。(9)严禁堵塞消防通道及随意挪用消防器材和设备。(10)严禁损坏库区内的防火、防雷、防静电等设施和设备。(每项1分)

13. 答：根据GB/T 4968—2008，火灾依可燃物的类型和燃烧特性分为A、B、C、D、E、F六类(4分)。其中，A类火灾：指固体物质火灾。如木材、煤、棉、毛、麻、纸张等火灾(1分)。B类火灾：指液体或可熔化的固体物质火灾。如煤油、柴油、原油、甲醇、乙醇、沥青、石蜡等火灾(1分)。C类火灾：指气体火灾。如煤气、天然气、甲烷、乙烷、丙烷、氢气等火灾(1分)。D类火灾：指金属火灾。如钾、钠、镁、铝镁合金等火灾(1分)。E类火灾：指带电火灾。物体带电燃烧的火灾(1分)。F类火灾：指烹饪器具内的烹饪物火灾，如动植物油脂火灾(1分)。

14. 答：燃料在气缸内进行燃烧，并借助活塞、连杆、曲轴等运动机构，将燃料释放出的热能转变为机械功的机器称为内燃机(4分)。根据所用燃料不同，内燃机分为汽油机、柴油机、煤油机等(2分)。由于柴油机效率高、功率大、经济性好等优点，故铁路内燃机车绝大多都采用柴油机作为原动机(4分)。

15. 答：用蒸馏方法制备的纯水，叫做蒸馏水(1分)。自然界中的水都不纯净，通常含有钙、镁、铁等多种盐，还含有机物、微生物、溶解的气体(如二氧化碳)和悬浮物等。用蒸馏方法可以除去其中的不挥发组成(2分)。用蒸馏法，并配合以下一些措施，可以获取质量较高的蒸馏水。(1)排去初始馏分(约占原水的20%)，因为挥发组分主要集中在初始馏分中(2分)。(2)排去残留部分(约占原水的20%)，因为很多不挥发组分集中在残留水中(2分)。(3)添加某些物质以利于蒸馏。例如，添加NaOH，使水中的CO_2变成难挥发组分，添加$KMnO_4$可氧化水中的有机物(2分)。蒸馏水经过第二次蒸馏，可得重蒸馏水，它的纯度更高(1分)。

16. 答：检查蓄电池箱应清洁干燥，无严重腐蚀(1分)；蓄电池外壳体无裂损，封口填料完整(1分)；各单节连接板线无松动，表面光洁无氧化物并涂有凡士林(1分)；测量各单节电压应在2 V以上，最低不得小于1.85 V(2分)；检查通气阀孔是否畅通，密封是否良好(1分)；检查电解液液面高度，应高出极板10～15 mm，不足时应予蒸馏水补充到位(2分)；测量电解液比重,夏季1.24～1.25,冬季1.26～1.27(2分)。

17. 答:警冲标是用来指示机车车辆停车时,不准向道岔方向或线路交叉点方向越过,以防止停留在该线上的机车车辆与邻线上的机车车辆发生侧面冲突的标志(4分)。警冲标设在两会合线路间距离为4 m的中间。线间距离不足4 m时,设在两线路中心线最大间距的起点处(4分)。在线路曲线部分,所设道岔附近的警冲标,与线路中心线的距离,应按限界的加宽增加(2分)。

18. 答:国内应用的轻柴油按凝固点分为6个牌号:10号柴油、0号柴油、－10号柴油、－20号柴油、－35号柴油和－50号柴油(2分)。选用柴油的依据是使用时的温度(2分)。柴油汽车主要选用后5个牌号的柴油,温度在4℃以上时选用0号柴油;温度在－5～4℃时选用－10号柴油;温度在－5～－14℃时选用－20号柴油;温度在－14～－29℃时选用－35号柴油(4分);选用柴油的牌号如果低于上述温度,发动机中的燃油系统就可能结蜡,堵塞油路,影响发动机的正常工作(2分)。

19. 答:(1)将柴油机冷却水系统各阀及堵打开,排净各部件和管路的积水。(2)排净燃油箱和管路中的燃油。(3)柴油机润滑油、液传箱液力传动油、各齿轮箱油等保持规定油位。(4)排出制动系统内各处积水,用高压风吹扫风管路、风缸、油水分离器、空冷器和各电机、电器、车体及走行部,并清除油垢。(5)对电器部分的换向器及所有触电涂工业凡士林。(6)清除砂箱中存砂并涂油。(7)取下蓄电池集中保管养护。(8)对排烟口、风扇上部、空滤器外部、各通风口加盖。(9)自阀手柄取出,关闭门窗锁车门。(10)每月进行一次柴油机盘车和溜轴。(每项1分)

20. 答:机车入冬前整备范围及要求有:(1)机械间各百叶窗及其传动装置作用良好且能关闭严密(1分);(2)机车取暖设备、热风机、侧壁暖气良好,各部门窗、孔盖完整严密(1分);(3)加挂冷却间、集尘器、油水分离器、通风口的防寒罩或套(1分);(4)对车体外的燃油、机油、冷却水上、放油水管及截止阀、制动及暖气管路等进行防寒包扎(2分);(5)检查燃油箱防寒隔热层、蓄电池单节比重等应符合季节要求(2分);(6)更换冬季用燃油、机油、润滑脂等(1分);(7)检查预热锅炉并进行点火试验,确保性能良好(2分)。

21. 答:高压冲洗机利用电动机的输出动力由主带轮通过三角带带动泵的从带轮使曲轴转动,从而带动连杆并推动滑块主件作往复直线运动,通过进、出水阀的一系列动作,完成吸水、排水过程(4分)。其空气室是一个充满空气的容器,利用气体的压缩和膨胀来储存或放出部分液体,以达到调节流量使压力稳定(2分);调压阀是用来调节工作压力(2分);喷枪可作远距离直接冲洗,也可调节成近距离雾状冲洗(2分)。

22. 答:(1)确定盘点清查的起始时刻(2分);(2)账目清查与整理(核查燃油到达验收记录、发放原始单据、油箱卸油登记薄、燃油动态总账、储油罐分存动态表)(2分);(3)实物盘查(1分);(4)计算(收、发、结存数计算及实物计算)(2分);(5)盈亏分析(1分);(6)盈亏处理(1分);(7)总结(1分)。

23. 答:(1)坚持"先防护、后作业"原则,遵守作业标准和操作规程(1分);(2)在地沟内进行机车底部保洁作业时,听到鸣笛立即蹲下;在两侧保洁时,听到鸣笛立即后退离开机车1 m以外,防止机车移动造成伤害(2分);(3)在电气化区段只能用无压水管冲洗机车底部,严禁冲洗机车上部及擦洗各类电器部件(2分);(4)不得在电气化区段攀登机车顶部进行保洁作业,必要时可将机车转至无网区域进行顶部保洁(2分);(5)需要在机车内部作业时,必须确认机车处于断电状态，并在机车两端操纵台设置“禁动牌”(2 分)；(6)严禁无证操作隔离开关，在库内保洁按规定设置防护信号(1 分)。

24. 答:(1)沉降:经充分静置沉降去除废机油中的杂质和水分(1 分)；(2)蒸馏:在蒸馏釜中将废机油加热，利用沸点不同使轻质馏分分离出去(2 分)；(3)硫酸处理:用浓硫酸和机油充分接触，分离酸渣，去除废机油中的有机酸、胶状物质和金属盐(2 分)；(4)白土吸附:利用白土吸附油质中的颗粒状胶状物质及微量酸(2 分)；(5)过滤:用滤纸滤布过滤清除机油中杂质，并取样化验(1 分)；(6)调和添加剂:补充经再生后流失的原有添加剂(2 分)。

机车整备工(高级工)习题

一、填 空 题

1. 安装在油库内的灯具应是(　　)型的。

2. 燃烧的发生和继续,必须同时具备三个条件,即燃烧三要素:可燃物、(　　)、着火源,三者缺一不可。

3. 为防止硅沉着病的感染,国家规定在给砂作业中的硅尘浓度标准为(　　)kg/m³。

4. 装卸易燃易爆危险化学品时,作业人员不得穿带有(　　)的鞋进入现场。

5. 空气泡沫产生器的进口压力应保持在(　　)km/cm²左右。

6. 火灾种类中,液体物质燃烧所引起的火灾称为(　　)。

7. 根据 GB 50016—2014 按火灾危险等级,将能够燃烧的液体划分为(　　)三类。

8. 为防雷电和传导静电,卸油鹤管的(　　)用铜或铝线接通。

9. 火灾中,(　　)对人的危害特性有缺氧、毒害和尘害等。

10. 闭合或断开牵引供电回路会产生强烈的(　　),处理不当会造成严重的后果。

11. 烟雾自动灭火装置对扑救储油罐(　　)火灾迅速可靠,适于小油库。

12. 一些燃点低的物质,由于自身缓慢氧化产生的热量使其温度到达着火点,而形成的燃烧现象称为(　　)。

13. 燃烧是一种发光发热的(　　)反应。

14. 可燃物开始持续燃烧所需的最低温度称为(　　)。

15. 当接触网或其他高压导线落地时,电流由接地点向四周扩散,且在各方向上的不同点形成电势差,这种电压就是(　　)。若人在此行走,就有可能触电。

16. 钢制储油罐的防雷接地装置可以兼作为防(　　)接地装置。

17. 燃油储油罐防静电接地装置的接地电阻不宜大于(　　)Ω。

18. 避雷针焊在油罐顶部或(　　)处。

19. 石油产品对人的毒害主要表现在(　　)上。

20. 铁路线装卸油品的设施应作电器连接并(　　)。

21. 接地电阻(　　)越好,以便能安全的把雷电流导入大地。

22. 检查维护消防栓和清水管道,(　　)应做一次出水试验。

23. 根据线状雷性质,油库通常使用(　　)避雷,它的原理是它能够将雷电引向自身,将强大的雷电流导入大地,从而达到保护油罐的目的。

24. 储油罐着火后,应首先关闭着火储油罐的所有(　　),再进行扑救。

25. 柴油有一特性,温度越低产生的静电荷(　　)。

26. 进入油库区的汽车,其排气管应加装有(　　)。

27. 整备作业中遇无渡板的地沟,不得由地沟上面(　　)通过。

28. 防雷是指通过组成(　　)的一体化系统方式以防止由雷电对建筑物或设备造成损害的防护技术。

29. 扑灭成品油火灾时,其作用原理是使着火面与(　　)隔离、窒息,从而使火熄灭。

30. 一般可燃液体都有较大的(　　),在灌装、输送、运输或生产过程中,由于相互碰撞、喷溅与管壁摩擦或受到冲击时,都能产生静电。

31. 在机械制造业中,常以(　　)做基本单位。

32. 机械制图上的粗实线表示零件各部(　　)的轮廓线。

33. 机械制图中的虚线表示零件(　　)的轮廓线。

34. 机械制图中的点划线表示图形零件的(　　)或两半对称的零件的对称线。

35. 机械制图中的细实线表示(　　)和尺寸线。

36. 常用的手锤按其形状有圆头和方头之分,按其重量大小分为(　　)种。

37. 用凿子(扁铲)对碳素钢、软铸钢錾切时的楔角为(　　)。

38. 用凿子(扁铲)对锌、铝金属錾切时的楔角为(　　)。

39. 橡胶、纤维制品、电木、云母制品、树脂薄膜、塑料等都具有较高的(　　)性能。

40. 绝缘材料的性能是:具有较高的绝缘电阻和(　　)。

41. 电流的单位有:(　　)和毫安、微安。

42. 电荷有规则的(　　)称为电流。

43. 电位、电压、电压降、电动势的单位都是(　　)。

44. 电流所经之路称为电路,电路是由电源、负载及(　　)组成。

45. 用电器的连接方式有串联(　　)和混联三种方式。

46. 最常用的半导体材料是(　　)。

47. 电阻率很小而易于导电的物质称为(　　)。

48. 电阻率很大而不易导电的物体称为(　　)。

49. 常温常压下,(　　)在 0～100℃范围内可出现固、液、气三态变化。

50. 水的(　　)用 pH 值表示。

51. 密度是一个物理量,用来描述物质在单位体积下的(　　)。

52. (　　)是对于液体或固体指某一特定温度、压力下的密度同纯水在标准大气压下的最大密度(温度 3.98℃时的密度为 999.972 kg/m^3)的比值。

53. 容积是指容器所能容纳物体的(　　)。

54. 水由液态或固态转变成(　　),逸入大气中的过程称为蒸发。

55. 凝固点是晶体物质凝固时的温度,不同晶体具有(　　)的凝固点。

56. 阀控铅酸蓄电池主要由正负极板、排气阀(　　)、电池壳体部件组成。

57. 阀控电池的实际容量指电池在一定条件下所能输出的电量;它等于放电电流与(　　)的乘积,单位为 Ah。

58. 蓄电池实际放电容量与放电率和(　　)有关。

59. 电力、电传动内燃机车无动力托运时,制动缸活塞行程应调整到标准的(　　)。

60. 在长大坡道列检所需进行持续一定时间的保压试验,在列车制动机按全部试验方法试验后,自阀减压 100 kPa 并保压(　　)列车不发生自然缓解。

61. 有三压力机构阀的自动制动机,分配阀的动作由制动管、(　　)和制动缸三种压力来控制。

62. 用闸瓦压紧车轮踏面,使其发生摩擦阻力而产生制动作用的制动方式称为(　　)。

63. 牵引电机的悬挂方式大致可分为轴悬式、(　　)和体悬式三种。

64. 车体支承装置是车体和(　　)的连接部分。

65. 内燃机车由柴油机、传动装置、辅助装置、(　　)(包括车架、车体、转向架等)、制动装置和控制设备等组成。

66. 燃油系统由燃油箱、粗滤器、(　　)、燃油加热器、旁通阀、污油箱及阀类、管道、压力表组成。

67. 滤清器在燃油发放系统中起着保证供给机车(　　)的作用,应定期检查、清洗或更换过滤网。

68. 输油泵由(　　)电动机直接驱动。

69. 为保证车轮与闸瓦之间能产生制动力,规定常用制动时的最小减压量为(　　)。

70. 机车动轮正在空转时,应立即降低机车(　　)禁止撒砂。

71. 列车施行常用制动时,货物列车运行速度在(　　)以下,不直接缓解列车制动。

72. 少量减压后停车的列车,要追加减压至(　　)才能缓解。

73. 在车辆制动装置中,由机车司机操纵控制,并产生制动原力的部分称为(　　)。

74. 闸瓦制动的列车,列车的制动过程实质上就是列车(　　)转换的过程。

75. 手动撒砂方法分为线式撒砂和(　　)撒砂两种。

76. 测定油脂中的(　　)可采用定性试验和定量试验两种方法。

77. 柴油一特性,(　　)越低,产生的静电荷越多。

78. SS3 型电力机车采用的变压器油的规格是(　　)号变压器油。

79. 操作隔离开关时,必须(　　)操作。

80. 石油产品的(　　)越低,着火危险性越大。

81. 由于外界温度作用或受到(　　),使容器里的石油发生膨胀而爆炸,这种现象称为物理性爆炸。

82. SS3 型电力机车的砂箱总容量为(　　)m^3。

83. 登高用梯,在使用时,应注意和地面保持 55°～(　　)的角度。

84. 水的酸碱性用(　　)表示。

85. 内燃机车为(　　)冷却系统,质量符合标准的冷却水往往使用数月之久。

86. 一般说来,选用的柴油应高于使用地区最低温度(　　)℃。

87. 35 号柴油适用于我国(　　)～－29℃地区的严冬季节使用。

88. 10 号轻柴油适用于有(　　)设备的高速柴油机上使用。

89. 修理水鹤时,必须将水鹤臂管置于与轨道(　　)位置。

90. 内燃机车(　　)系统应以去离子水为好。

91. 卸油主管和清油主管设在卸油平台下,分别连通卸油平台上各(　　)。

92. 沉淀池般置于卸油台下,用以沉淀底油中的(　　)。

93. 直联式水环真空泵可供抽吸(　　),特别适用大型泵引油用。

94. 离心泵开泵前应先关闭出口阀门,否则易造成(　　)。

95. 电动往复泵开泵前应先开启(　　)阀门,否则易造成泵内压力超高。

96. 滤清器主要由壳体、连接法兰、法兰盖、(　　)和排污堵组成。

97. 流量仪表发放油品的主要优点是:操作简单、(　　)。

98. 流量表的型号样式很多,现普遍采用的是速度式和(　　)式。

99. 温度计选用棒式(　　)温度计,每组两支量限,一支是－30～10℃,另一支是0～50℃。

100. 变压器油在变压器中的主要作用是冷却和(　　)。

101. 燃油密度受油品(　　)和大气温度变化的影响。

102. 燃油发放密度直接关系到内燃机车耗油(　　)和燃油收、发数量的平衡。

103. 确定燃油发放密度时必须以燃料值班员、(　　)、热力技术人员共同参加。

104. 常用干砂方式分机械干砂和(　　)干砂。

105. 耗砂量较小时,可用小车把干砂送到整备线由(　　)上砂。

106. 每个整备台位上的接触网均需设分段绝缘(　　)以保证机车整备人员的作业安全。

107. 目前广泛使用的给砂设备有挤压式及(　　)式两种。

108. 电力机车整备工作量计算,一般只作整备台次、(　　)及干砂项目的计算。

109. 燃油蒸发后不仅造成数量上的减少,还使(　　)降低。

110. 燃油氧化的结果使酸度和胶质都会增加,并出现(　　)。

111. 储油罐装油根据温度变化情况留出必要的(　　)外,应尽可能装满。

112. 机车给水完毕后,应立即将水鹤臂管(　　),并应将固定装置用的拉链牢固地挂妥。

113. 整备作业时,遇无渡板的地沟,不得由地沟上面(　　)或跳跃。

114. 不同牌号的燃油要分罐储存,因为不同牌号是由其(　　)决定的,否则会造成经济损失。

二、单项选择题

1. 可燃液体表面蒸汽与空气混合后,遇点火源发生一闪即灭现象称为(　　)。

(A)自燃　(B)爆燃　(C)闪燃　(D)燃烧

2. 存储可燃物资的仓库管理,必须执行国家有关(　　)的规定。

(A)物资安全　(B)消防安全　(C)劳动安全　(D)人身安全

3. 在(　　)火灾使用水扑救会使火势扩大。

(A)燃油类　(B)木材类　(C)图书类　(D)电器类

4. 使用灭火器灭火时,灭火器的喷射口应对准火焰的(　　)。

(A)外部　(B)上部　(C)中部　(D)根部

5. 根据球形雷的性质,其预防措施应采用(　　)的方法。

(A)接地　(B)静电屏蔽　(C)避雷针　(D)等电位连接

6. 大型油罐应设置(　　)自动灭火系统。

(A)干粉　(B)泡沫　(C)二氧化碳　(D)喷淋

7. 单位的消防档案,一般由(　　)部门管理。

(A)行政　(B)党群　(C)工会　(D)保卫

8. 用灭火器进行灭火的最佳位置是(　　)。

(A)距起火点 10 m 以上位置　(B)距起火点 10 m 以内位置

(C)下风位置　(D)上风或侧风位置

9. 采取适当措施,使燃烧因缺乏或隔绝氧气而熄灭,此方法称为(　　)。

(A)冷却灭火法　(B)窒息灭火法

(C)隔离灭火法　(D)化学抑制灭火法

10. 因行为人过失引起火灾并造成严重后果,其行为构成(　　)。

(A)玩忽职守罪　(B)纵火罪

(C)失火罪　(D)重大责任事故罪

11. 静电放电的形式中,(　　)能量较大,危险性最大。

(A)火花放电　(B)刷形放电　(C)接触放电　(D)电晕放电

12. 干粉灭火器中所装的干粉,其主要成分是(　　)。

(A)一氧化碳　(B)二氧化碳　(C)四氯化碳　(D)碳酸氢钠

13. 消防重点单位应每隔(　　)举行一次灭火演练。

(A)一个月　(B)三个月　(C)半年　(D)一年

14. 二氧化碳灭火器在(　　)地区不能使用。

(A)南方　(B)北方　(C)0℃以下　(D)−20℃以下

15. 下列常见可燃物质中,(　　)属于燃点最低的物品。

(A)衣服　(B)纸张　(C)煤油　(D)松节油

16. 液体类储油罐区的消火栓应设在(　　)。

(A)储罐区内　(B)储罐下　(C)防护堤外　(D)防护堤内

17. 干粉灭火器应每隔(　　)检查一次。

(A)一个月　(B)三个月　(C)半年　(D)一年

18. 消防水泵应(　　)试运转检查一次,发现问题及时处理。

(A)每天　(B)每周　(C)每月　(D)每季度

19. 储油罐设置独立霹雷针(线)的接地电阻阻值应(　　)Ω。

(A)≥10　(B)≤10　(C)≥30　(D)≤30

20. 储油罐设置的防静电接地装置阻值应(　　)Ω。

(A)≥30　(B)≤30　(C)≥100　(D)≤100

21. 储油罐经长期使用,底部产生了沉积物,为了检查、修理储油罐及附件,立式储油罐不得超过(　　)需清洗一次。

(A)四年　(B)三年　(C)二年　(D)一年

22. 火灾种类中,气体物质燃烧所引起的火灾称为(　　)火灾。

(A)A类　(B)B类　(C)C类　(D)D类

23. 常用电工仪表中的(　　)是用来测定绝缘电阻等大阻值。

(A)电流表　(B)电压表　(C)兆欧表　(D)万用表

24. 外部防雷是指防直击雷,内部防雷则指防(　　)。

(A)云层雷　(B)闪电雷　(C)球形雷　(D)感应雷

25. 独立接地装置中,接地体应埋入地下(　　)左右。

(A)0.3 m　(B)0.6 m　(C)1 m　(D)1.5 m

26. 按火灾危险性,甲类易燃液体的闪点基准温度为(　　)。

(A)＜28℃　(B)＞28℃,＜45℃　(C)＞45℃,＜60℃　(D)＞60℃

27. 为保证储油罐在常态下的密封性及必要时的罐内压力调节,须安装有(　　)。

(A)出油管及阀　(B)安全阀　(C)呼吸阀　(D)人孔及盖

28. 若几个储油罐同时起火,应集中力量先扑救(　　)油罐。

(A)威胁最小的　(B)威胁最大的　(C)火势最小的　(D)火势最大的

29. 半固定式泡沫灭火器,供给空气泡沫混合器的水压应保持在(　　)。

(A)2～4 kg/cm^2　(B)4～6 kg/cm^2　(C)6～9 kg/cm^2　(D)9 kg/cm^2以上

30. 三相异步电动机的含义是(　　)。

(A)电流异步　(B)电压异步

(C)磁场异步　(D)旋转磁场与转子转速异步

31. 为防止电气设备外壳带电危及人身安全,将其外壳接地,称为(　　)。

(A)保护接地　(B)工作接地　(C)防雷接地　(D)仪控接地

32. 下列属于易燃液体的是(　　)。

(A)一氧化碳　(B)柴油　(C)甲烷　(D)甲醇

33. 半固定式泡沫灭火器,供给化学泡沫发生器的水压应保持在(　　)。

(A)2～4 kg/cm^2　(B)4～6 kg/cm^2　(C)6～9 kg/cm^2　(D)9 kg/cm^2以上

34. 使用泡沫灭火装置扑救燃油储罐着火,应将泡沫直接喷射向(　　)。

(A)燃油表面　(B)罐体下部　(C)罐体外壁　(D)罐体内壁

35. 储油罐避雷针接地极的电阻阻值用(　　)测量。

(A)万用表　(B)兆欧表

(C)接地电阻测试仪　(D)感应测试电笔

36. 燃油运输定额损耗计算和重量计算时,重量以(　　)为单位。

(A)吨　(B)公斤　(C)千克　(D)克

37. 燃油一律以(　　)计量发放。

(A)流量表　(B)量油尺　(C)玻璃量筒　(D)密度计

38. 计量部门(　　)负责组织对流量表进行一次检定。

(A)每月　(B)每季　(C)每年　(D)每两年

39. 燃油计量员应(　　)对发放燃油的密度进行一次测定。

(A)每日　(B)每月　(C)每季　(D)每年

40. 用实高测量法测量燃油的油面高度前,应检查量油尺的检定时间,不得超过(　　)的检定周期。

(A)三个月　(B)两个月　(C)一年　(D)半年

41. 速度式流量表是以测量液体石油在管道的(　　)作为测量依据。

(A)体积　(B)重量　(C)容积　(D)流速

42. 容积式流量表是以排出流体固定(　　)的数目作为计量的依据。

(A)面积　(B)重量　(C)体积　(D)容积

43. 容积式流量表多用在计量(　　)较大的油品。

(A)密度　(B)黏度　(C)体积　(D)容积

44. 测量油品温度时,当油样视温度与罐车油温相差(　　)时,要重新取样测量。

(A)±3℃ (B)±5℃ (C)±8℃ (D)±10℃

45. 椭圆齿轮流量表由两个相互啮合的(　　)齿轮及计量室衬套壁组成。

(A)圆柱形 (B)斜形 (C)椭圆形 (D)直角形

46. 燃油发放过程中流量表在启动和停止时,开关阀门应(　　)。

(A)时开时关 (B)一次到位 (C)迅速 (D)缓慢

47. 使用中如发现流量表玻璃内有水蒸气或有油溢出,说明(　　)。

(A)机件松动 (B)摩擦过大 (C)垫盖松动 (D)过滤网阻塞

48. 发放中以管道输送的油品,均采用(　　)计量的方式。

(A)动态 (B)静态 (C)密度 (D)体积

49. 发放中用运输容器输送的油品,均采用(　　)计量的方式。

(A)动态 (B)静态 (C)密度 (D)体积

50. 某一标准密度的油品在20℃时的体积称该油品的标准(　　)。

(A)密度 (B)体积 (C)容积 (D)重量

51. 用量油尺测量油面高度时,两次测量误差不超过(　　)。

(A)±0.5 mm (B)±1 mm (C)±1.5 mm (D)± 2mm

52. 流量表应(　　)检定一次,确保计量准确。

(A)每月 (B)每季 (C)每年 (D)每两年

53. 用于安全防护的工作计量器具必须执行(　　)。

(A)周期检定 (B)非强制检定 (C)整体检定 (D)临时检定

54. 仪表的准确度级别是根据仪表的(　　)来划分的。

(A)价格 (B)质量 (C)最大引用误差 (D)量程

55. 检定合格证是证明计量器具经检定符合检定规程要求的一种(　　)。

(A)标志 (B)证明 (C)证书 (D)标签

56. 测量结果与被测量(　　)之间的误差称为测量误差。

(A)实际值 (B)给出值 (C)真值 (D)测量值

57. 仪表引用误差等于仪表示值误差与仪表满量程之(　　)。

(A)和 (B)积 (C)差 (D)商

58. 根据误差的性质可分为系统误差、随机误差和(　　)。

(A)人为误差 (B)环境误差 (C)粗大误差 (D)仪器误差

59. 计量装置是为确定(　　)所必需的计量器具和辅助设备的总体。

(A)被测量值 (B)测量值 (C)不确定值 (D)未知值

60. 国家基准具有现代科学技术所能达到的最高准确度的计量器具,是统一全国计量单位量值的(　　)。

(A)根本依据 (B)一般依据 (C)特殊依据 (D)最高依据

61. 石油测深钢卷尺的检定期限为(　　)。

(A)一个月 (B)一季度 (C)半年 (D)一年

62. 量水尺放在平面上应构成90°角,倾斜误差不超过(　　)。

(A)0.5° (B)1° (C)1.5° (D)2°

63. 量水尺的检定期限为(　　)。

(A)一个月　(B)一季度　(C)半年　(D)一年

64. 温度计相邻两刻度的间距应不小于(　　)。

(A)0.2 mm　(B)0.3 mm　(C)0.5 mm　(D)0.6 mm

65. 温度计的检定期限为(　　)。

(A)一个月　(B)一季度　(C)半年　(D)一年

66. 棒式水银温度计每组(　　)。

(A)一支　(B)两支　(C)三支　(D)四支

67. 采样器的自身重量应为排出液体重量的(　　)。

(A)0.5～1倍　(B)1.5～2倍　(C)2.5～3倍　(D)3.5～4倍

68. 采样器的总容量应为(　　)。

(A)800 mL　(B)1 000 mL　(C)1 200 mL　(D)1 500 mL

69. 密度计自由浮起规定，量筒直径应大于密度计躯体部分(　　)，密度计浮起后距量筒底部25 mm。

(A)5 mm　(B)15 mm　(C)25 mm　(D)35 mm

70. 密度计自由浮起规定，量筒直径应大于密度计躯体部分25 mm，密度计浮起后距量筒底部(　　)。

(A)5 mm　(B)15 mm　(C)25 mm　(D)35mm

71. 为了保持密度计和温度计正常工作，我们要求使用量筒的规格为(　　)。

(A)800 mL　(B)1 000 mL　(C)1 200 mL　(D)1 500 mL

72. S_y—Ⅰ型石油密度计的分度值为(　　)。

(A)0.000 5 g/cm³　(B)0.001 g/cm³　(C)0.001 5 g/cm³　(D)0.002 g/cm³

73. S_y—Ⅱ型石油密度计的分度值为(　　)。

(A)0.000 5 g/cm³　(B)0.001 g/cm³　(C)0.001 5 g/cm³　(D)0.002 g/cm³

74. 石油密度计标尺主分度线的长度，不应短于干管周长的(　　)，其余分度线应不短于干管周长的1/4。

(A)1/5　(B)1/4　(C)1/3　(D)1/2

75. 油样瓶一般可使用容量为(　　)的广口塑料瓶。

(A)800 mL　(B)1 000 mL　(C)1 200 mL　(D)1 500 mL

76. 测量水面高度的量水尺全长为(　　)，允许误差为±0.3 mm。

(A)200 mm　(B)300 mm　(C)400 mm　(D)500 mm

77. 在量水前应对所用试水膏遇水变色或脱落时间做到心中有数，一般应停留(　　)。

(A)2～3 s　(B)3～5 s　(C)5～7 s　(D)9～10 s

78. 用空高测量方法测量油高时，两次测量误差不得超过(　　)。

(A)±1 mm　(B)±1.5 mm　(C)±2 mm　(D)±2.5 mm

79. 用实高测量方法测量油高时，两次测量误差不得超过(　　)。

(A)±1 mm　(B)±1.5 mm　(C)±2 mm　(D)±2.5 mm

80. 测量油温时，将装有石油温度计的保温盒直接放在所测油品部位中悬挂固定，至少停(　　)以上。

(A)2 min　(B)3 min　(C)5 min　(D)10 min

81. 测量油高后,应立即测量油温,中间间隔不应大于(　　)。

(A)2 min　(B)3 min　(C)5 min　(D)10 min

82. 取样器、油样瓶应用被取油品冲洗至少(　　)。

(A)一次　(B)两次　(C)三次　(D)四次

83. 试水膏,在水中颜色变化速度不应超过(　　)。

(A)2 s　(B)3 s　(C)5 s　(D)10 s

84. 计量前应保持油面平稳,铁路罐车稳油时间不得少于(　　)。

(A)20 min　(B)30 min　(C)1 h　(D)2 h

85. 机械制图中常用尺寸的单位是(　　),一般可以不标注。

(A)厘米　(B)英寸　(C)尺　(D)毫米

86. 零件表面的粗糙程度叫表面光洁度,分为(　　)个等级以符号"▽"表示。

(A)10　(B)12　(C)14　(D)16

87. 用手锤敲击凿子(也称扁铲)对金属进行加工叫做(　　)。

(A)铲削　(B)铲切　(C)削整　(D)整切

88. 普通碳素钢的含碳量不超过(　　)。

(A)0.25%　(B)0.4%　(C)0.5%　(D)0.6%

89. 使用手锯起锯时,应从工件的前边开始,锯条与工件的倾斜角度不宜过大,否则易使(　　)。

(A)锯条崩断　(B)崩掉锯齿

(C)锯齿磨耗加快　(D)锯条中间磨损加重

90. 各种管路松漏时,可用管钳配合(　　)进行紧固。

(A)螺钉旋具　(B)克丝钳　(C)扳手　(D)梅花扳手

91. 以下四种绝缘材料中,耐压绝缘强度(kV/mm)最大的是(　　)。

(A)电木　(B)橡胶皮　(C)聚酯薄膜　(D)电瓷

92. 绝缘材料在正常运用条件下允许的最高工作温度等级,称为耐热等级,下面四个等级中,(　　)最高。

(A)Y　(B)E　(C)F　(D)H

93. 温度升高时,金属的电阻率会(　　)。

(A)变小　(B)不变　(C)增大　(D)略增大

94. 温度升高时,半导体的电阻率会(　　)。

(A)减小　(B)迅速减小　(C)不变　(D)增大

95. 在银、铜、铝、钨金属导体中,电阻率最大的是(　　)。

(A)银　(B)铜　(C)铝　(D)钨

96. 每一块磁铁都有N极和S极,如果把一块条形磁铁分成四块,那么N极、S极各有(　　)个。

(A)2　(B)1　(C)4　(D)8

97. 电度表测量的是(　　)。

(A)电功率　(B)电流　(C)电压　(D)电功

98. 机械图中的(　　)表示尺寸线、尺寸界线、剖面线。

(A)粗实线　(B)虚线　(C)细实线　(D)点划线

99. 若10个2 Ω的电阻并联在一起，它们的等效电阻是(　)Ω。

(A)2　(B)1　(C)0.5　(D)0.2

100. 零件图中圆的直径通常用符号(　)表示。

(A)L　(B)R　(C)∠　(D)ϕ

101. 电度表也称为(　)。

(A)安培表　(B)瓦特表　(C)伏特表　(D)瓦时表

102. 万用表上的符号MΩ表示(　)。

(A)电阻　(B)欧姆　(C)千欧　(D)兆欧

103. 电表按作用原理分类有(　)。

(A)电磁式、电动式

(B)磁电式、电磁式、电动式

(C)感应式、磁电式、电磁式、电动式

(D)电桥式、感应式、磁电式、电磁式、电动式

104. 由两片金属导体中间隔着电介质组成的封闭物体叫(　)。

(A)电阻　(B)电容器　(C)二极管　(D)三极管

105. 万用表上符号μF是测量(　)的插口或开关位置。

(A)电压　(B)电流　(C)电阻　(D)电容器容量

106. 使用万用表时转换开关在电流挡位置上，绝不许可测量(　)。

(A)电流　(B)电阻　(C)电压　(D)电容器容量

107. 直流(　)工况是输入电能输出机械能。

(A)电动机　(B)发电机　(C)电机　(D)伺服电机

108. 三视图的投影规律是(　)。

(A)长相等、高相等、宽相等　(B)长对正、高对正、宽对正

(C)长对正、高平齐、宽相等　(D)长相等、高平齐、宽对正

109. 机械制图中，外螺纹的大径应画(　)。

(A)点划线　(B)粗实线　(C)细实线　(D)虚线

110. 一般常用材料外圆表面加工方法是(　)。

(A)粗车→精车→半精车　(B)半精车→粗车→精车

(C)粗车→半精车→精车　(D)精车→粗车→半精车

111. 规定预紧力的螺纹连接，常用控制扭矩法、控制扭角法和(　)来保证准确的预紧力。

(A)控制工件变形法　(B)控制螺栓伸出法

(C)控制螺栓变形法　(D)控制螺母变形法

112. 用(　)使预紧力达到给定值的方法是控制扭矩法。

(A)套筒扳手　(B)测力扳手　(C)通用扳手　(D)专业扳手

113. (　)分双头螺栓装配和螺母螺钉装配。

(A)机械装配　(B)部件装配　(C)总装配　(D)螺纹装配

114. 螺纹装配包括(　)装配。

(A)普通装配　　(B)特殊装配
(C)双头装配　　(D)双头螺栓和螺母螺钉

115. 物体在一定电位下，容纳(　　)的能力称为该物体的电容。
(A)电子　　(B)电量　　(C)电荷　　(D)质子

116. 对蓄电池进行容量检测可采用的放电方式有(　　)。
(A)2 小时率　　(B)4 小时率　　(C)5 小时率　　(D)8 小时率

117. 浮充状态下单体蓄电池的浮充电压应不低于(　　)。
(A)2.25 V　　(B)2.18 V　　(C)2.23 V　　(D)1.80 V

118. 蓄电池的开路电压是指(　　)。
(A)浮充状态下的正负极端电压　　(B)均充状态下的正负极端电压
(C)电池在开路状态下的端电压　　(D)在放电终止状态下的端电压

119. 两组 48VGFM-500Ah 电池在一起均充补充电时，充电电流限流在 0.15C10 是指充电电流控制在(　　)。
(A)≤80 A　　(B)≤100 A　　(C)≤120 A　　(D)≤150 A

120. 如果蓄电池使用不当可能会造成电池壳体膨胀，造成此现象的一般原因有(　　)。
(A)过充电　　(B)排气阀正常　　(C)环境温度过低　　(D)冷失控

121. 蓄电池在(　　)条件下需要均充补充电。
(A)安装开通时　　(B)浮充状态单体电压低于 2.18 V
(C)蓄电池给设备放电后　　(D)每隔一段时间就可以

122. 蓄电池环境温度过高应(　　)处理。
(A)相应调低充电电压，避免造成电池热失控
(B)不用处理
(C)温度升高会减少蓄电池寿命
(D)影响不大

123. 下列(　　)措施可较大发挥电池容量。
(A)过充电　　(B)增大放电电流　　(C)过放电　　(D)减小放电电流

124. 当蓄电池的放电率(　　)10 小时放电率时，电池容量较小。
(A)低于　　(B)高于　　(C)等于　　(D)高于或等于

125. 环境温度下降时，蓄电池的内阻(　　)。
(A)增大　　(B)降低　　(C)不变　　(D)增大或不变

126. 关于电池的正确叙述(　　)。
(A)电池放电过程具有恒定电压和电流
(B)电池的类型虽较多，但单体电池的额定电压是一样的
(C)电池是一种电能和化学能相互转化的装置
(D)电池不用具备可再充电功能

127. 一个单体铅酸蓄电池的额定电压为(　　)。
(A)2 V　　(B)12 V　　(C)2.23 V　　(D)1.8 V

128. 以下关于同一规格铅酸蓄电池连接使用正确的叙述为(　　)。
(A)电池串联使用，电压等于分电压之和，容量等于分容量之和

(B)电池串联使用,电压等于分电压之和,容量不变

(C)电池并联使用,电流不变,容量等于分容量之和

(D)电池并联使用,电压不变,容量不变

129. 蓄电池放电容量与放电电流、环境温度(视作蓄电池温度)的关系(　　)。

(A)放电电流越小放电容量越大,温度越低放电容量越小

(B)放电电流越小放电容量越大,温度越低放电容量越大

(C)放电电流越小放电容量越小,温度越低放电容量越小

(D)放电电流越小放电容量越小,温度越低放电容量越大

130. 蓄电池应避免在高温下使用是因为(　　)。

(A)高温使用时,蓄电池无法进行氧气复合反应

(B)电池壳在高温时容易变形

(C)高温使用可能造成电解液沸腾溢出电池壳

(D)高温时,浮充电流增加,加快了板栅腐蚀速度和气体的生成逸出,导致电池寿命缩短

131. 过放电(Over discharge)指的是(　　)。

(A)过大电流放电的放电方式

(B)超过蓄电池规定的放电终止保护电压后的继续放电

(C)过充电的相反过程

(D)蓄电池达到完全充电状态之后继续进行的充电

132. 1 000 Ah的蓄电池,10小时率电流放电时,电流是(　　)。

(A)300 A　　(B)250 A　　(C)100 A　　(D)50 A

133. 电池放电终了电压一般不应低于(　　)。

(A)1.7 V　　(B)1.8 V　　(C)1.9 V　　(D)1.65 V

134. 通信用蓄电池组平时应处于(　　)状态。

(A)浮充　　(B)均充　　(C)停用状态　　(D)放电状态

135. 充电过程中应保持电解液温度不超过(　　)℃,当电液温度达到这个温度时,应采用降温措施。

(A)30　　(B)40　　(C)50　　(D)25

136. 密封电池的室内温度均应保持在(　　)℃,电池应避免受阳光直射。

(A)25　　(B)0～25　　(C)5～35　　(D)5～40

137. 蓄电池反极可能发生在(　　)蓄电池上。

(A)单个蓄电池过放电时的

(B)单个蓄电池过充电时的

(C)多个蓄电池串联过放电时的落后

(D)多个蓄电池串联过充电时的落后

138. 当电池浮充电压偏低或电池放电后需要再充电或电池组容量不足时,需要对电池组进行(　　)。

(A)限流限压充电　　(B)恒压限流充电

(C)均衡充电　　(D)浮充

139. 列车施行常用制动时,单阀缓解机车制动时,每次制动减压量不得超过(　　)。

(A)20 kPa (B)30 kPa (C)40 kPa (D)50 kPa

140. 如车辆制动缸活塞行程变长,则制动力会( )。

(A)变小 (B)变大 (C)不变 (D)不确定

141. 下列哪项不属于车体( )。

(A)司机室 (B)机器间 (C)转向架 (D)底架

142. 下列因素中,( )愈大,油压减振器的流动阻力反而愈小。

(A)活塞的速度 (B)节流孔的孔径

(C)油液的黏度 (D)活塞的速度和节流孔的孔径

143. 在长大下坡道,连续实施空气制动时,轮箍发热,容易发生( )。

(A)轮箍崩裂 (B)轮箍弛缓 (C)蛇形运动 (D)车轴断裂

144. SS_4 改电力机车制动通风系统的冷却风从( )吸入。

(A)车底大气 (B)侧墙百叶窗

(C)车顶百叶窗 (D)侧墙和车顶百叶窗

145. 在转向架和车体底架之间装设有摩擦减振器,其作用是衰减车体的( )。

(A)蛇形运动 (B)纵向运动 (C)摇摆运动 (D)垂向振动

146. SS_4 改电力机车用( )对压缩空气进行干燥处理。

(A)空气干燥器 (B)油水分离器 (C)变色硅胶 (D)油气分离器

147. JZ—7 型空气制动机分配阀的常用限压阀,在常用制动时直接限定( )压力不超过 350 kPa(制动管定压 500 kPa)。

(A)制动缸 (B)作用风缸 (C)降压风缸 (D)紧急风缸

148. ( )就是对机车出发前进行的检查、保养、维修及供应油、水、砂等项工作的总称。使其达到《铁路技术管理规程》规定的技术状态。

(A)整备作业 (B)机车检查 (C)机车辅修 (D)交班作业

149. JZ—7 空气制动机自阀调整阀在充气状态时,总风缸的压力空气经供气阀口向( )充气。

(A)作用风缸 (B)列车管 (C)均衡风缸 (D)过充管

150. 列车制动后单独缓解机车时,单独缓解管直接把( )内的压力空气经单缓柱塞阀排向大气。

(A)作用风缸 (B)制动缸 (C)工作风缸 (D)均衡风缸

151. JZ—7 型空气制动机自阀手柄在紧急制动位时,均衡风缸在压力空气将减压( )。

(A)240～260 kPa (B)170 kPa (C)50 kPa (D)600 kPa

152. JZ—7 型空气制动机自阀手柄在紧急制动位时,单机列车管的压力空气排零时间在( )以内。

(A)1 s (B)3 s (C)5 s (D)10 s

153. 列车施行常用制动时,追加减压量一般不应超过( )。

(A)一次 (B)两次 (C)三次 (D)四次

154. 进行制动机简略试验时,列车制动主管达到规定压力后,自阀施行最大的有效减压并保压( ),检查列车管贯通状态及漏泄量。

(A)1 min　　(B)1.5 min　　(C)2 min　　(D)3 min

155. 在需进行持续一定时间的保压试验时，应在列车制动机按全部试验方法试验后，自阀减压(　　)并保压 3 min 列车不得发生自然缓解。

(A)80 kPa　　(B)10 kPa　　(C)120 kPa　　(D)140 kPa

156. 进行制机简略试验时，列车制动主管达到规定压力后，自阀施行最大的有效减压并按规定时间保压，检查列车管贯通状态及漏泄量不得超过(　　)。

(A)10 kPa/min　　(B)15 kPa/min　　(C)20 kPa/min　　(D)30 kPa/min

157. 二轴转向架固定轴距较小，(　　)通过能力比三轴转向架要好。

(A)曲线　　(B)上坡　　(C)下坡　　(D)隧道

158. 高速电力机车弹簧悬挂普通采用(　　)悬挂。

(A)一系　　(B)两系　　(C)板弹簧　　(D)圆弹簧

159. 抱轴式悬挂一般适用于速度不超过(　　)的客、货两用机车。

(A)90 km/h　　(B)100 km/h　　(C)120 km/h　　(D)150 km/h

160. 机车转向架的弹簧悬挂装置中，(　　)是位于转向架与轴箱之间，其主要作用是缓和来自线路的冲击，能使机车在运用速度范围内平稳运行。

(A)旁承　　(B)一系悬挂装置　　(C)二系悬挂装置　　(D)油压减振器

161. 机车转向架的弹簧悬挂装置中，(　　)是指转向架与车体之间的弹簧装置，它的作用是进一步衰减走行部传往机车上部的高频振动。

(A)旁承　　(B)一系悬挂装置　　(C)二系悬挂装置　　(D)油压减振器

162. 转向架(　　)的作用是承受机车上部结构的垂直载荷；保证车体在转向架上的稳定性；衰减转向架的摇头振动；减少机车通过曲线的构架力。

(A)牵引杆　　(B)一系悬挂装置　　(C)二系悬挂装置　　(D)旁承

163. (　　)制动是以压缩空气为动力，通过空气制动机将闸瓦压紧车轮踏面上摩擦而形成制动力。

(A)盘形　　(B)闸瓦　　(C)电阻　　(D)液力

164. (　　)制动是以空气压缩为动力，通过空气制动机将闸瓦压紧装在车轴上的制动盘产生摩擦而形成制动力。

(A)盘形　　(B)闸瓦　　(C)电阻　　(D)液力

165. 当自阀手柄置于紧急制动位时，列车管的压力空气首先通过(　　)迅速向大气排风，从而达到紧急制动的目的。

(A)自动调整阀　　(B)分配阀紧急部

(C)自阀放风阀　　(D)分配阀紧急部与放风阀同时动作

166. JZ—7 型空气制动机分配阀的(　　)，当列车管减压量大或降压至零时，能使降压风缸空气压力保持在 280～340 kPa 之间。

(A)充气阀　　(B)一次缓解逆流止回阀

(C)转换盖板　　(D)保持阀

167. 常用限压阀限压状态自动转换为正常状态是通过紧急限压阀的(　　)进行的。

(A)缓解　　(B)限压　　(C)制动　　(D)其他

168. 机车给油时，油枪给油方式有点式、弧形、线式等，(　　)适用于直径较小的穿销及摩擦接触面较小的部位。

(A)点式 (B)弧形 (C)线式 (D)反射

169. 输送黏度大的油品时多采用(　　)。

(A)齿轮泵 (B)离心泵 (C)高压泵 (D)真空泵

170. 柴油机喷油泵的(　　)是指喷射后终了针阀落座后，针阀又第二次开启喷射。

(A)漏油 (B)隔次喷射 (C)二次喷射 (D)连续喷射

171. 内燃机按(　　)分类，可分为往复活塞式内燃机、旋转活塞式内燃机或轮式内燃机等。

(A)基本工作原理 (B)所用燃料

(C)工作循环冲程数 (D)旋转活塞式

172. 柴油机的主要运动件是(　　)。

(A)气缸 (B)喷油器 (C)曲轴 (D)中冷器

173. (　　)是内燃机中热能转变为机械能的主要机构。

(A)曲轴连杆机构 (B)配合机构 (C)机体组件 (D)供给系统

174. DF_4 型内燃机车和 SS_3 型电力机车，全车共有(　　)个砂箱。

(A)2 (B)4 (C)8 (D)12

175. 电力机车和液力传动内燃机车的传动装置都采用(　　)。

(A)气缸油 (B)空气压缩机油 (C)柴油机油 (D)齿轮油

176. 作用在制动缸活塞上的压缩空气推动活塞，由活塞杆传出的力称为(　　)。

(A)闸瓦压力 (B)制动力 (C)制动原力 (D)动力

177. 造成滑行的原因之一是闸瓦压力过高，使制动力大于(　　)。

(A)摩擦力 (B)粘着牵引力

(C)轮轨间的粘着力 (D)动力

178. 如车辆制动缸活塞行程变长，则制动力会(　　)。

(A)变小 (B)变大 (C)不变 (D)不确定

179. 货物列车在长编组情况下适宜于(　　)制动机。

(A)阶段缓解 (B)一次缓解 (C)一次制动 (D)二次制动

180. 具有二、三压力混合机构阀自动制动机，将转换塞门置于“客车位”可实现(　　)作用。

(A)一次缓解 (B)阶段缓解 (C)阶段制动 (D)一次制动

181. 制动管经排气口向大气排气时，制动管中的压力降将沿着列车长度(　　)逐次传播，就是空气波。

(A)由后向前 (B)由中间到两端 (C)由前向后 (D)由两端到中间

182. (　　)是发展国民经济和铁路牵引动力所需的重要能源。

(A)柴油 (B)机油 (C)燃料 (D)煤

183. (　　)负责燃料的验收、管理和安全工作。

(A)铁总 (B)采购部门 (C)车务部门 (D)机务部门

184. 到段验收后的燃料需要从机务段调整调拨时，必须经路局(　　)批准，并办理调拨手续。

(A)机务处　　(B)工务处　　(C)财务处　　(D)劳资处

185. 加强燃料调度,及时调整余缺,确保燃料供应是(　　)的职责。

(A)铁路总公司　　(B)铁路局　　(C)机务段　　(D)车间

186. (　　)是燃油管理的基层单位。

(A)集团公司　　(B)机务部门　　(C)采购部门　　(D)班组

187. (　　)是根据铁路燃油动态总账汇总编制旬、月收入、支出、库存数量上报的统计报表。

(A)燃油清查对照表　　(B)内燃机车燃油请领单

(C)铁路燃油动态月报表　　(D)用油单

188. (　　)必须符合国家规格标准,按期送检定部门进行检定。

(A)燃油储存罐　　(B)燃油发放柱　　(C)燃油储存库　　(D)燃油计量器具

189. 机务段应(　　)填写"铁路燃油动态月报表"(铁油5),于次月5日前报铁路局

(A)每日　　(B)每旬　　(C)每月　　(D)每季

190. 凡到达的燃油罐车,应首先检查(　　)是否完好,燃油的货运单、化验单是否齐备。

(A)铅封　　(B)罐车盖　　(C)走行部　　(D)制动装置

191. 遇有大风、雨、雪天气时,(　　)。

(A)进行油罐车卸油作业时,应注意安全　　(B)应停止油罐车卸油作业

(C)严禁对燃油进行化验　　(D)严禁给机车上油

192. 非动转罐存油(　　)化验一次,以掌握燃油质量的变化。

(A)每日　　(B)每旬　　(C)每月　　(D)每季

193. 储油罐要经过法定的计量部门检定,编制储油罐容积表,报(　　)备案。

(A)铁总　　(B)路局　　(C)安全科　　(D)技术科

194. 储油罐容积按照国家规定每(　　)检定一次,未经检定的应补检。

(A)1年　　(B)2年　　(C)3年　　(D)4年

195. 为保证燃油质量,各机务部门应设(　　)以上的储油罐。

(A)1个　　(B)2个　　(C)3个　　(D)4个

196. 固定储油罐不得超过(　　)清洗一次,并进行技术鉴定。

(A)1年　　(B)2年　　(C)3年　　(D)4年

197. 油库内的浮油池为专用设施,应经常处于(　　)状态。

(A)使用　　(B)禁用　　(C)恒温　　(D)恒压

198. 燃油注入机车前必须经过(　　)。

(A)加热　　(B)过滤　　(C)加压　　(D)冷却

199. 燃油季度清查盈亏数量不超过当季总发出量的(　　)时,由段收账或列销,报上级主管部门备案。

(A)1‰　　(B)2‰　　(C)3‰　　(D)4‰

200. 运用机车加油一律凭(　　)领取。

(A)司机手账　　(B)司机手戳　　(C)司机报单　　(D)调度命令

201. 机车用油超定额领油时,需经(　　)批准。

(A)车间主任　　(B)班组长　　(C)燃油计量员　　(D)定额员

202. 使用铁路罐车在运输石油产品过程中所发生的运输损耗百分率,不分运输里程,统一按(　　)计算。

(A)0.10%　(B)0.11%　(C)0.12%　(D)0.13%

203. 向储油罐输油时,应有严格的监卸制度,防止储油罐(　　)。

(A)溢油　(B)爆炸　(C)发生火灾　(D)空油

204. 从柴油机初次运转试验开始应使用(　　)和添加剂配置的冷却液。

(A)等离子水　(B)去离子水　(C)双氧水　(D)纯净水

205. 更换新配方冷却液应通过柴油机台架试验或实车运行试验,试验时间不少于(　　)中修期。

(A)1个　(B)2个　(C)3个　(D)4个

206. 对新投入运用的机车第一次加冷却液时,宜进行(　　)处理,使药剂在金属表面形成保护膜。

(A)预膜　(B)涂膜　(C)加热　(D)冷却

207. 加有预膜液的机车投入运行(　　)后,可改用正常浓度。

(A)4天　(B)5天　(C)6天　(D)7天

208. 冷却液的阻垢性能技术指标应(　　)。

(A)≤90%　(B)≥90%　(C)≤80%　(D)≥80%

209. 新配制冷却液质量指标,按用量定期在机车的(　　)取样检验。

(A)中冷器排污口　(B)增压器检查孔　(C)上水口　(D)出水口

210. 运用中机车冷却液质量按(　　)每次取样检验。

(A)走行公里　(B)修程　(C)温度　(D)压力

211. 冷却液的一般技术指标是质量保证项目,为型式检验,检验周期为(　　)。

(A)1年　(B)2年　(C)3年　(D)4年

212. 冷却液的防腐蚀性能指标的测定方法为(　　)。

(A)目测法　(B)钙离子增溶法　(C)玻璃器皿法　(D)传热面沉积法

213. 轻柴油按凝点分为(　　)牌号。

(A)4个　(B)5个　(C)6个　(D)7个

214. (　　)轻柴油,适用于有预热设备的柴油机。

(A)5号　(B)10号　(C)0号　(D)-10号

215. (　　)轻柴油,适用于最低气温在5℃以上的地区使用。

(A)0号　(B)-10号　(C)-20号　(D)-35号

216. (　　)轻柴油,适用于最低气温在29℃以上的地区使用。

(A)0号　(B)-10号　(C)-20号　(D)-35号

217. 0号轻柴油的色度技术指标应不大于(　　)。

(A)2.5号　(B)3.0号　(C)3.5号　(D)4.0号

218. 内燃和电力机车牵引电机抱轴瓦油在40℃时的运动黏度为(　　)。

(A)52～60 mm^2/s　(B)55～60 mm^2/s　(C)45～52 mm^2/s　(D)40～52 mm^2/s

219. 内燃机车液力传动油在100℃时的运动黏度应不小于(　　)。

(A)4 mm^2/s　(B)5 mm^2/s　(C)6 mm^2/s　(D)7 mm^2/s

220. 为了保证内燃机车新型调速器油的抗乳化性能,(　　)抽检一次。

(A)一季度　(B)一年　(C)二年　(D)一月

221. 内、电机车牵引齿轮用牌号为 TG—1 的润滑脂的水分应不大于(　　)。

(A)0.25%　(B)0.05%　(C)0.2%　(D)0.1%

222. 对同批同品种燃油的铁路罐车最少取样数量的规定是:一次发运到达罐车(　　),取全部。

(A)1~3 辆　(B)1~4 辆　(C)1~2 辆　(D)2~5 辆

223. 油罐车取样处所在人孔盖铰链(　　)。

(A)侧面　(B)对面　(C)上面　(D)下面

224. 立式罐或卧式罐容积大于 60 m^3 及油深超过(　　)时,在油品体积的 1/6、1/2、5/6 处各采一份试样。

(A)2.5 m　(B)3 m　(C)1.5 m　(D)2 m

225. 燃油储存保管时,在(　　)以下为宜。

(A)30℃　(B)20℃　(C)45℃　(D)35℃

226. 滚筒式烤砂箱按滚筒(　　)分为 580 和 800 两种。

(A)容积　(B)直径　(C)形状　(D)大小

227. (　　)负责燃料到达后的验收、管理发放和安全工作。

(A)运用车间　(B)检修车间　(C)后勤车间　(D)整备车间

228. 石油产品对人体产生毒害主要表现在(　　)上。

(A)本身具有毒性　(B)牌号不同　(C)蒸发气体　(D)含有剧毒物质

229. 机车用的干砂,其水量按重量计不大于(　　)。

(A)1.5%　(B)1%　(C)0.5%　(D)0.3%

230. 机车用的干砂,其尘土含量应不超过(　　)。

(A)10%　(B)20%　(C)30%　(D)40%

231. 机车用齿轮油应具有良好的氧化安定性和(　　)。

(A)防火性　(B)防锈性　(C)防风性　(D)防漏性

232. 综合发放柱是指在一个发放柱内分别装有燃油、(　　)和机油发放装置。

(A)轴油　(B)冷却水　(C)齿轮油　(D)变压器油

233. 使用发放柱上油时,当机车燃油箱注满后,按控制板上的(　　)按钮,关泵停止供油。

(A)白色　(B)黄色　(C)绿色　(D)红色

234. 以(　　)盘点测出的油品密度和下月大气平均温度作为油品温度,换算出单位体积重量作为下月油品发放密度。

(A)日　(B)旬　(C)月　(D)季

235. 一罐 0.6 m^3 的干砂,送入砂塔需(　　)。

(A)1~2 min　(B)2~3 min　(C)3~4 min　(D)3~ 5 min

236. 当离心泵因泵体、吸入管内引油不满造成泵不出油时,处理方法为(　　)。

(A)停泵、灌满油后再开泵　(B)适当上紧填料法兰

(C)打开排气阀,排除气体　(D)检查叶轮是否磨损,电机转速是否降低

237. 当离心泵因达不到应有压力造成泵不出油时,处理方法为(　　)。
(A)停泵、灌满油后再开泵　　(B)开启进口阀和闷头阀
(C)打开排气阀,排除气体　　(D)检查叶轮是否磨损,电机转速是否降低
238. 当离心泵因填料盒不严密,漏入空气造成泵不出油时,处理方法为(　　)。
(A)停泵、灌满油后再开泵　　(B)适当上紧填料法兰
(C)检查叶轮是否磨损,电机转速是否降低　　(D)开启进口阀和闷头阀
239. 当离心泵因空气进入管内形成气阻造成泵不出油时,处理方法为(　　)。
(A)检查叶轮是否磨损,电机转速是否降低　　(B)适当上紧填料法兰
(C)打开排气阀,排除气体　　(D)开启进口阀和闷头阀
240. 当离心泵因进口阀或储油罐闷头阀未开造成泵不出油时,处理方法为(　　)。
(A)开启进口阀和闷头阀　　(B)停泵、灌满油后再开泵
(C)打开排气阀,排除气体　　(D)检查叶轮是否磨损,电机转速是否降低
241. 当离心泵因过滤网堵塞造成出油量减少时,处理方法为(　　)。
(A)清除堵塞物　　(B)清扫或更换叶轮
(C)开启进口阀　　(D)关小出口阀加以调节或排气
242. 当离心泵因液面逐渐降低或空气进入造成出油量减少时,处理方法为(　　)。
(A)清除堵塞物　　(B)清扫或更换叶轮
(C)开启进口阀　　(D)关小出口阀加以调节或排气
243. 当离心泵因叶轮堵塞或磨损造成出油量减少时,处理方法为(　　)。
(A)清除堵塞物　　(B)清扫或更换叶轮
(C)开启进油口　　(D)关小出口阀加以调节排气
244. 储油罐罐体倾斜最大限度应不超过(　　)。
(A)5 cm　　(B)8 cm　　(C)10 cm　　(D)12 cm
245. 储油罐的机械透气阀每月至少检查(　　),冬季每周1次。
(A)1次　　(B)2次　　(C)3次　　(D)4次
246. 储油罐的液压安全阀在每年的(　　)须放出油品,清扫内部阀壳并更新油品。
(A)春末　　(B)夏末　　(C)秋末　　(D)冬末
247. 储油罐的人孔及光孔的检查周期每月不少于(　　)。
(A)1次　　(B)2次　　(C)3次　　(D)4次
248. 储油罐量油口盖与座间密封胶垫应每(　　)更换1次,检查周期每月不少于一次
(A)1年　　(B)2年　　(C)3年　　(D)4年
249. (　　)是燃料每月18点上报"铁路燃油动态总账"收入项目列账的主要依据。
(A)铁路石油(燃油)运输超耗(溢余)通知书
(B)燃油罐车到达验收记录簿
(C)铁路(燃油)计量复测记录
(D)铁路燃油动态总账
250. 储油罐排水装置应及时清除阀体油垢及脏物,(　　)应排水一次。
(A)每班　　(B)每日　　(C)每周　　(D)每月
251. 非动转罐燃油在长期储存中每超过(　　)不使用的应取样化验,检定燃油质量

变化。

(A)1 个月 (B)2 个月 (C)3 个月 (D)6 个月

252. 燃油蒸发后不仅造成数量上的减少，还使(　　)降低。

(A)质量 (B)密度 (C)闪点 (D)凝点

253. 因吸入管或填料筒漏气，造成齿轮泵工作时泵油量小的处理方法为(　　)。

(A)调整 (B)检修 (C)关紧 (D)提议加温

254. 因回流阀未关严，造成齿轮泵工作时泵油量小的处理方法为(　　)。

(A)调整 (B)检修 (C)关紧 (D)提议加温

255. 因间隙较大，造成齿轮泵工作时泵油量小的处理方法为(　　)。

(A)调整 (B)检修 (C)关紧 (D)提议加温

256. 因天气寒冷，油温过低，造成齿轮泵工作时泵油量小的处理方法为(　　)。

(A)调整 (B)检修 (C)关紧 (D)提议加温

257. 内燃机车冷却水制备时总硬度应不大于(　　)。

(A)0.02 mg/L (B)0.03 mg/L (C)0.05 mg/L (D)0.06 mg/L

258. 内燃机车冷却水制备时氯离子应不大于(　　)。

(A)3 mg/L (B)5 mg/L (C)8 mg/L (D)10 mg/L

259. 内燃机车冷却水制备时悬浮物应不大于(　　)。

(A)1 mg/L (B)2 mg/L (C)3 mg/L (D)4 mg/L

260. 内燃机车冷却水制备时 pH 值应为(　　)。

(A)6.0～7.0 (B)6.2～7.0 (C)6.5～7.0 (D)6.8～7.0

261. 引起燃油理化性质变化的直接原因是(　　)。

(A)混油 (B)混入杂质和水分 (C)氧化 (D)蒸发

262. 引起燃油出现黑色沉淀的直接原因是(　　)。

(A)混油 (B)混入杂质和水分 (C)氧化 (D)蒸发

263. 进入储油罐内作业时，应戴(　　)，罐外应有专人看护。

(A)工作帽 (B)手套 (C)防护眼镜 (D)防毒面具

264. 经批准进入油库的机动车必须配有(　　)。

(A)灭火器 (B)防火罩 (C)苫布 (D)捆绑绳

265. 0 号轻柴油的运动黏度(20℃)为(　　)。

(A)3.0～8.0 mm^2/s (B)2.5～8.0 mm^2/s

(C)1.8～7.0 mm^2/s (D)2.0～7.0 mm^2/s

266. －20 号轻柴油的运动黏度(20℃)为(　　)。

(A)3.0～8.0 mm^2/s (B)2.5～8.0 mm^2/s

(C)1.8～7.0 mm^2/s (D)2.0～7.0 mm^2/s

267. －50 号轻柴油的运动黏度(20℃)为(　　)。

(A)3.0～8.0 mm^2/s (B)2.5～8.0 mm^2/s

(C)1.8～7.0 mm^2/s (D)2.0～7.0 mm^2/s

268. 10 号轻柴油的冷滤点不高于(　　)。

(A)12℃ (B)8℃ (C)－5℃ (D)－29℃

269. －10号轻柴油的冷滤点不高于(　　)。

(A)12℃　(B)8℃　(C)－5℃　(D)－29℃

270. －35号轻柴油的冷滤点不高于(　　)。

(A)12℃　(B)8℃　(C)－5℃　(D)－29℃

271. 5号轻柴油的冷滤点不高于(　　)。

(A)12℃　(B)8℃　(C)－5℃　(D)－29℃

272. 造成往复泵不吸油的原因为(　　)。

(A)填料筒漏气　(B)过滤器堵塞　(C)叶轮损坏　(D)轴承发热

273. 造成往复泵燃油输出减少或停止的原因为(　　)。

(A)吸油管堵塞　(B)过滤器堵塞　(C)填料筒漏气　(D)旁通阀未关

274. 对新投入运用的机车第一次加冷却液进行预膜处理时,预膜液浓度为正常使用浓度的(　　)。

(A)0.5倍　(B)1倍　(C)1.5倍　(D)2倍

275. 机车制动缸润滑脂的滴点应不低于(　　)。

(A)100℃　(B)120℃　(C)150℃　(D)180℃

276. 储油罐和以罐代库的固定罐清洗损耗,按(　　)《铁路机车燃料管理办法》规定执行。

(A)国务院　(B)铁路总公司　(C)集团公司　(D)整备车间

277. 清洗储油罐所需的照明装置应为低压(36 V)(　　)灯具。

(A)防爆　(B)防潮　(C)防尘　(D)防污

278. 罐车到达后,值班员和燃油计量员应按(　　)规定与车站办理交接手续。

(A)《铁路技术管理规程》　(B)《铁路机车燃料管理办法》

(C)《铁路货物运输规程》　(D)《铁路机车运用管理规程》

279. 白色固体,吸水性强,有强烈的腐蚀性沉淀剂的软水药品是(　　)。

(A)磷酸三钠　(B)碳酸钠　(C)氢氧化钠　(D)烤胶

280. 白色粉状固体沉淀剂的软水药品是(　　)。

(A)磷酸三钠　(B)碳酸钠　(C)氢氧化钠　(D)烤胶

281. 白色晶体固体沉淀剂的软水药品是(　　)。

(A)磷酸三钠　(B)碳酸钠　(C)氢氧化钠　(D)烤胶

282. 能够消除水中的钙镁硬度的软水药品是(　　)。

(A)磷酸三钠　(B)碳酸钠　(C)氢氧化钠　(D)烤胶

283. 能够破坏金属和水垢之间的静电吸引的软水药品是(　　)。

(A)磷酸三钠　(B)碳酸钠　(C)氢氧化钠　(D)烤胶

284. 能够消除水中钙硬度的软水药品是(　　)。

(A)磷酸三钠　(B)碳酸钠　(C)氢氧化钠　(D)烤胶

285. 在机车上或靠近机车工作时,须处于(　　)的地点。

(A)无危险　(B)安全牢固　(C)可以变动位置　(D)可靠

286. 煮洗配件用的火碱锅、池,其高度应高于地面(　　)以上。

(A)1.2 m　(B)0.7 m　(C)1 m　(D)0.5 m

287.（　　）=年度万吨公里用油指标×年度总重吨公里。

(A)运用用油　(B)非运用用油　(C)最低库存储备量　(D)全年用油量

288. Sy—Ⅰ型石油密度计标尺的总长度(不包括延展分度)不应小于(　　)。

(A)75 mm　(B)100 mm　(C)120 mm　(D)150 mm

289. Sy—Ⅱ型石油密度计标尺的总长度(不包括延展分度)不应少于(　　)。

(A)75 mm　(B)100 mm　(C)120 mm　(D)150 mm

290. 石油密度计的检定期限为(　　)。

(A)一个月　(B)一季度　(C)半年　(D)一年

291. 燃油计量时铁路罐车要停放在(　　)上。

(A)道岔　(B)直线平道　(C)曲线　(D)直线坡道

292. 测量铁路罐车和汽车罐车油温时,应在油高中部测(　　)。

(A)一点　(B)两点　(C)三点　(D)四点

293. 铁路罐车测量油温一般从提起到读数这段时间不超过(　　)。

(A)2 s　(B)3 s　(C)5 s　(D)10 s

294. 测量油温时,测温点距罐壁至少(　　),以免受外部冷热影响。

(A)200 mm　(B)300 mm　(C)400 mm　(D)500 mm

295. 油样视温度与被测油罐内油温相差超过(　　)时,应重新取样测量视密度和视温度。

(A)±2℃　(B)±3℃　(C)±5℃　(D)±10℃

296. 试水膏在15～20℃的水中停10 s与停20 s的示值变化不应超过(　　)。

(A)±0.3 mm　(B)±0.5 mm　(C)±1.0 mm　(D)±1.5 mm

297. 储油罐收发或输转作业后,稳油时间不得少于(　　)。

(A)20 min　(B)30 min　(C)1 h　(D)2 h

298.（　　）负责控制各储油罐最大容量和安全高度,指定到段燃油卸入罐号和准许卸入量(辆数)。

(A)燃油计量员　(B)燃料值班员　(C)化验员　(D)卸油工作人员

299.（　　）负责提供验收、库存、罐底水位及盘点、清查各项准确数据资料。

(A)燃油计量员　(B)燃料值班员　(C)化验员　(D)卸油工作人员

300.（　　）负责提供燃油发放密度的调整依据。

(A)燃油计量员　(B)燃料值班员　(C)化验员　(D)卸油工作人员

301. 铁路罐车、汽车罐车的运输损耗为发运量的(　　)。

(A)0.10%　(B)0.12%　(C)0.15%　(D)0.18%

302. 同批燃油,其中有单车超耗(　　)以上,整批不超过规定范围,应按单车单独计算,其余的按批计算。

(A)150 kg　(B)200 kg　(C)400 kg　(D)500 kg

303. 当燃油罐车到达,经过计量和化验,卸入储油罐后,由(　　)比较"发货通知单"填写"燃油罐车到达验收记录簿"。

(A)燃油计量员　(B)燃料值班员　(C)化验员　(D)卸油工作人员

304. 计量(　　)以上储油罐区燃油时,要注意静压力修正值的计算。

(A)500 m^3 (B)800 m^3 (C)1 000 m^3 (D)1 500 m^3

305. 立式储油罐出油口下方距罐底 300 mm 以下者,(　　)作清洗损耗量。

(A)10% (B)20% (C)30% (D)40%

306. 立式储油罐出油口下方距罐底大于 300 mm 以上者,(　　)作清洗损耗量。

(A)10% (B)20% (C)30% (D)40%

307. 燃油在油罐贮存期间所产生的损耗是(　　)。

(A)蒸发损耗 (B)输转损耗 (C)泵装损耗 (D)泵卸损耗

308. 以泵或靠自然压力直接将燃油输入机车油箱时所产生的损耗是(　　)。

(A)蒸发损耗 (B)输转损耗 (C)系装损耗 (D)泵卸损耗

309. 以泵或自然压力接卸燃油过程所产生的损耗是(　　)。

(A)蒸发损耗 (B)输转损耗 (C)泵装损耗 (D)泵卸损耗

310. 储油罐安全容量是根据储油罐(　　)确定的。

(A)安全长度 (B)安全高度 (C)安全宽度 (D)安全面积

311. 储油罐液压安全阀的检查周期为(　　)一次。

(A)每月 (B)每季度 (C)每半年 (D)每年

312. 储油罐消防泡沫室(或泡沫产生器)的检查周期为(　　)一次。

(A)每月 (B)每季度 (C)每半年 (D)每年

313. 储油罐量油口检查周期,(　　)不少于一次。

(A)每月 (B)每季度 (C)每半年 (D)每年

314. 储油罐罐体倾斜应不超过(　　)(最大限度不超过 5 cm)。

(A)1% (B)1.2% (C)1.5% (D)2%

315. 对储油罐除作业中随时检查外,还应(　　)对罐体外部检查一次。

(A)每月 (B)每季度 (C)每半年 (D)每年

316. 卸油作业线应为(　　),以保证准确计量和最大限度地卸空罐车。

(A)上坡道直线 (B)下坡道直线 (C)曲线 (D)平道直线

317. 使用电动往复泵应注意在泵出口管线上必须装有(　　)。

(A)排气阀 (B)安全阀 (C)截止阀 (D)逆止阀

318. 立式储油罐清洗(　　)不得少于一次。

(A)每 1 年 (B)每 2 年 (C)每 3 年 (D)每 4 年

319. 60 t 以下卧式罐或代用罐(　　)清洗一次。

(A)每半年 (B)每年 (C)每 2 年 (D)每 3 年

320. 当油温达到闪点后继续加热,以致撤除火种后仍能继续燃烧时的温度称为油脂的(　　)。

(A)燃点 (B)闪点 (C)凝固点 (D)化学安定性

三、多项选择题

1. 灭火的基本原理有(　　)。

(A)冷却法 (B)窒息法 (C)隔离法 (D)化学抑制法

2. 据国家《油库安全管理规程》,油库区内用火系指(　　)。

(A)电、气焊　　(B)吸烟或火炉取暖
(C)使用电钻砂轮　　(D)使用机动车辆

3. 干粉灭火器适用于扑救(　　)。
(A)普通物品火灾　(B)易燃液体火灾　(C)可燃气体火灾　(D)金属火灾

4. 泡沫灭火器用于扑救(　　)。
(A)普通物品火灾　(B)易燃液体火灾　(C)可燃气体火灾　(D)金属火灾

5. 二氧化碳灭火器用于扑救(　　)。
(A)普通物品火灾　(B)易燃液体火灾　(C)可燃气体火灾　(D)金属火灾

6. 1211灭火器主要用于扑救(　　)。
(A)贵重物品火灾　(B)易燃液体火灾　(C)可燃气体火灾　(D)电器火灾

7. 岗位消防工作的"四会"是指(　　)。
(A)会报警　　(B)会使用消防器材
(C)会扑救初级火灾　　(D)会逃生自救

8.《安全生产法》中所指的危险品包括(　　)。
(A)枪支弹药　(B)易燃易爆物品　(C)危险化学品　(D)放射性物品

9. 发生火灾拨通"119"后,应报告的内容有(　　)。
(A)失火位置　(B)燃烧的物质　(C)火势情况　(D)报警人信息

10. 油品的危险性有(　　)。
(A)易燃性　(B)易爆性　(C)易积聚静电　(D)易蒸发扩散

11. 空气与化学泡沫灭火器相比,存在的优点有(　　)。
(A)投资大　(B)成本低　(C)操作简单　(D)抗燃烧性强

12. 当温度达到设定值时,烟雾自动灭火装置自动引燃系统烟雾灭火剂,瞬间产生含有(　　)的烟雾并迅速喷出,覆盖油面达到阻隔空气的灭火目的。
(A)二氧化碳　(B)氮气　(C)氧气　(D)水蒸气

13. 进入储油罐实施清洗作业时,需注意的安全防护项目有(　　)。
(A)防油气中毒　(B)防火防爆　(C)防静电　(D)防雷电

14. 火灾扑灭后,为掩盖起火原因推卸责任而伪造现场,尚不构成犯罪的,视情节可给予(　　)处罚。
(A)刑拘　(B)15日以下拘留　(C)罚款　(D)警告

15. 防止火灾的最基本方法是(　　)。
(A)消除着火源　(B)消除助燃物　(C)控制助燃物　(D)控制可燃物

16. 引起火灾的火源类型主要有(　　)
(A)意外火源　(B)生产性火源　(C)自然火源　(D)明火火源

17. 当油库防雷接地电阻值超标时,可采取(　　)进行降阻
(A)闭合地网　　(B)增加接地极
(C)增加降阻剂　　(D)连接自然接地体

18. 化学泡沫灭火剂的主要成分组成有(　　)
(A)一氧化碳　(B)二氧化碳　(C)碳酸氢钠　(D)硫酸铝

19. 防止进入油库引起油气中毒的措施有(　　)。

(A)佩戴防毒面具　(B)保持油库空气流通
(C)确保储油设施密封　(D)尽量减少与油品的直接接触
20. 需要采取防静电接地的铁路线装卸油品的设施有(　　)。
(A)钢轨　(B)输油管线　(C)鹤管　(D)金属作业台
21. 燃油管理人员对消防知识必须做到的“三懂”分别是(　　)。
(A)懂本岗位生产过程发生火灾的危险性　(B)懂预防火灾的方法
(C)懂扑灭初期火灾　(D)懂各类消防器材性能
22. 确定有毒作业分级的指标有(　　)。
(A)毒物危害程度　(B)有毒作业场所条件
(C)有毒作业劳动时间　(D)毒物浓度超标倍数
23. 引起油区着火的原因主要有(　　)。
(A)存在着火源　(B)违章作业
(C)避雷接地装置失效　(D)电气设备不防爆
24. 发现油气中毒者已停止呼气,应立即采取的措施有(　　)。
(A)促使其自由呼气　(B)通知单位领导
(C)施行人工呼吸　(D)迅速送往医院
25. 根据雷击现象的形成,雷击通常分为(　　)。
(A)云层雷　(B)球形雷　(C)直击雷　(D)感应雷
26. 根据雷电危害的入侵途径,采取(　　)来降低雷害程度。
(A)接闪　(B)均压　(C)屏蔽　(D)接地
27. 空气泡沫灭火剂的主要成分组成有(　　)。
(A)酸性盐　(B)蛋白　(C)氟蛋白　(D)碱性盐
28. 电力机车车顶作业时,应提前做好的准备工作有(　　)。
(A)办理隔离开关作业手续　(B)司机室放置警示牌
(C)地面防护人员安排　(D)穿戴好劳保用品
29. 对油库的安全巡视作业项目主要有(　　)。
(A)储、输油设备的技术状态　(B)防雷防静电装置效能
(C)消防设施是否有效　(D)门卫制度及明火管理情况
30. 接地装置是由(　　)构成。
(A)金属接地体　(B)闪接器　(C)接地线　(D)避雷针
31. 机车回送的方式有(　　)。
(A)单机　(B)专列　(C)附挂　(D)托运
32. 机车跨局无火回送时,应办理(　　)等证明文件。
(A)回送机车请求书　(B)回送机车状态书
(C)过轨运行协议　(D)三项设备合格证
33. 下列属于防范静电危害做法正确的是(　　)。
(A)在高大的建筑物顶端安装避雷针　(B)水泥厂利用静电除去废气中的粉尘
(C)在制造轮胎的橡胶中添加导电材料　(D)行驶中的油罐车尾带一条拖地的铁链
34. 减少因摩擦而引起静电的方法有(　　)。

(A)穿化纤类衣物　　(B)穿丝棉麻衣物
(C)用塑料桶装燃油　　(D)用铁通装燃油
35. 预防电磁感应引起静电的方法有(　　)。
(A)穿戴静电防护品　　(B)加装屏蔽装置
(C)跟电磁场保持距离　　(D)减少用电功率
36. 下列属于润滑油添加剂的是(　　)。
(A)清净分散剂　(B)抗氧抗腐剂　(C)抗泡剂　(D)胶溶剂
37. 下列属于润滑脂添加剂的是(　　)。
(A)防锈剂　(B)抗氧抗腐剂　(C)抗泡剂　(D)胶溶剂
38. 使用燃油添加剂的目的是(　　)。
(A)清除积碳,清洁燃油系统　　(B)增强动力性能
(C)改善雾化,节省燃油　　(D)消除黑烟,降低排放
39. 根据燃油系统添加剂的组成和在发动机中产生的不同功能,可分为(　　)。
(A)汽油添加剂　　(B)柴油添加剂
(C)保洁型燃油添加剂　　(D)清洗型燃油添加剂
40. 下列属于软水(硬度<8)的有(　　)。
(A)雪水　(B)湖水　(C)海水　(D)泉水
41. 以(　　)来评定和表明变压器油的老化程度。
(A)击穿电压　(B)传热性　(C)介质损失角　(D)体电阻率
42. 按产生的原因和性质测量误差分为(　　)。
(A)系统误差　(B)偶然误差　(C)过失误差　(D)标准误差
43. 燃油在存储中所发生的质量变化有(　　)。
(A)蒸发　(B)氧化　(C)混入杂质和水分　(D)混油
44. 柴油机润滑油选用主要依据柴油机的(　　)。
(A)燃料及运用条件　　(B)轴瓦材质
(C)热负荷　　(D)机械负荷
45. 下列属于铁路一般 B 类事故的有(　　)。
(A)机车大破　　(B)机车中破
(C)机车溜入站内　　(D)造成 1 人死亡
46. 雷电负作用主要由(　　)所引起。
(A)静电感应　(B)直接雷击　(C)电磁感应　(D)火花放电
47. 对常用润滑脂的简易鉴别方法有(　　)。
(A)外观及颜色变化　(B)气味　(C)抗水试验　(D)熔化试验
48. 燃油计算机管理达到了实用性和经济性,其表现在(　　)。
(A)有利于燃料分配并增强调控能力　　(B)减少机车整备时间减轻劳动强度
(C)杜绝了跑冒滴漏　　(D)提高计量精度利于机车油耗指标核定
49. 可提高化学反应速率的方法有(　　)。
(A)重新排列　(B)加热　(C)催化剂　(D)电解
50. 燃油验收时确认质量不符是因为(　　)。

(A)数量不对　(B)品种牌号不对　(C)性能指标不符　(D)货单不符

51. 一张完整的机械装配图其内容由(　)组成。

(A)一组图形　(B)一组尺寸　(C)技术要求　(D)标题栏和明细栏

52. 安全用电措施接地的种类有(　)。

(A)保护接地　(B)工作接地　(C)防雷接地　(D)防静电接地

53. 下列属于自然接地体的有(　)。

(A)地下自来水管　(B)地下天然气管

(C)地下金属井管　(D)地下金属输油管线

54. 接地电阻值与下列(　)因素有关。

(A)土壤电导率　(B)接地体的布置方式

(C)接地体的材料　(D)电流频率

四、判 断 题

1. 各种润滑油脂的盘点是业务主管部门自已核对账、物是否相符的一种检查方式。(　)

2. 各种润滑油脂的盘点、清查时间始自上次盘点、清查,终至此次上一班“机务段润滑油脂发放日志”或上一日 12:00 发放账目。(　)

3. 所谓机车整备作业,就是对机车出段前的一切整备和准备工作。(　)

4. 机车的整备作业目前由地勤作业和外勤作业两部分组成。(　)

5. 补充燃油、机油、冷却水与砂的整备属于机车整备作业范围。(　)

6. 机车柴油机用燃油的灰分和杂质应尽量多些,以减少柴油机的磨损,保证柴油机工作可靠。(　)

7. 为了保管和使用上的安全,燃油应有较高的闪点。(　)

8. 燃油应具有良好的安定性,宜长期储存,不发生质量变化,也不产生大量的沉积物。(　)

9. 柴油的十六烷值高,表明柴油燃烧平稳,自燃性能好,柴油机启动快,不发生爆震,使柴油机能发挥出高的效率。(　)

10. 柴油的十六烷值低,柴油放热不均匀,因而引起压力的急速增长,使柴油机工作粗暴,着火滞后期长,并且消耗柴油较少。(　)

11. 柴油的黏度,是保证柴油雾化良好,喷油的射程、喷油泵及喷油器润滑的主要指标。(　)

12. 黏度过低,喷油雾化状态不良,燃烧不完全,又影响柴油过滤性及在管路中的运动,即造成液体流动和滤清的困难。(　)

13. 黏度过高,造成喷油泵在柱塞偶件和喷油器偶件的润滑不良,磨耗加剧,漏油量增加,喷油的射程短,燃烧状态不良。(　)

14. 内燃机车柴油机所使用的柴油的黏度,用运动黏度计测定。(　)

15. 柴油灰分是指有机物质烧尽后所剩下矿物质的残余。(　)

16. 柴油灰分的来源,主要是溶解在柴油中的有机酸、盐、无机盐和金属氧化物等成分。(　)

17. 柴油的灰分会减少气缸套和活塞环的磨损。( )

18. 机械杂质是指柴油中不溶解于溶剂的机械夹杂物,如金属颗粒、泥砂颗粒等。( )

19. 柴油中允许有机械杂质的存在。( )

20. 柴油中的水分将引起对金属的腐蚀,在低温下,又易结成小冰块而堵塞燃油系统的通路,使柴油机停机。( )

21. 柴油在均匀的高温中进行气化及热分解后燃尽,余留下的胶质及沥青部分为残炭。( )

22. 残炭的含量多少与油脂中的胶质及沥青质的含量无关。( )

23. 残炭的含量越低,燃烧越容易产生积碳。( )

24. 含硫的柴油在燃烧过程中,生成二氧化硫和三氧化硫。( )

25. 柴油中含硫量一般规定不超过 1.5%。( )

26. 酸值是表示柴油中酸的总含量。( )

27. 酸值对金属起保护作用,并在燃烧时在气缸内形成积炭。( )

28. 凝固点是指柴油失去流动性而开始凝固的温度。( )

29. 柴油应具有很高的凝固点,以保证柴油在低温下能在输出管路内良好流动。( )

30. 闪点是指柴油蒸汽(在标准状态下)与空气混合后,接触火源而闪火的最高温度。( )

31. 闪点低的柴油,运输、储存时不易着火,但会使柴油机启动困难。( )

32. 闪点低的柴油容易着火。( )

33. 进行燃油整备时应确认所用燃油的标号及质量状况。( )

34. 燃油箱总容量为 9 000 L,机车在上燃油时,不得少于 7 500 L。( )

35. 机车上燃油时,应停在平直线路上,若遇线路造成机车倾斜,应注意较高一侧的油箱油位表的显示,防止燃油外溢。( )

36. 为了加快上油速度,上油时可打开另一侧油箱的注油口盖,以减少油箱内的压力。( )

37. 进行燃油整备时,应使用专用的燃油设备加油。( )

38. 应定期打开机车油箱中部的排污阀,排除底部沉淀的污物。( )

39. 靠机车燃油箱的左前角上部,车架侧梁上安装有一个污油箱。( )

40. 机车污油箱容量为 40 L,应及时排除污油,经过再生处理,可作他用。( )

41. 冬季加油时,应有防寒预热装置,燃油温度低于 20℃时应进行预热。( )

42. 喷油器的污油经滤清后,可作燃油重新利用。( )

43. 机油的运动黏度是指温度在 80℃时,机油的运动黏度值。( )

44. 机油的运动黏度是根据一定压力下一定量的机油,通过一定直径和长度的管黏度计时所需要的时间来确定的。( )

45. 机油的闪点是指机油在加热蒸发后接触火焰而产生的短促闪火时的最高油温。( )

46. 机油的闪点值低,说明机油易着火。( )

47. 为了保证工作安全,机油的最高工作温度应大大低于其闪点值。( )

48. 机油的闪点随机油黏度的降低而大幅度上升。( )

49. 通常机油凝点的变化是由于机油老化和稀释所造成的。(　　)

50. 从机油黏度和凝点的变化,可以推断燃油的喷雾质量。(　　)

51. 从机油总碱度值的变化进程可以了解油质理化变质的情况。(　　)

52. 从机油含水量的增多不可以分析某处漏水的可能。(　　)

53. 东风 4 型内燃机车的机油储备量约为 1 200 kg,其中约 2/3 储于柴油机的油底壳中。(　　)

54. 东风 4 型内燃机车的油底壳油位在油标尺上刻线时的储油量约为 1 000 kg。(　　)

55. 在正常运用的机车上,油底壳油位应保持在上、下刻线之间,但略高于上刻线为佳。(　　)

56. 机车正常运用中补充少量机油时,应从柴油机底座左侧或右侧带有过滤网的加油口加入。(　　)

57. 当柴油机放尽机油后,将加油设备软管拉入车内,从柴油机排油口加入,或机车的上油(排油)管加入(注意油位应符合规定)。(　　)

58. 当外温低于 5℃时,应预先将机油预热到 60～90℃,以保证柴油机启动温度要求。(　　)

59. 内燃机车使用的冷却水应含有一定量的机械杂质。(　　)

60. 冷却水硬度的大小决定于溶解于水中的钙盐和镁盐的总含量。(　　)

61. 冷却水碱度的大小决定于水中的氢氧化钾、碳酸盐和重碳酸盐的含量。(　　)

62. 冷却水中的氯离子越多越好。(　　)

63. 硼砂是冷却水添加剂中的一种化学成分,它能抑制钢及锌生锈,保护焊锡。(　　)

64. 东风 4 型内燃机车水系统总容量约为 2 000 kg。(　　)

65. 机车运用中,水位应在膨胀水箱玻璃水表 3/4 以上。(　　)

66. 加水温度应在 40～60℃为宜,加水完毕后如水温低于 20℃时,应使用预热锅炉进行加温。(　　)

67. 在正常运用中加入冷却水时,应从机车一侧上水(排水)管用加水设备加水。(　　)

68. 当气温在 5℃以上,柴油机冷却水温降至 50℃以下时方准进行排放冷却水作业。(　　)

69. 当气温在 5℃以下,柴油机冷却水温降至 40℃以下时方准进行排放冷却水作用。(　　)

70. 冬季放水时,应缓慢将各排水阀、排水堵开启,防止冻结。(　　)

71. 机车用砂整备时,确认砂的质量和砂箱中的砂量,砂量不应少于砂箱容积的 2/3。(　　)

72. 人工筛砂一般用七目筛子即可,砂粒一般不超过 1.2 mm。(　　)

73. 运用用油＝季度总重吨公里×万吨公里油标。(　　)

74. 淡水系统的压力应与浓水系统、极水系统的压力保持基本平衡,并稍有提高,以防止浓水和极水向淡水渗漏。(　　)

75. 机车用砂一般都是采用细粒的湿石英砂。(　　)

76. 离子交换法制取设备主要包括:阴阳离子交换罐、备用交换罐、压酸液罐、压碱液罐、碱液池、酸液池、碱溶解箱等。(　　)

77. 砂箱装砂后应将砂箱盖盖严扣紧，以防运行中流失和混入水及其他杂质。( )

78. 燃油统计报表是对铁路用油的统计和考核。( )

79. 油泵在运转中，监护人员要注意检查电机、泵壳是否过热，压力是否正常，有无异声和漏泄。( )

80. 如不重视燃油的质量验收，会出现不合格的燃油或其他油品误混进储油罐，造成燃油质量下降。( )

81. 装油容器一定要清洁，油桶装润滑油前一定要清洗干净，配齐胶圈，装油后要敞开桶盖。( )

82. 燃油消耗定额应包括完成生产计划所需的部分燃油。( )

83. 机车用砂要经过干燥处理，粒度要均匀，成分要符合规定要求。( )

84. 最低库存储备量＝日均耗油量×额定储备天数。( )

85. 要经常保持泵房的空气流通，以增加空气中的油气浓度。( )

86. 机车上油时，燃油发放人员应同燃料值班员共同确认油箱现存油量和补满油箱的数量。( )

87. 检修完交车后，发放人员按"内燃机车油箱卸油登记簿"上暂存交接数量加入机车，司机在登记簿上盖章签收。( )

88. 为了准确地考核各项定额用油损耗和机车万吨公里油耗，必须根据内燃机车型定出补满油箱的数量标准。( )

89. 动态计量方式的具体做法是采用流量计计量体积，再测量密度和温度，换算出油品重量。( )

90. 燃油温度变化 10℃时其体积的变化率称为燃油的体积温度系数。( )

91. 柴油机油的消耗量包括机车运用耗油和机车检修耗油两部分。( )

92. 清洗储油罐时，应把出油口下方的燃油抽到沉淀罐经化验合格后再抽入储油罐内。( )

93. 除因灾害或恶劣气候不能计量外，每月应对储油罐进行计量一次。( )

94. 经批准进入油库的机动车辆必须配有防火罩。( )

95. 机车取送油罐车，应按规章规定加挂隔离车，可以采取顶车溜放作业。( )

96. 油库、卸油线、泵房等设施应设立严禁烟火的明显标志。( )

97. 放入油罐内的计量器具吊绳不能使用化纤制品。( )

98. 凡是年内最低温度低于 10℃地区油库，在冬季到来的前一个月，要进行一次防寒检查。( )

99. 冬季要特别注意清除库区枯草落叶等易燃引火物。( )

100. 油库内应绿化，应大量栽植油性大的树种。( )

101. 油库防火墙(堤)上和防火墙内不得种树。( )

102. 桶装润滑油到达，一般采用抽样化验检测，检测项目及要求以铁标为准。( )

103. 桶装润滑油的码放应卧放或斜放。( )

104. 单口油桶斜放时，油口应在上方位置，双口油桶斜放两口应呈水平方向防止雨雪入侵。( )

105. 润滑脂颜色变黑，表示氧化变质，已不可使用。( )

106. 当水的含盐量较高时，单纯进行水的软化处理就能满足机车用水的要求。( )

107. 电渗析器由离子交换膜、极板、夹板、极框和隔板等部件构成。( )

108. 砂粒的硬度和强度取决于砂中的石英含量。( )

109. 沸腾式干砂炉较滚筒式烤砂炉具有设备体积大的优点。( )

110. 鼓风式给砂设备，系利用鼓风机的风经砂管向砂塔吹送干砂。( )

111. 空气泡沫灭火装置所用的泡沫液存储温度为$-40\sim-5$℃之间。( )

112. 任何情况下均不得在电气化区段攀登机车顶部进行保洁作业。( )

113. 在禁火区域进行动火作业，必须指定具有安全操作合格证的人员实施作业。( )

114. 经领导批准的情况下，存储油类的库房可使用电视机收看节目。( )

115. 有呼吸阀、阻火器，且安全阀密封的金属油罐，罐壁和顶盖厚度大于或等于 4 mm 的，可以采取自身保护，不装避雷针。( )

116. 火灾扑救原则为：先人后物、先重点后一般、先控制后消灭。( )

117. 油库内的照明特殊情况下可以使用普通灯具。( )

118. 从消防观点来说，液体的闪点就是可能引起火灾的最低温度。( )

119. 二氧化碳灭火器使用不当，可能造成手指冻伤。( )

120. 火灾扑救中，可以同时使用泡沫灭火器和清水进行灭火。( )

121. 物质的燃点越低，越不容易引起火灾。( )

122. “ABC 干粉灭火器”可以用于扑救 A 类、B 类和 C 类火灾。( )

123. 接地电阻是指电流经过接地体进入大地并向周围扩散时所遇到的电阻。( )

124. 绝缘材料电木、橡胶、电瓷、云母带中，电木的绝缘等级最高。( )

125. 泡沫灭火器可以用于扑救带电物体火灾。( )

126. 静电可成为引发油品火灾和爆炸的点火源。( )

127. 当温度升高时，半导体的电阻率随温度升高而迅速减小，而金属的电阻率却会增大。( )

128. 化学泡沫灭火剂在发生作用后生成大量的一氧化碳气体，它与发泡剂作用便生成许多气泡。( )

129. 可燃气体与空气形成混合物遇到明火就会发生爆炸。( )

130. 凡是能引起可燃物着火或爆炸的热源统称为点火源。( )

131. 油库消防空气泡沫液储备量按不得少于 30 min 供给时间计算。( )

132. 针对储油罐顶装有避雷针时，测量其接地电阻不宜大于 10 Ω。( )

133. 为防止油气中毒，应经常保持油罐泵房的空气流通。( )

134. 不导电物体经摩擦后起电，停止摩擦则其上所带电荷消失。( )。

135. 使用泡沫灭火装置扑救燃油着火，应将泡沫直接喷向燃烧油面。( )

136. 机车整备线停放机车车辆时，必须采取防溜措施。( )

137. “BC 干粉灭火器”对纸张、木材等 A 类物质火灾只能扑灭其火焰，渗透性差，易复燃。( )

138. 在施救储油罐内中毒人员时，施救人员应戴好防护面具，系好安全绳，在有人监护情况下，用绳索将中毒者拉出。( )

139. 使用干粉灭火器灭火时，先拔掉保险销，紧握喷嘴对准火源，压住压把，在干粉喷出

后，应摇摆喷嘴，由近而远地向前逐步推行，实施灭火。（ ）

140. 发现接触网断线落地，防护人员必须与落地点距离 5 m 以上。（ ）

141. 手提式二氧化碳灭火器，若重量减少 1/10 就应补充灌装。（ ）

142. 油罐安装常用避雷针是无法应对球形雷的雷击。（ ）

143. 绝缘体并不是一定绝缘，在一定条件下它是可以转换为导体的。（ ）

144. 电气化区段只有在清洁机车底部时，可以使用带压水枪冲洗。（ ）

145. 纯水不导电。（ ）

146. 水的酸碱性用 pH 值表示，pH 值大于 7 呈酸性，pH 值等于 7 呈中性，pH 值小于 7 呈碱性。（ ）

147. 钳工常用的锯条长度为 300 mm。（ ）

148. 游标卡尺不能放在强磁场附近，以防磁化。（ ）

149. 1 mm＝0.039 3 in。（ ）

150. 指南针两端为 N 极、S 极。S 极指向南，N 极指向北。（ ）

151. 水在加热 100℃时，会气化分解。（ ）

152. 电机绝缘等级是指电动机定子绕组所用的绝缘材料的等级。（ ）

153. 部分电路的欧姆定律不含电源。（ ）

154. 绝缘体不会被击穿。（ ）

155. 电功与时间有关系。（ ）

156. 在内电路中，电动势的方向也是从正极指向负极。（ ）

157. 阀控式免维护铅酸蓄电池就是指在日常使用中不需要维护的蓄电池。（ ）

158. 在蓄电池周期均充电时，均充时间最好调到均充时间的最大值。（ ）

159. 蓄电池的规格符号“GFM—300”，其中，G 表示固定用；F 表示阀控式；M 表示密封。（ ）

160. 铅酸蓄电池使用时，环境最佳温度为 25℃，环境温度升高会降低蓄电池使用寿命，环境温度每升高 10℃，蓄电池使用寿命减少一半。（ ）

161. 蓄电池的均充电压和浮充电压一样，受到使用环境温度的影响，随着环境温度的升高均充电压应该适当降低。（ ）

162. 电池组在放电过程中，其中个别落后电池可能会出现反极现象。（ ）

163. 只有各个电池的电动势相等时，才能并联使用。（ ）

164. 密封式电池在使用前必须进行初充电，初充电应采用二充一放，宜采用恒流充电方法。（ ）

165. 密封式阀控蓄电池也称免维护电池，即平时不需要维护。（ ）

166. 电力和内燃机车无动力托运时，必须将制动缸活塞行程调整到标准的最小值。（ ）

167. 长期备用机车是指备用不少于 24 h 并不超过 1 个月的机车。（ ）

168. 闸瓦压力大，制动力也大。但闸瓦压力不能过大，否则使机车、车辆产生滑行。（ ）

169. 轮对是簧下重量，应尽可能减轻它本身的重量，这一点对提高机车速度尤为重要。（ ）

170. 弹簧悬挂装置的作用之一是:把机车的重量弹性地传到钢轨上去,并把这些重量均匀地分配到各轮对上,使机车轴重不发生显著变化。( )

171. 车体与转向架之间、转向架与轴箱之间均采用的是弹性连接。( )

172. 在规定的条件下,加热试样,当试样达到某温度时,试样的蒸汽和周围空气的混合气,一旦与火焰接触,即发生闪燃现象,发生闪燃时试样的最低温度称为闪点。( )

五、简 答 题

1. 什么是润滑脂?
2. 整备作业场地有哪些安全技术要求?
3. 简述潜油泵工作原理。
4. 简述“十六字”呼唤应答制度。
5. 机油在柴油机中起何作用?
6. 简述车轴油的主要性能。
7. 简述柴油机机油的作用。
8. 简述内燃机车柴油机所用机油的性能。
9. 液力传动油的作用有哪些?
10. 液力传动油应满足哪些要求?
11. 齿轮油应具有哪些特性?
12. 内燃电力机车哪些部件用空气压缩机油,并说明用途?
13. DF4 型机车对机油有哪些要求?
14. 给油时注意事项包括哪些?
15. 简述 DF4 型机车机油系统的功用。
16. 什么叫酸值? 酸值在润滑油中的作用有哪些?
17. 什么叫碱值? 碱值的作用是什么?
18. 哪些线路上禁止停留机车车辆?
19. 免维护蓄电池检查的要点有哪些?
20. 简述转向架的组成。
21. 制动力大小与哪些因素有关?
22. 什么叫“一段制动法”和“两段制动法”?
23. 如何进行列车制动机的简略试验?
24. 简述自动灭火装置的构成与原理。
25. 计量器具检定与校准的相同点和区别是什么?
26. 内燃机车检查、整备的主要项目有哪些?
27. 什么是计量器具的示值误差?
28. 电力机车整备作业包括哪些?
29. 机车无火回送时,需要办理哪些手续?
30. 什么是静电? 为什么在冬季感觉身体上静电比较大?
31. 机油变质的主要原因是什么?
32. 润滑脂的添加剂有哪些?

33. 润滑油的添加剂有哪些？
34. 为什么润滑油脂中要加入抗氧抗腐剂？
35. 简述导体和绝缘体的区别。
36. 为何要测定燃油发放密度？
37. 简述柴油添加剂的功用。
38. 简述机车检查和整备时的工作要求。
39. 什么是电阻制动？
40. 燃油取样时应注意哪些方面？
41. 造成计量误差的来源主要有哪些？
42. 如何使燃油在存储中减少蒸发和氧化变质？
43. 燃油自然损耗的原因是什么？
44. 降低燃油自然损耗的措施有哪些？
45. 机车用变压器油应具有哪些性能？
46. 润滑脂应具有哪些性能要求？
47. 如何确认润滑脂变质？
48. 简述燃油盈亏的处理程序。
49. 对机车用冷却水的水质要求有哪些？
50. 在燃油计划申请编制时要做到哪些？
51. 什么是接地？简述其实现方式和原理。
52. 常用的接地方式有哪些？
53. 简述储油罐呼吸阀的作用。
54. 燃油计划申请的编制依据是什么？
55. 润滑油的性能指标有哪些？
56. 简述蒸馏水的纯度质量要求及测定？
57. 离心泵不出油的原因有哪些？
58. 齿轮泵流量不足的故障原因是什么？
59. 简述柴油劣化的外部因素。
60. 简述燃油质量验收的重要性。
61. 简述燃油验收忽视数量验收的害处。
62. 简述燃油消耗定额管理的意义。

六、综 合 题

1. 试述卸油鹤管的用途、材质及构造。
2. 试述离心泵不出油和出油量减少的故障原因及处理。
3. 简述椭圆齿轮流量表的构造、工作原理。
4. 新型椭圆齿轮流量表 LC12 型是如何实现远距离测试和控制的？
5. 综述燃油计量使用的计量器具。
6. 综述石油密度计的构造及原理。
7. 综述采样器的构造及使用原理。

8. 试述测视密度时的工作要求。

9. 什么是粘着系数,它与哪些因素有关?

10. 综述燃油发放密度的测量方法。

11. 试述确定调整燃油发放的计算公式。

12. 综述滚筒式烤砂炉的构造、原理。

13. 综述铁路常用挤压式风力给砂设备的构造、原理。

14. 什么是轮乘制?具有何优点?

15. 机车整备过程中应遵循哪些原则?

16. 什么是机车牵引力?机车牵引力是怎样形成的?

17. 内燃、电力机车无动力回送时的整备内容有哪些?

18. 静电有哪些危害?如何预防?

19. 润滑脂质量的评价指标有哪些?

20. 如何在生产作业中预防油气中毒?

21. 接地兆欧表如何测量接地电阻?

22. 电力机车检查整备项目有哪些?

23. 铅酸蓄电池检查使用中应注意的事项有哪些?

24. 某单位安排对上半年燃油进行盘点清查:

已知:(1)上次清查时间为元旦1月1日早8点,本次清查时间定于6月30日18点。

(2)上次清查结存数为67 932 kg,1月1日早8点至6月29日18点账存数为52 346 kg,实际收入261 772 kg,发出为275 358 kg。

(3)6月29日18点至6月30日18点这段时间接卸燃油1车,计量实收为10 328 kg,发出燃油6 928 kg。

(4)经清查储油罐燃油总重为55 668 kg,管道存油800 kg。

设此期间只考虑泵装、卸损耗,求这半年燃油发放盈亏多少?

25. 燃油在存储、转输过程中产生静电表现的方面与危害有哪些?

26. 电力机车变压器油在什么情况下必须进行滤油及化验才可使用?

27. 综述机车静液压系统传动装置的工作过程。

28. 机油的消耗量与哪些因素有关?

29. 什么是燃油的消耗率?与哪些因素有关?如何计算?

30. 什么是防雷接地?其原理是什么?

31. 综述机械式油罐呼吸阀的工作原理与使用要点。

32. 综述储油罐液压安全阀的作用原理。

33. 防止油气中毒的措施有哪些?

34. 柴油的测定指标有哪些?并解释其最重要的使用性能。

35. 叙述蓄电池充放电的原理。

36. 引起燃油在储存中质量变化的原因有哪些?

37. 新造或大修的内燃机车首次柴油机启动时,应做哪些整备工作?

38. 油罐区防雷设施安装应注意哪几点?

机车整备工(高级工)答案

一、填 空 题

1. 负载	2. 助燃物	3. 3.2	4. 铁钉
5. 5.5	6. B类火灾	7. 甲乙丙	8. 法兰连接处
9. 烟气	10. 电弧	11. 热辐射	12. 自燃
13. 化学	14. 燃点	15. 跨步电压	16. 静电
17. 100	18. 圈板边缘	19. 蒸发气体	20. 接地
21. 越小	22. 每月	23. 避雷针	24. 阀门
25. 越多	26. 防火罩	27. 横跨或跳跃	28. 拦截、疏导、入地
29. 空气	30. 电阻	31. 毫米	32. 看得见
33. 内部或看不见	34. 轴线	35. 尺寸界线	36. 三
37. 60°	38. 35°	39. 绝缘	40. 耐压强度
41. 安培	42. 定向移动	43. 伏特	44. 导线
45. 并联	46. 硅	47. 导体	48. 绝缘体
49. 水	50. 酸碱性	51. 质量	52. 比重
53. 体积	54. 气态	55. 不同	56. 电解液
57. 放电时间	58. 温度	59. 最大值	60. 3 min
61. 定压风缸	62. 闸瓦制动	63. 架悬式	64. 转向架
65. 车体走行部分	66. 燃油泵	67. 清洁燃油	68. 直流
69. 50 MPa	70. 牵引力	71. 15 km/h	72. 100 kPa
73. 制动机	74. 动能	75. 点式	76. 水分
77. 温度	78. 25	79. 一人	80. 闪点
81. 超负荷压力	82. 0.8	83. 60°	84. pH 值
85. 封闭式	86. 5～7	87. －14℃	88. 预热
89. 平行	90. 冷却	91. 卸油鹤管	92. 机械杂质
93. 空气	94. 泵不出油	95. 出口	96. 过滤网
97. 计量准确	98. 容积	99. 水银	100. 绝缘
101. 质量	102. 实绩	103. 燃油计量员	104. 自然
105. 人工	106. 隔离开关	107. 鼓风	108. 整备台位
109. 质量	110. 黑色沉淀	111. 安全容量	112. 恢复定位
113. 横跨	114. 凝固点		

二、单项选择题

1. C	2. A	3. A	4. D	5. B	6. B	7. D	8. D	9. B
10. C	11. A	12. C	13. B	14. D	15. D	16. C	17. C	18. A
19. B	20. D	21. A	22. C	23. C	24. D	25. B	26. A	27. C
28. B	29. C	30. D	31. A	32. D	33. B	34. D	35. C	36. C
37. A	38. C	39. A	40. D	41. D	42. C	43. B	44. B	45. C
46. D	47. C	48. A	49. B	50. B	51. B	52. C	53. D	54. C
55. A	56. C	57. C	58. C	59. C	60. D	61. C	62. A	63. C
64. D	65. D	66. B	67. B	68. C	69. C	70. C	71. B	72. A
73. B	74. D	75. B	76. B	77. C	78. C	79. A	80. C	81. D
82. A	83. C	84. A	85. D	86. C	87. D	88. D	89. A	90. C
91. B	92. D	93. D	94. B	95. D	96. C	97. D	98. C	99. D
100. D	101. D	102. D	103. D	104. B	105. D	106. C	107. A	108. C
109. B	110. C	111. B	112. B	113. D	114. D	115. B	116. C	117. C
118. C	119. D	120. A	121. A	122. A	123. D	124. B	125. A	126. C
127. A	128. B	129. C	130. D	131. B	132. C	133. B	134. A	135. B
136. C	137. C	138. C	139. B	140. A	141. C	142. B	143. B	144. A
145. A	146. A	147. B	148. A	149. C	150. C	151. A	152. A	153. B
154. A	155. B	156. C	157. A	158. B	159. C	160. B	161. C	162. D
163. B	164. A	165. C	166. D	167. A	168. A	169. A	170. C	171. A
172. C	173. A	174. C	175. D	176. C	177. C	178. A	179. B	180. B
181. C	182. C	183. D	184. A	185. B	186. B	187. C	188. D	189. C
190. A	191. B	192. C	193. B	194. D	195. C	196. D	197. A	198. B
199. C	200. C	201. D	202. C	203. A	204. B	205. B	206. A	207. D
208. B	209. C	210. B	211. A	212. C	213. D	214. C	215. B	216. D
217. C	218. A	219. C	220. B	221. D	222. A	223. B	224. D	225. D
226. B	227. D	228. C	229. C	230. A	231. B	232. B	233. D	234. C
235. D	236. A	237. D	238. B	239. C	240. A	241. A	242. D	243. B
244. A	245. B	246. C	247. A	248. C	249. B	250. D	251. A	252. A
253. B	254. C	255. A	256. D	257. C	258. B	259. A	260. C	261. D
262. C	263. D	264. B	265. A	266. B	267. C	268. A	269. C	270. D
271. B	272. A	273. B	274. C	275. A	276. B	277. A	278. C	279. C
280. B	281. A	282. C	283. D	284. B	285. B	286. D	287. A	288. C
289. A	290. D	291. B	292. A	293. D	294. B	295. C	296. B	297. D
298. A	299. A	300. A	301. B	302. D	303. A	304. C	305. C	306. B
307. A	308. C	309. D	310. B	311. B	312. A	313. A	314. A	315. B
316. D	317. B	318. D	319. B	320. A				

三、多项选择题

1. ABCD	2. ABCD	3. ABC	4. ABC	5. BC	6. ABCD	7. ABCD
8. BCD	9. ABCD	10. ABCD	11. BC	12. ABD	13. ABC	14. BCD
15. AD	16. BCD	17. ABCD	18. CD	19. ABCD	20. ABCD	21. ABD
22. ACD	23. ABCD	24. CD	25. BCD	26. ABCD	27. BC	28. ABCD
29. ABCD	30. AC	31. ABCD	32. AB	33. ABC	34. BD	35. ABCD
36. ABC	37. ABCD	38. ABCD	39. CD	40. AB	41. CD	42. ABC
43. ABCD	44. ABCD	45. BD	46. AC	47. ABCD	48. ABCD	49. BCD
50. BC	51. ABCD	52. ABCD	53. AC	54. ABD		

四、判 断 题

1. √	2. ×	3. √	4. ×	5. √	6. ×	7. √	8. √	9. √
10. ×	11. √	12. ×	13. ×	14. √	15. √	16. √	17. ×	18. √
19. ×	20. √	21. √	22. ×	23. ×	24. √	25. ×	26. √	27. ×
28. √	29. ×	30. ×	31. ×	32. √	33. √	34. ×	35. ×	36. √
37. √	38. ×	39. √	40. ×	41. √	42. √	43. ×	44. √	45. ×
46. √	47. √	48. ×	49. ×	50. ×	51. ×	52. ×	53. √	54. ×
55. ×	56. √	57. ×	58. √	59. ×	60. ×	61. ×	62. ×	63. √
64. ×	65. ×	66. √	67. ×	68. √	69. ×	70. ×	71. ×	72. ×
73. ×	74. √	75. ×	76. √	77. √	78. √	79. ×	80. √	81. ×
82. ×	83. √	84. √	85. ×	86. ×	87. √	88. √	89. √	90. ×
91. √	92. √	93. ×	94. √	95. ×	96. √	97. √	98. ×	99. √
100. ×	101. √	102. ×	103. √	104. √	105. ×	106. ×	107. √	108. √
109. ×	110. √	111. ×	112. ×	113. √	114. ×	115. ×	116. √	117. ×
118. √	119. √	120. ×	121. ×	122. √	123. √	124. ×	125. ×	126. √
127. √	128. ×	129. ×	130. √	131. √	132. √	133. √	134. ×	135. ×
136. √	137. √	138. √	139. √	140. ×	141. √	142. √	143. √	144. ×
145. √	146. ×	147. √	148. √	149. ×	150. √	151. ×	152. √	153. √
154. ×	155. √	156. ×	157. ×	158. ×	159. √	160. √	161. √	162. √
163. √	164. ×	165. ×	166. ×	167. ×	168. √	169. √	170. √	171. √
172. √								

五、简 答 题

1. 答:润滑脂是一种稠化了的润滑油的塑性半固体润滑剂(3分)。介于固体和液体之间的一种中间状态,不受外力时能挺起保持形状,受外力作用时,便变形流动(2分)。

2. 答:(1)工作场地应保持清洁,无油垢污水,平整,不得有杂物品或障碍物(3分)。(2)应有足够的照明及通风设备(2分)。

3. 答:油泵为离心式(1分),离心泵式叶轮直接安装在驱动电动机的轴端,靠叶轮旋转的离心力对液体产生扬程,泵壳通过O形密封圈将工作叶轮排出的高速液流的动能转化成压力(2分),这便在泵壳的吸入口与出口之间形成正负压力区,强迫液体沿着各个方向流动(2分)。

4. 答:"彻底瞭望"要做到车动集中看,瞭望不间断(1.5分);"确认信号"要做到听不清就问,看不清就停(1.5分);"高声呼唤"要做到看准再喊,准确无误(1分);"手比眼看"要做到呼唤为主,手比为辅(1分)。

5. 答:(1)减少摩擦及磨损(1分)。(2)冷却散热(1分)。(3)清洗作用(1分)。(4)密封作用(1分)。(5)其他作用(1分)。

6. 答:(1)剪切安定性(1.5分)。(2)低温黏度与黏度指数(1分)。(3)润滑性能(1.5分)。(4)挥发失重(1分)。

7. 答:根据柴油机的工作状况机油在润滑系统应起到润滑(1分)、冷却(1分)、密封(1分)、清洗减振(1分)和防锈(1分)等多方面的作用。

8. 答:(1)黏度(1分)。(2)抗磨抗擦伤性能(1分)。(3)碱性保特性能(1分)。(4)氧化安定性(0.5分)。(5)高温清净性与热安定性(0.5分)。(6)分散性能(0.5分)。(7)抗泡沫性能(0.5分)。

9. 答:(1)传递功率作用,通过液力元件的作用,把柴油机的机械能转变为传动油的液能,然后再将液能转变为机械能而传至机车的走行部分(1分)。(2)润滑作用,液力传动装置内的轴承和齿轮等运动部件都是利用传动润滑油,以降低阻力,减少磨损,提高机械效率(1分)。(3)冷却作用,利用油的循环,将功率传递过程中生成的热量带至交换器中冷却,保证液力传动装置的正常工作(1分)。(4)防蚀防锈作用,液力传动油中含有防锈添加剂等,它们吸附于金属表面,起防蚀防锈作用(1分)。(5)控制作用,液力传动油还作为控制系统的工作液,操纵液力传动装置在良好的工况下工作(1分)。

10. 答:(1)适宜的黏度(1分)。(2)良好的抗泡沫性能(1分)。(3)良好的氧化安定性(0.5分)。(4)良好的润滑性(1分)。(5)良好的防锈性能(0.5分)。(6)黏温性能与抗剪切性能好(0.5分)。(7)贮存安定性(0.5分)。

11. 答:(1)极压抗磨性优良(1分)。(2)具有适当的黏度,低温流动性好(1分)。(3)良好的氧化安定性(1分)。(4)防锈性好(1分)。(5)良好的抗泡沫性能(1分)。

12. 答:内燃电力机车的空气压缩机气缸、活塞及连杆机构、曲轴轴承等,需用压缩机油进行润滑和密封(4分),以防止磨损和气缸漏气(1分)。

13. 答:(1)应有适当的黏度,以保持润滑表面有一定厚度的油膜(2分)。(2)应有一定凝点和闪点,以保证柴油机在各种工作温度和工作环境中可靠地工作(1分)。(3)要有良好的稳定性,使其不至因温度过高或氧化而使油质变化(1分)。(4)不腐蚀机件(1分)。

14. 答:(1)进行给油作业时,必须按规定程序给油,保证及时、准确地润滑各摩擦部位(1分)。(2)经常保持给油工具、给油处所和油脂的清洁;不同种类的油脂不能混用、混装(1分)。(3)熟悉给油范围及周期,按要求定量给油(2分)。(4)给油作业完毕后,应将所有检查孔盖、防护网罩、加油口盖等恢复到正常状态(1分)。

15. 答:(1)润滑作用(1分)。(2)导热作用(1分)。(3)清洗作用(1分)。(4)密封作用(1分)。(5)缓冲作用(1分)。

16. 答:中和1 g润滑油所消耗的氢氧化钾的毫克数叫酸值(1分)。酸值表示润滑油中酸的含量,油的酸值包括无机酸和有机酸两种(1分)。酸值对于油料质量和使用性能有一定意义(1 分)。酸值高同时有水存在时,会引起金属的腐蚀和生锈(1 分),油在使用过程中,由于氧化变质,酸值会逐渐增高,这可以反映油的变质情况(1 分)。

17. 答:润滑油中的碱值表示油中含碱性物质的多少(2 分)。碱值是测量增压柴油机油添加剂碱性组分含量的一个指标(1 分)。如果油中碱值很低或出现强酸值,就说明油中的金属清净分散剂已失效(2 分)。

18. 答:(1)安全线(1 分)。(2)避难线(1 分)。(3)机车固定走行线(1 分)。(4)正线(2 分)。

19. 答:(1)检查开关电源参数有无漂移(1 分)。(2)测电池的浮充电压及电池温度(2 分)。(3)检查极柱螺钉的松紧情况(1 分)。(4)检查电池外观有无异常等(1 分)。

20. 答:转向架一般是由构架、轮对、轴箱、轴箱悬挂装置、牵引电机及其悬挂装置、齿轮传动、基础制动装置、手制动装置、附属装置、砂箱装置等组成。(每项 0.5 分)

21. 答:制动力的大小与下列因素有关:(1)制动缸内空气压力的大小(1 分);(2)制动缸活塞直径的大小(1 分);(3)制动倍率的大小(1 分);(4)闸瓦与车轮间摩擦系数的变化(2 分)。

22. 答:列车施行制动后不再缓解,根据减速情况追加减压,就可使列车停于预定地点,叫一段制动法(2 分)。列车进站前施行调速制动,到预定地点且降至所需速度时缓解(2 分),进站充满风后再施行停车制动,这种操纵方法叫两段制动法(1 分)。

23. 答:列车制动主管达到规定压力后,自阀施行最大有效减压并保压 1 min,测定制动主管贯通状态(2 分),检车员、运转车长、车站值班员或有关人员检查确认列车最后一辆车发生制动作用(1 分);司机检查列车制动主管泄漏量,其压力下降不得超过 20 kPa(2 分)。

24. 答:自动灭火装置主要由探测器(热能探测器、火焰探测器、烟感探测器)、灭火器(二氧化碳扑灭装置)、数字化温度控制报警器和通信模块四部分组成(2 分)。可以通过装置内的数字通信模块,针对防火区域内的实时温度变化、警报状态及灭火器信息进行远程监测和控制,不仅可以远程监视自动灭火装置的各种状态,而且可以掌握防火区域内的实时变化,火灾发生时能够最大限度地减少生命和财产损失(3 分)。

25. 答:检定和校准的相同点为:都是属于量值溯源的一种有效合理的方法和手段,目的都是实现量值的溯源性(1 分)。二者的区别为:(1)检定是对计量器具的计量特性进行全面的评定;而校准主要是确定其量值(1 分)。(2)检定要对计量器具做出合格与否的结论;而校准并不判断计量器具的合格与否(1 分)。(3)检定应发检定证书、加盖检定印记或不合格通知书;而校准是发校准证书或校准报告(1 分)。(4)检定依据是计量检定规程;而校准依据是校准技术规范(1 分)。

26. 答:内燃机车走行部(包括车底部)、基础制动装置和牵引装置、空气压缩机和制动机及撒砂装置、电阻制动装置、蓄电池组、电器柜、各电机电器、柴油机和增压器、冷却装置、油脂冷却水和砂的存量、照明装置和信号标志、各监督计量器具、行车安全装备信号灯旗及防护用品。(少答一项扣 0.5 分)

27. 答:计量器具指示的测量值与被测量值的实际值之差,称为示值误差(2 分)。示值误差是指测量仪器某一示值的误差的实际大小,它是通过检定、校准所得到的一个值或一组值,用以评价测量仪器是否满足最大允许误差的要求,从而判断其是否合格,或者根据实际需要提供修正值,以提高测量结果的准确度(3 分)。

28. 答:机车高低压试验(2 分),制动机试验(1 分),撒砂装置(1 分)、三项设备(1 分)的机能试验等。

29. 答:回送机车需要办理的手续有:由驻厂验收室或临近机务段签署意见的回送机车请求书、回送机车状态书以及车站的托运手续(3分),押送机车乘务员的电气化区段安规培训合格证(1分),并在机车司机室外悬挂发送日期、到达处所、机车重量和限制速度的标牌(1分)。

30. 答:静电是由原子外层的电子受到各种外力的影响发生转移,分别形成正负离子造成的。任何两种不同材质的物体接触后都会发生电荷的转移和积累,形成静电(2分)。人身上的静电主要是由衣物之间或衣物与身体的摩擦造成的(1分),因此穿着不同材质的衣物时"带电"多少是不同的,比如穿化学纤维制成的衣物就比较容易产生静电,而棉制衣物产生的就较少(1分)。而且由于干燥的环境更有利于电荷的转移和积累,所以冬天人们会觉得身上的静电较大(1分)。

31. 答:机油变质的原因主要有以下几点:(1)机件摩擦所产生的屑末沉积(0.5分);(2)燃烧时,高温氧化产生的漆膜、沉积物胶质和积碳(1分);(3)外界侵入机油的灰尘(0.5分);(4)燃烧时生成的酸性物质(0.5分);(5)曲轴箱通风装置阻塞,机油散热不良,机油受热自然形成胶质(1分);(6)过浓混合气中未雾化的汽油混入机油(1分);(7)水套中的冷却水渗入机油等(0.5分)。

32. 答:一类添加剂是润滑脂所特有的,叫胶溶剂,它使油皂结合更加稳定(2分)。钙基润滑脂中一旦失去水,其结构就完全被破坏,不能成脂,如甘油在钠基润滑脂中可以调节脂的稠度(1分)。另一类添加剂和润滑油中的一样,如抗氧、抗磨和防锈剂等,但用量一般较润滑油中多(2分)。

33. 答:润滑油添加剂按功能分主要有抗氧化剂、抗磨剂、摩擦改善剂(又名油性剂)、极压添加剂、清净剂、分散剂、泡沫抑制剂、防腐防锈剂、流点改善剂、黏度指数增进剂等。(少答一项扣0.5分)

34. 答:润滑油在使用中要与空气接触,同时设备也会产生热量,使运转中的摩擦部位温度升高,另外,设备中的各种金属材质,如铜、铁等均会起催化作用加速油品的氧化变质(1分),最终使润滑油黏度增加,生成酸性物质腐蚀金属材质(1分),也会生成各种炭状或沥青状沉淀物质如漆膜等堵塞管路(1分)。所有这些变化均对油品的继续使用和设备正常运行带来不利影响,因此要求油品有较好的抗氧和抗腐作用。在油品中加入抗氧和抗腐添加剂,其目的是抑制油品的氧化过程(1分),钝化金属对氧化的催化作用,起到延长油品使用和保护机器的作用(1分)。

35. 答:导体是善于导电的物体,即是能够让电流通过材料;不善于导电的物体叫绝缘体,绝缘体的电阻率极高。电阻率小于 10^{-5} Ω·m 的称导电体,如金属材料等。电阻率大于 10^{8} Ω·m 的称绝缘体,如陶瓷、橡胶、塑料等材料。介于两者之间的称半绝缘体或半导体(3分)。绝缘体和导体,没有绝对的界限,绝缘体在某些条件下可以转化为导体(2分)。

36. 答:因为燃油发放用的计量表是以体积(L)为单位(2分),而在统计中均以重量(kg)为计量单位(2分),因此就需要我们从油品中测得准确的燃油密度换算油品重量(1分)。

37. 答:(1)清除积碳,清洁燃油系统(1分)。(2)增强动力性能(1分)。(3)改善雾化,节省燃油(1分)。(4)防腐、防锈、润滑,保护引擎(1分)。(5)降低噪声、减少磨损,延长发动机寿命(0.5分)。(6)消除黑烟,降低排放(0.5分)。

38. 答:(1)检查机车时发现故障处所及时处理或报修(2分)。(2)司机应将机车运用状态、检修情况等作出记录和告知，并做好防溜再办理交接手续(1分)。(3)办理燃油、耗电、工具备品及机车行车安全装备的交接(2分)。

39. 答：电阻制动是制动时，变牵引电机为发电机，把列车运行的动能转换为电能，再把电能加载制动电阻上，变成热能而消散的制动方式(3分)。电力机车、电传动内燃机车和电动车辆等都可采用电阻制动(2分)。

40. 答：(1)取样器、油样瓶应用被取油品冲洗至少一次(1分)。(2)油样瓶上应有取样罐号和取样位置标记(1分)。(3)取样应遵从从上到下的顺序进行，以免搅动底层油(1.5分)。(4)取样器口盖盖严后，投入指定取样位置打开，待液面气泡消失后再提出取样器(1.5分)。

41. 答：误差的来源归纳为：(1)设备引起的误差；(2)仪表引起的误差；(3)附加条件引起的误差；(4)人员误差；(5)方法误差。(每项1分)

42. 答：(1)降低温度，减少温差(存放地点为地下或半地下，以减少阳光暴晒，对地面罐淋水降温、选择浅色的油罐涂料颜色)(2分)。(2)存储到安全容量，减少气体空间(对装油量不满的油罐适时并存，在安全情况下尽可能装满)(2分)。(3)减少与空气的接触(采用密封容器)(1分)。

43. 答：(1)蒸发损耗。(2)阳光对罐壁的辐射，使罐内温度升高造成损失。(3)油罐漏气，密封垫老化，使气体外流甚至外溢引起的损失。(4)运输过程中罐车振荡颠簸，加速油品蒸发损失。(5)在燃油收、发时挥发所造成的损失。(每项1分)

44. 答：(1)加强储、输油设备的检查维修和保养，对储油罐各附件及输油管道、阀门、接头经常检查，做到不渗油、不漏气、不跑气。(2)严格执行收、发作业标准，控制好油罐安全容量，防止冒油、溢油发生，上油完毕应收集好胶管内余油。(3)接卸油时要将罐底余油吸净，注意沉淀后再用。(4)合理使用储油罐，尽量减少倒灌，充分利用油罐空容量，减少储油罐大呼吸损耗。(5)加强对地面油罐降温，减少蒸发损耗。(每项1分)

45. 答：变压器油在变压器中的主要作用是冷却和绝缘，因此它应具有良好的绝缘性、传热性、低温流动性、氧化安定性、热安定性和良好的电气性能。(每项1分)

46. 答：(1)附着力强，不易流失的性能。(2)较好的密封和防护性能。(3)耐挤压或油膜强度大的性能。(4)缓冲性能要好。(5)黏度受温度影响小，及黏温性能好。(每项1分)

47. 答：润滑脂是否变质最好通过化验来确定，人工判定主要依经验来判断(1分)。从润滑脂是否颜色变黑、表面形成胶膜、表面析油、表面乳化、变稀、变硬来断定(4分)。

48. 答：(1)根据实物与账务对比得出盈亏数量(1分)。(2)统计清查起止期内的燃油总发放数量(1分)。(3)以管理盈亏数除以总发出数得出的百分比即盈亏率(1分)。(4)按规定盈亏数不超过规定数据时，本单位财务列销或进账，如超出为燃油管理事故，要查明原因分清责任，并提出改进措施和处理意见(2分)。

49. 答：机车冷却用水应以去离子水为好(1分)；要求总硬度不大于0.05 mg/L(1分)；氯离子不大于5 mg/L(1分)；悬浮物不大于1 mg/L(1分)；pH值为6.5～7.0(1分)。

50. 答：多种因素全面分析，实事求是，用数据说话(2分)，准确计算，留有余地(1分)，既要防止计划过大，造成燃油积压(1分)，又要防止计划太小造成缺口，影响任务的完成(1分)。

51. 答：接地是为保证电工设备正常工作和人身安全而采取的一种用电安全措施(2分)。通过金属导线与接地装置连接来实现(1分)，接地装置将电工设备和其他生产设备上可能产生的漏电流、静电荷以及雷电电流等引入地下，从而避免人身触电和可能发生的火灾、爆炸等事故(2分)。

52. 答:常用的接地方式有保护接地、工作接地、防雷接地、屏蔽接地、防静电接地等。(每项1分)

53. 答:储油罐呼吸阀主要满足储油罐大小呼吸的通气要求与阻火器配套安装在储存甲、乙、丙类液体的储罐顶上(2分)。储油罐呼吸阀是保护油罐安全的重要附件,装设在油罐的顶板上(1分)。它的作用在一般情况下,保持油罐的密闭性,在一定程度上减少油品的蒸发损耗。而在必要时,能自动通气调节平衡油罐内外压力,对油罐起到安全保护作用(2分)。

54. 答:(1)以全年生产运输量(总万吨公里)和单位下达的万吨公里用油指标计算出的用油量(2分);(2)全年的检修、机械设备、机车打温及各项用油定额指标计算出的用油量(2分);(3)预计库存储备时(1分)。

55. 答:润滑油性能指标包括物理指标和化学指标(0.5分)。一般来说,高品质的润滑油,必须具备高的黏度指数(0.5分)、闪点高(0.5分)、凝点低(0.5分)、抗乳化性(0.5分)、抗泡沫性(0.5分)、抗氧化性(0.5分)、抗摩擦性(0.5分),以及橡胶兼容性(0.5分)都要好,而且色相要好,无刺激性气味(0.5分)。

56. 答:蒸馏水的纯度质量要求是含盐量,一般在1～5 mg/L(2分)。因为水中的含盐量减少,水的电阻率增加,就能用测定水的电阻率来衡量水的纯度(2分)。蒸馏水的电阻率要求在$0.1\times10^6\ \Omega\cdot cm$左右(1分)。

57. 答:(1)泵体或吸入管内引油不足(1分)。(2)空气进入泵体、油管内,致使存在气阻(1分)。(3)泵达不到应有压力(1分)。(4)泵叶轮转向相反(1分)。(5)油泵进口阀或储油罐闷头阀未打开(1分)。

58. 答:(1)油中有空气(1分)。(2)泵转速过高(1分)。(3)泵内齿轮间隙过小(1.5分)。(4)泵和电机不同心(1.5分)。

59. 答:油液中混入空气会促进氧化、腐蚀性酸生成(2分);混入异种油会使各项指标皆可能发生变化;混入水会促进氧化,发生锈蚀,发生乳化,影响燃烧性能(2分);混入固体会促进氧化,使胶质、机杂、灰分上升(1分)。

60. 答:如不重视燃油的质量验收,会出现不合格的燃油或其他油品误混进储油罐(2分);造成燃油质量下降,甚至导致整罐的燃油报废(2分);使经济遭受重大损失(1分)。

61. 答:燃油数量验收如马虎从事,计量不准确,会给管理工作造成混乱(1分);影响储存和发放数量的准确性(2分);影响运输生产(2分)。

62. 答:燃油消耗定额管理是促进企业改善生产经营,提高操作技术,降低燃油消耗,减少浪费,交流经验,增加节约的保证(4分);同时为燃油计划和燃油发放管理提供了必要的依据(1分)。

六、综合题

1. 答:卸油鹤管指插入油罐车的卸油管,一般为铝合金管也有采用耐油胶管及其他材料制成的(4分)。构造有:插入管;延伸管;垂直旋转接头;横管;S形旋转接头;均衡管;均衡块;直通旋转接头;中间立管;截止阀;下座管;固定底盘;鹤管基础(6分)。

2. 答:(1)泵不出油的故障原因及处理方法见表1(4分)。

表 1

故障原因	处理方法
过滤网堵塞	清除堵塞物
叶轮堵塞或磨损	清扫或更换叶轮
液面逐渐降低或空气进入	关小出口阀加以调节或排气

(2)出油量减少的故障原因及处理方法见表 2(6 分)。

表 2

故障原因	处理方法
(1)泵体吸入管内引油满 (2)填料盒不严密,进入空气	(1)停泵,灌满油后再开泵 (2)适当压紧填料法兰
空气进入管内形成气阻	打开排气阀,排除气体
达不到应有压力	检查叶轮是否磨损,电机转速是否降低
进口阀或储油罐阀门未开	开启进口阀和油罐阀门

3. 答:椭圆齿轮流量表是目前应用最普遍的一种流量表,由计量室、密封联轴器、计数器三部分组成(2 分)。它的测量部分是由两个相互啮合的椭圆形齿轮及计量室衬套壁组成(2 分),椭圆齿轮靠流量表进出口压力差产生力矩而使其转动,两个椭圆形齿轮因相对位置变化,同时驱动它轮转动,两个椭圆形齿轮转动的同时,将被测介质以半月形容积为单位,一次次地由进口排至出口,根据椭圆齿轮旋转反映到刻度盘上的指针和累计数便可知道燃油的容积量,从而换算出重量(6 分)。

4. 答:LC12 型椭圆齿轮流量表除现场显示液体总量外,装有 ZF 高频振荡器与显示仪表联用。同时可进行密度换算和定出发放量自行控制(4 分)。远传装置是将永久磁铁装在流量表后的某减速轮上,并在适当位置安一只簧管,当磁铁转动时吸合和释放干簧管触点发出的脉冲信号,再以电子计数器或电子磁计数器进行累计和显示(6 分)。

5. 答:(1)石油测深钢卷尺。(2)量水尺。(3)温度计。(4)保温盒。(5)采样器。(6)量筒。(7)石油密度计。(一项未答扣 1.5 分)

6. 答:石油密度计采用温度计玻璃制造,根据其最小分度值和测量范围进行分类,共九支(4 分)。其下部为躯体,上部为干管,躯体下部为清洁干燥的金属小弹粒用玻璃固定不得明显位移,干管内壁粘固有带有刻度的坚韧洁白纸条作标尺,即由躯体、压载室、干管、分度表四部分组成(4 分)。密度计在油品中能垂直,自由漂浮,由它浸没于油品的深度读数来直接测得油品的密度(2 分)。

7. 答:采样器的材质为铜、铝或与铁器撞击不产生火花的材料制成,底部为铝板增加重量,中部用铜板制成筒状盛油样,上部制成圆锥状与软木塞紧密配合,上部外侧黄铜手柄接在采样器的耳状柄上,手柄、软木塞拴有防火材料制成的链或绳(4 分)。采样器取样时,先用软木塞将口盖盖严,投至规定深度时,拉动绳子打开口盖,油品灌入采样器中,待液面气泡停止后提出采样器(6 分)。

8. 答:(1)要有检定合格证,状态良好的密度计(1 分)。(2)密度计、量筒应清洁干净,用柔软洁净的纸或棉纱擦拭(1分)。(3)油品试样清洁,量筒用少量油样冲洗后倾斜45°采得的油样沿量筒壁倒入,以免产生气泡(2分)。(4)密度计干管液面上浸湿不超过两个最小分度值,在量筒中自由飘浮,距量筒壁和底部均不少于25 mm(2分)。(5)眼睛略高于液面,估读干管月牙面上缘读数,精确到0.000 1 g/cm³(2分)。(6)搅动油样后,第二次测量视密度,最后取两次的平均值(2分)。

9. 答:粘着系数是机车动轮和钢轨接触点上的静摩擦系数,即相对速度趋于零时的滑动摩擦系数(3分)。它同许多因素有关,主要有:①动轮受力状态:机车原动机传给动轮的力越是均衡、稳定,粘着系数就越大(2分);②动轮踏面和钢轨表面的状态:表面越是平整、干燥,粘着系数就越大;如果表面不平、潮湿或有霜、雪、冰、水、油垢等,则粘着系数降低;向动轮和钢轨间撒以小颗粒的干砂,可以增大摩擦力,提高粘着系数(2分);③机车运行速度:粘着系数随机车运行速度的提高而降低(1分);④线路的曲线半径:机车在曲线线路上运行,受离心力和向心力的影响,动轮在钢轨上产生横向滑动,曲线半径越小,粘着系数越低(1分);⑤动轮直径和装配(1分)。

10. 答:(1)以月盘点测出的油品密度和下月大气平均温度作为油品温度换算出单位体积重量作为下月油品发放密度(5分)。(2)用每天测定的单位体积重量的累计数,取算术平均值和下月平均气温换算作为下月油品发放密度的依据(5分)。

11. 答:下月发放密度=(当月日测发放密度累计数/日测次数)+0.000 7×(当月平均发放温度-估算下月油温)±$\rho_{变}$(6分)。其中:当月平均发放温度指日测发放密度同时测得温度的平均数(2分);估算下月油温指从累计资料中得出或气象台气温变化(1分);0.000 7指石油密度温度系数的近似值(6分);$\rho_{变}$指考虑的产地、资源、牌号变化引起的密度变化值。

12. 答:滚筒式烤砂炉按滚筒直径分580和800两种,由火箱、滚筒、卸砂箱、烟筒、传动和支承装置组成(4分)。烤砂炉为直流式,砂子和燃气流动方向一致,湿砂由后端的提斗机送入烤砂筒后,由电动机传动旋转,因滚筒具有1/25的坡度,筒内的砂子旋转前移,直接与燃气接触,水分被蒸发,砂被烤干,烤砂筒与前端的筛砂筒相连接,筛后的粗砂流入废砂箱,合格的干砂漏入集砂箱,通过挤压罐送向砂塔或储砂房,或用输送机送至储砂房储存(6分)。

13. 答:挤压式风力给砂设备较为普遍,基本构造由空压机、储风缸、挤压罐、输砂管等组成(4分)。挤压罐设两个进砂口,一次能将0.6 m³的干砂送入挤压罐,风压500 kPa的压力空气进入挤压罐利用风力挤砂,使砂经输砂管进入砂塔。一罐0.6 m³的干砂,可于3~5 min送入砂塔(6分)。

14. 答:轮乘制是机车不固定乘务组,而由许多乘务员机班轮流使用,机车乘务员和地勤人员分别负责机车的自检自修和日常保养工作(3分)。其优点为:(1)机车运用不受乘务组休息时间的限制,可以缩短非生产停留时间,有助于发挥内燃、电力机车的优越性,提高机车运用效率(3分)。(2)合理掌握乘务员作息时间,实行长交路运行,提高乘务员的劳动生产率(2分)。(3)便于掌握机车集中检修,提高检修人员的劳动生产率(2分)。

15. 答:机车整备作业过程中必须有一套严密的组织和管理制度,除具备良好的整备设施外,还应坚持:"一个统一"、"两个结合"原则(2分)。"一个统一"是指整备场所的一切工作人员,无论是运用人员,还是检修人员及检测人员均由值班员统一指挥(2分)。"两个结合"就是地勤人员作业与乘务员作业相结合,地勤检查与行修维修相结合(2分)。机车整备作业要有明确的机车乘务员和地勤人员的作业范围、程序、标准,各岗位分工明确(2分),使机车整备作业程序化、规范化,保证各部门之间衔接有序,节省时间,提高机车整备工作效率(2分)。

16. 答:机车牵引力是与运行方向相同并可以由司机根据需要调节的外力(2分)。机车牵引力的产生,是由机车动力装置发出的扭矩经传动装置传递,在各动轮的轮周上形成切线力(2分),依靠动轮与钢轨间的粘着作用而产生反作用力(2分)。这种由钢轨作用于动轮周上的切向外力之和,即为机车轮周牵引力,简称机车牵引力(2分)。机车牵引力用符号F表示(2分)。

17. 答:(1)电传动内燃机车和电力机车的牵引电机电刷全部拔掉,拆除传动轴轴箱测速发电机的机械连接;液力传动内燃机车应拆除与轮对连接的万向轴(4分)。(2)按不同类型机车制动机无动力回送要求,切断制动阀与列车管的通路,开放无动力装置塞门,制动缸活塞行程调整至标准的最大值,分配阀、安全阀调整至150～200 kPa。克诺尔型制动机手柄置于锁闭位,开放非常阀(4分)。(3)内燃机车排净柴油机的冷却水和润滑油,冬季注意防冻(2分)。

18. 答:静电对人身体有害,很可能诱发头痛、心烦、失眠、皮肤干裂等症状(1分);静电还可能击穿电子元器件,损害数码产品、IT产品、医疗电子器械、精密工业设备等(1分);静电放电还可能引发油气、粉尘等爆炸或燃烧,引发火灾(2分)。预防静电的产生有如下内容:(1)减少摩擦,在摩擦不可避免的情况下,尽量让摩擦无法起电,如:穿棉麻衣物,不穿化纤衣物;在生产应用上,尽量避免使用不能摩擦起电的部件或是物料,比如,用铁桶装燃油而不是用塑料桶(2分)。(2)尽量减小用电功率,减少电磁场产生的静电,跟电磁场保持距离,如:给设备加静电屏蔽装置,穿戴静电防护品等(2分)。(3)减少静电附着体,定期清除生活和工作空间的尘埃,保持工作和生活场所有合适空气湿度(2分)。

19. 答:(1)时效硬化:润滑脂的稠度随贮存时间而增加的硬化现象(2分)。(2)表观黏度:按伯肃叶方程算得的非牛顿流体的剪切应力与减速之比,单位为泊。大多数的润滑脂的表观黏度随剪切速度和温度而变化(2分)。(3)外观:只用直观检查的办法所看到的润滑脂特性,通常包括:整体外观、质地荧光、颜色和光泽等(2分)。(4)稠度:是指塑料性物质在外力作用下抵抗变形的程度,如同黏度是流动性的表征一样,稠度是可塑性的一个特征,稠度通常用锥入度表示(2分)。(5)可分配性:是表示润滑脂从其容器(如储罐)送到使用点的难易程度,可分配性包括泵送性和供料能力(2分)。

20. 答:(1)从事油料工作的作业者,就业前均应进行健康检查。凡患有神经系统疾患、内分泌疾患、心血管疾患、血液病、肺结核、肝脏病等不宜从事此类工作,在定期健康检查中,凡确诊上述疾病的患者均应调离(1分)。(2)对油料的毒性要有足够的认识,不可麻痹,工作中必须严格遵守有关操作规程(2分)。(3)操作者应穿工作服,戴防护手套,下班时要用肥皂、清水洗净手、脸,有条件最好洗澡(2分)。(4)不要随意进入油罐内清扫底油。如需要清洗油罐时,应先采取自然通风或机械通风等办法,降低罐内油蒸气的浓度。进罐人员必须穿上工作服、胶鞋、戴橡胶手套,必要时还要戴上过滤式防毒面具,系上保险带和信号绳。另外,油罐外面应有专人守护,随时联系,也便于轮换作业。每人连续工作时间不宜超过15 min(4分)。(5)工作中发现有头晕、头痛、呕吐等中毒症状时,应立即停止工作,到空气新鲜的地方休息,严重者应尽快送到医院(1分)。

21. 答:首先拆开接地干线与接地体的连接点,或拆开接地干线上所有接地支线的连接点,将两根接地棒分别插入地面400 mm深,一根离接地体40 m远,另一根离接地体20 m远(2分)。其次把兆欧表置于接地体近旁平整的地方,然后进行接线(用一根连接线连接表上接线桩 E 和接地装置的接地体 E′,一根连接线连接表上接线桩 C 和离接地体 40 m 远的的接地棒 C′,一根连接线连接表上接线桩 P 和离接地体 20 m 远的接地棒 P′)(2 分)。最后根据被测接地体的接地电阻要求,调节好粗调旋钮,以约 120 r/min 的速度均匀地摇动兆欧表。当表针偏转时,随即调节微调拨盘,直至表针居中为止。以微调拨盘调定后的读数,去乘以粗调定位倍数,即是被测接地体的接地电阻(4 分)。为了保证所测接地电阻值的可靠,应改变方位重新进行复测,取几次测得值的平均值作为接地体的接地电阻(2 分)。

22. 答:机车走行部(包括车底部)、基础制动装置和牵引装置、空气压缩机和制动机及撒砂装置、硅整流和电阻制动装置、各电器柜、各辅助机组、主断路器及附属装置、主变压器及附属装置、互感器及平波电抗器、接线端子插头插座及电子板插件、蓄电池组、照明装置和信号标志、受电弓和各绝缘瓷瓶、各监督计量器具、行车安全装备信号灯旗及防护用品。(少答一项扣1分)

23. 答:(1)经常检查添加蒸馏水,保持规定的电解液液面高度(2 分)。(2)电池放电后应在最短时间内进行充电,以防极板发生硫化现象(2 分)。(3)机车启动后应等待蓄电池充电电流下降到 20 A 左右,方可停机(1 分)。(4)机车连续启动不得超过 3 次,且连续启动间隔不得少于 2 min(1 分)。(5)检查蓄电池需戴好防护手套,严禁明火,禁止将金属物品放在蓄电池上(2 分)。(6)检查比重或补充蒸馏水,防止电解液溅出灼伤(2 分)。

24. 答:(1)求出清查时刻的账存数:52 346+10 328−6 928=55 746(kg)(2 分)

(2)求自然损耗:泵装损耗(275 358+6 928)×0.12%=339(kg)

泵卸损耗(261 772+10 328)×0.18%=490(kg)

损耗小计:339+490=829(kg)(2 分)

(3)求实物总数:55 668+800=56 468(kg)(2 分)

(4)求盈亏数:56 468−(55 746−829)=1 551(kg)(2 分)

(5)求盈亏率:1 551÷(275 358+6 928)×100%=0.55%(2 分)

25. 答:(1)卸油、加注燃油时,由于燃油在泵输送过程中与输油管壁、容器等相互摩擦而产生静电(2 分)。(2)明流注油时,油滴通过气化空间溅射降落与油气间的摩擦或油流与空气及油气混合气的相互摩擦,产生静电荷(2 分)。(3)燃油在运输中振荡不断与罐壁摩擦产生静电荷(2 分)。(4)燃油温度降低,产生更多静电荷(1 分)。(5)同品种油新旧搅拌,产生静电荷显著增加(1 分)。(6)油泵等机械的传动皮带与飞轮摩擦产生静电(1 分)。(7)油品不导电,产生的静电不易导出,随油量增加造成静电积累,虽然经过静置有耗散,但积累到一定电位就会发生放电,引起油库起火爆炸(2 分)。

26. 答:(1)变压器油泵烧损修复以后(2 分)。(2)潜油泵烧损更换时(2 分)。(3)运行多年而未进行滤油的(2 分)。(4)架修主变压器时(2 分)。(5)变压器油含有游离碳时(1 分)。(6)闪点下降及发生其他情况(1 分)。

27. 答:柴油机工作时,通过静液压变速箱使静液压泵运转(2 分),带动其内部活塞运动(2 分),将柴油机的机械能转换为液体的势能(2 分),液体以一定的压力和速度流入管路(2 分),经各种控制阀到静液压马达,将液体势能转换为机械能驱动冷却风扇旋转做功(2 分)。

28. 答:(1)机油的消耗量随柴油机负荷的增加而增加,负荷越大柴油机各处温度越高。从而使机油的黏度降低,以致分解和氧化(3 分)。(2)机油的消耗量随柴油机转速的增加而增加,转速高时加速机油的分解和燃烧(2 分)。(3)机油的消耗量随机油的稀释而增加,机油稀释后黏度变小，易于流动和挥发(2 分)。(4)如活塞和气缸间隙过大，油环作用不良使机油窜入燃烧室参加燃烧，也造成机油的大量消耗(3 分)。

29. 答：柴油机每千瓦小时所消耗的燃油量称为燃油消耗率(3 分)。燃油消耗率是评价柴油机经济性能的主要指标(1 分)，燃油消耗量的多少与设计制造、操作运用、保养和调整等因素有关(3 分)。燃油消耗率＝燃油消耗量(g)/[柴油机有效功率(kW)×工作时间(h)](2 分)，其单位为 g/kW·h(1 分)。

30. 答：防雷接地是受到雷电袭击(直击、感应或线路引入)时，为防止造成损害的接地系统(2 分)。防雷接地作为防雷措施的一部分，其作用是把雷电流引入大地(2 分)。建筑物和电气设备的防雷主要是用避雷器(包括避雷针、避雷带、避雷网和消雷装置等)的一端与被保护设备相接，另一端连接地装置，当发生直击雷时，避雷器将雷电引向自身，雷电流经过其引下线和接地装置进入大地(4 分)。此外，由于雷电引起静电感应副效应，为了防止造成间接损害，如房屋起火或触电等，通常也要将建筑物内的金属设备、金属管道和钢筋结构等接地(2 分)。

31. 答：机械呼吸阀是靠阀盘自身的重量，控制油罐的呼气压力或吸气真空度，保持罐内一定压力(2 分)。当罐内油气压力大于油罐允许压力时，油蒸汽经压力阀外逸，此时真空阀处于关闭状态(2 分)；当罐内油汽压力小于油罐允许真空度时，新鲜空气通过真空阀进入罐内，此时压力阀处于关闭状态(2 分)。使用中应注意：呼吸阀座盘若太轻或有损坏，容易使罐内轻质油品的蒸汽大量向罐外散逸，或阀盘升降失灵，就有可能使有关产品爆裂或压瘪变形的危险。机械呼吸阀有时会锈蚀发生堵塞，在冬季会因油蒸汽内含水而使阀盘与阀座冻结(4 分)。

32. 答：液压安全阀是装设在油罐顶上，保护油罐安全的一个重要附件(1 分)。当机械呼吸阀发生故障时，液压安全阀就能代替机械呼吸阀进行排气或放气(2 分)。液压安全阀控制的压力或真空值比机械呼吸阀高 10%，因此在正常情况下是不会动作的(2 分)。阀内用沸点高(夏天不易挥发)、蒸发慢、凝点低(冬天不至于凝固)的油品(如轻柴油、太阳油或变压器油)作为密封液体(1 分)。它的启闭件受外力作用下处于常闭状态，当设备或管道内的介质压力升高，超过规定值时自动开启，通过向系统外排放介质来防止管道或设备内介质压力超过规定数值(4 分)。

33. 答：(1)进入油罐内作业时，应戴防毒面具，罐外有专人看护。(2)油罐及管线开关等设备不应有泄漏，油罐安全密封。(3)保持泵房空气流通，降低空气中油气浓度。(4)尽量减少燃油与皮肤的接触，养成良好防毒习惯。(5)接触毒气时间较长的工作人员要定期体检，定期疗养，并给予营养补贴。(每项 2 分)

34. 答：柴油的测定指标有：氧化性、硫含量、酸度、十六烷值、残炭、灰分、闪点、密度、凝点、着火性、铜片腐蚀、水分、机械杂质等(6 分)。

其最重要的使用性能为：

(1)着火性：高速柴油机要求柴油喷入燃烧室后迅速与空气形成均匀的混合气，并立即自动着火燃烧，因此要求燃料易于自燃。从燃料开始喷入气缸到开始着火的间隔时间称为滞燃期或着火落后期。燃料的自燃点低，则滞燃期短，即着火性能好(2 分)。

(2)流动性：凝点是评定柴油流动性的重要指标，它表示燃料不经加热而能输送的最低温度。柴油的凝点是指油品在规定条件下冷却至丧失流动性时的最高温度(2 分)。

35. 答：蓄电池放电：金属铅是负极，发生氧化反应，被氧化为硫酸铅；二氧化铅是正极，发生还原反应，被还原为硫酸铅(3 分)。化学反应过程如下：$PbO_2 + Pb + 2H_2SO_4 \longrightarrow 2PbSO_4 +$

$2H_2O$(2 分)。蓄电池充电：在正、负极板上的硫酸铅会被分解还原成硫酸、铅和氧化铅，同时在负极板上产生氢气，正极板产生氧气，电解液中酸的浓度逐渐增加，电池两端的电压上升。当正、负极板上的硫酸铅都被还原成原来的活性物质时，充电就结束了(3 分)。化学反应过程如下：$PbSO_4 + 2H_2O + PbSO_4 \longrightarrow PbO_2 + 2H_2SO_4 + Pb$(2 分)

36. 答：(1)蒸发。燃油的馏分轻、沸点低、易蒸发，从而引起理化性质变化。蒸发不仅数量减少，而且质量降低(2.5 分)。(2)氧化。燃油在储存中总会与空气中的氧接触，尤其温度高的时候，容易氧化变质，氧化的后果使酸度和胶质都会增长，并出现黑色沉淀(2.5 分)。(3)混入杂质和水分。燃油在收、发、储存过程中，要与容器、管路、器材接触，会使许多杂质如灰尘、泥砂、金属末和水分等混入油中，刮风或雨、雪天收卸燃油或计量、化验取样也容易使水分、杂质落入油中，燃油中的不同烃类也会吸收少量的溶解水，油罐中的温度变化也能使蒸汽水凝结于罐底(2.5 分)。(4)混油。燃油的牌号不同，凝固点区别很大，如不分存，混装在一起，就可能影响油品的质量(2.5 分)。

37. 答：(1)对机车整体进行全面清扫和详细检查(1 分)。(2)去掉柴油机各机件上的防腐油(1 分)。(3)检查所有机件的安装状态(1 分)。(4)检查机油、冷却水、燃油等各管路连接、各阀的位置等(2 分)。(4)排除燃油管路中的空气(1 分)。(5)打开示功阀进行盘车，检查各运动机件动作(2 分)。(6)检查柴油机喷油泵及其联动机构(1 分)。(7)将司机控制器手柄由 0 位依次移至 16 位，检查电气设备及联合调解器动作(1 分)。

38. 答：在安装防雷设施时，应对油罐周围的一切金属构件、电气设备、管线等作统一的全面考虑，同时不许有架空线进入罐区，避免产生放电火花及将雷电波导入(4 分)。另外，在阴雨天气不宜进行收发油作业，必须进行的，要严格按照安全操作规程进行操作(2 分)。避免罐内外形成的大量易燃易爆混合物与雷击爆炸起火(2 分)。对于防雷设施要进行定期检查，保证其完好有效(2 分)。

机车整备工(初级工)技能操作考核框架

一、框架说明

1. 依据《国家职业标准》注,以及中国中车确定的“岗位个性服从于职业共性”的原则,提出机车整备工(初级工)技能操作考核框架(以下简称:技能考核框架)。

2. 本职业等级技能操作考核评分采用百分制。即:满分为100分,60分为及格,低于60分为不及格。

3. 实施“技能考核框架”时,考核制件(活动)命题可以选用本企业的加工件(活动项目),也可以结合实际另外组织命题。

4. 实施“技能考核框架”时,考核的时间和场地条件等应依据《国家职业标准》,并结合企业实际确定。

5. 实施“技能考核框架”时,其“职业功能”的分类按以下要求确定:

(1)“机车整备”与“机车整备用料管理”属于本职业等级技能操作的核心职业活动,其项目代码为“E”。

(2)“设备设施检查养护”与“安全防护”属于本职业等级技能操作的辅助性活动,其项目代码分别为“D”和“F”。

6. 实施“技能考核框架”时,其“鉴定项目”和“选考数量”按以下要求确定:

(1)按照《国家职业标准》有关技能操作鉴定比重的要求,本职业等级技能操作考核活动的“鉴定项目”应按“D”+“E”+“F”组合,其考核配分比例相应为:“D”占20分,“E”占60分,“F”占20分。

(2)在“E”类鉴定项目——“燃油加注作业”和“各类油、脂加注作业”全部考核,“补水、上砂作业”和“蓄电池整备”任选一项进行考核,“保洁作业”和“机车防寒防冻整备”任选一项进行考核,“燃油及油脂的管理”和“冷却液、砂的管理”任选一项进行考核。

(3)依据中国中车确定的“其余‘鉴定项目’的数量可以任选”的规定,在“D”鉴定项目中,选取1项进行考核;在“F”类鉴定项目中,选取2项进行考核。

(4)依据中国中车确定的“确定‘选考数量’时,所涉及‘鉴定要素’的数量占比,应不低于对应‘鉴定项目’范围内‘鉴定要素’总数的60%,并向上取整”的规定,考核制件的鉴定要素“选考数量”应按以下要求确定:

①在“D”类“鉴定项目”中,在已选定的1个鉴定项目中,至少选取所对应的全部鉴定要素的60%项,并向上保留整数。

②在“E”类“鉴定项目”中,在已选的5个鉴定项目所包含的全部鉴定要素中,至少选取总数的60%项,并向上保留整数。

③在“F”类“鉴定项目”中,在已选定的2个鉴定项目中,至少选取所对应的全部鉴定要素的60%项,并向上保留整数。

举例分析：

按照上述“第 6 条”要求，若命题时按最少数量选取，即：在“D”类鉴定项目中选取了“消防设施保养”1 项，在“E”类鉴定项目中选取了“燃油加注作业”、“各类油、脂加注作业”、“补水、上砂作业”、“机车防寒防冻整备”和“燃油及油脂的管理”5 项，在“F”类鉴定项目中选取了“防寒、防滑安全”和“防火作业”2 项，则：此考核制件所涉及的“鉴定项目”总数为 8 项，具体包括：“消防设施保养”，“燃油加注作业”、“各类油、脂加注作业”、“补水、上砂作业”、“机车防寒防冻整备”、“燃油及油脂的管理”，“防寒、防滑安全”、“防火作业”。

此考核制件所涉及的鉴定要素“选考数量”相应为 15 项，具体包括：“消防设施保养”鉴定项目包含的全部 2 个鉴定要素中的 2 项，“燃油加注作业”、“各类油、脂加注作业”、“补水、上砂作业”、“机车防寒防冻整备”、“燃油及油脂的管理”5 个鉴定项目包括的全部 16 个鉴定要素中的 10 项，“防寒、防滑安全”和“防火作业”鉴定项目包含的全部 5 个鉴定要素中的 3 项。

7. 本职业等级技能操作需要两人及以上共同作业的，可由鉴定组织机构根据“必要、辅助”的原则，结合实际情况确定协助人员的数量。在整个操作过程中，协助人员只能起必要、简单的辅助作用。否则，每违反一次，至少扣减应考者的技能考核总成绩 10 分，直至取消其考试资格。

8. 实施“技能考核框架”时，应同时对应考者在质量、安全、工艺纪律、文明生产等方面行为进行考核。对于在技能操作考核过程中出现的违章作业现象，每违反一项(次)至少扣减技能考核总成绩 10 分，直至取消其考试资格。

注：按照中国中车规定，各《职业技能操作考核框架》的编制依据现行的《国家职业标准》或现行的《行业职业标准》或现行的《中国中车职业标准》的顺序执行。

二、机车整备工(初级工)技能操作鉴定要素细目表

职业功能	鉴定项目				鉴定要素		
	项目代码	名　称	鉴定比重(%)	选考方式	要素代码	名　称	重要程度
设备设施检查养护	D	机车整备设备保养	20	任选	001	储油设施的检查保养	X
					002	卸、加油装置的保养	X
					003	冷却液设备的保养	X
					004	烤砂、上砂设备的保养	X
		消防设施保养			001	灭火器材的检查维护保养	X
					002	消防栓与消防泵的维护保养	X
机车整备	E	燃油加注作业	15	全选	001	复核机车燃油箱燃油存量	Y
					002	使用加油设备完成加油作业	X
					003	完成相关单据账簿的填写	X
		各类油、脂加注作业	15		001	机车传动轴加注润滑脂	X
					002	机车润滑、传动、冷却油油位检查	X
					003	机车润滑、传动、冷却油补充加注	X
					004	机车各部废油排放收集	X

续上表

职业功能	鉴定项目				鉴定要素		
	项目代码	名称	鉴定比重(%)	选考方式	要素代码	名称	重要程度
机车整备	E	补水、上砂作业	5	任选	001	对机车冷却水箱换、补水	X
					002	对机车制动砂箱上砂	X
					003	填写相关记录	Y
		蓄电池整备			001	电解液比重的测量	X
					002	电解液蒸馏水的补充	Y
		保洁作业	5	任选	001	对机车外部进行保洁	X
					002	对机车整备场所进行保洁	X
		机车防寒防冻整备			001	加挂机车冷却室防寒被	X
					002	机车打温的操作	X
机车整备用料管理		燃油及油脂的管理	20	任选	001	识读燃油加注流量表	X
					002	核对填报燃油发放数量	X
					003	燃油、油脂入库验收办理	X
					004	登记填写燃油及油脂账务台账	X
		冷却液、砂的管理			001	冷却液存储检查及补充	X
					002	石英砂入库数量、质量验收	X
					003	晒砂、筛砂作业	X
安全防护	F	防寒、防滑安全	10	任选	001	对输油管、水路进行防寒处理	X
					002	对整备作业场地进行防滑处理	X
		相关安全防护			001	登高作业安全防护	X
					002	机车车辆防溜与防护作业	X
		防火作业	10	必选	001	使用干粉灭火气扑救初起火源	X
					002	使用消防泵、消防栓灭火	X
					003	对储油罐进行降温处理	X

注：重要程度中X表示核心要素，Y表示一般要素。下同。

机车整备工(初级工)
技能操作考核样题与分析

职业名称：______________________

考核等级：______________________

存档编号：______________________

考核站名称：______________________

鉴定责任人：______________________

命题责任人：______________________

主管负责人：______________________

中国中车股份有限公司劳动工资部制

职业技能鉴定技能操作考核制件图示或内容

考核项目一:机车整备作业及用料管理

考核内容:复核机车燃油存量、操作加油设备给燃油箱加注燃油、识读流量表并核对登记发放数量;检查加注柴机油、传动轴润滑脂;机车冷却水箱换、补水;制动砂箱上砂;机车外部保洁。

考核项目二:机车整备设施保养作业

考核内容:对作业现场灭火器材检查保养。

考核项目三:安全防护作业

考核内容:待整备机车的防溜与防护;模拟使用消防器材扑救初期火灾;对现场储油罐进行降温处理。

技术要求:

(1)必须穿戴劳动保护用品。

(2)必备的工具、用具准备齐全。

(3)按操作规程操作,作业完毕设备设施、工具归位整齐。

(4)符合安全、文明生产要求。

考试规则:

(1)如操作违章,将停止考试,发生事故取消考试资格,按零分计。

(2)以实际操作过程与结果按评分标准进行评分。

(3)考核时限为150分钟。每超过10分钟扣5分,不足10分钟按5分计扣,超时30分钟停止操作,按完成项目评分。

职业名称	机车整备工
考核等级	初级工
试题名称	初级机车整备工技能操作考核试题
材质等信息	

职业技能鉴定技能操作考核准备单

职业名称	机车整备工
考核等级	初级工
试题名称	初级机车整备工技能操作考核试题

一、材料准备

柴油、机油、润滑脂、石英砂、蒸馏水(软水)、引火木材。

二、工、量、卡具准备清单

序号	名　称	规　格	数　量	备　注
1	润滑脂加油枪	标准	1把	
2	手电(低压照明灯)		1把	
3	铁锹或簸箕		1把	
4	手推运砂车		1辆	
5	红、绿旗	标准	1副	
6	铁鞋(止轮器)	标准	2只	

三、考场准备

1. 相应的公用设备设施

(1)加油机、高压冲洗机、洒水设施、干粉灭火器。

(2)操作架。

2. 相应的场地及安全防范措施

(1)场地及地沟整洁无油污。

(2)消防设施齐备。

(3)个人防护用品(劳动保护工作服、劳动保护工作鞋、手套、护目镜等自备)。

3. 其他准备

四、考核内容及要求

1. 考核内容

按职业技能鉴定技能操作考核制件图示或内容制作。

2. 考核时限

应满足国家职业技能标准中的要求,本试题为150分钟。

3. 考核评分(表)

职业名称	机车整备工		考核等级	初级工	
试题名称	初级机车整备工技能操作考核试题		考核时限	150 分钟	
鉴定项目	考核内容	配分	评分标准	扣分说明	得分
机车整备作业及用料管理	燃油加油及用料管理	30	未复核机车燃油箱现有燃油存量扣 5 分，复核数值有误差扣 1～3 分；加油设备操作使用不熟练，视程度扣 2～5 分；加油过程中燃油溢出扣 5 分；识读燃油加注流量表有误差扣 2～5 分；核对填报燃油发放数量错误扣 5 分		
	润滑油脂加注作业	20	机车柴油机机油油位确认错误扣 5 分；机油补充超量或不足扣 10 分；机车走行部传动轴加注润滑脂每少一处扣 2 分，加注不符合规范要求扣 3 分		
	补水、上砂作业	5	视实际操作的不符合程度扣 1～3 分		
	机车保洁作业	5	视实际操作的不符合程度和结果扣 1～5 分		
设备设施的检查养护	消防设施的保养（对作业现场灭火器材进行检查维护）	20	检查过程中未确认灭火器材的有效性扣 10 分；维护情况视不符合程度扣 1～5 分		
安全防护	相关安全防护（对待整备机车采取防溜和防护措施）	10	在进行机车整备作业前未进行防溜检查扣 5 分；未采取防溜措施不得分；采取的防溜措施不当扣 3 分；未采取插红旗防护扣 3 分		
	防火作业（模拟使用干粉灭火器扑救初期火灾及对储油罐进行降温处理）	10	不会使用干粉灭火器扣 5 分，使用操作不熟练扣 1～2 分，灭火方法视不正确情况扣 1～3 分；对储油罐进行降温处理，视实际操作的不符合程度和结果扣 1～5 分		
质量、安全、工艺纪律、文明生产等综合考核项目	考核时限	不限	每超时 5 分钟，扣 10 分		
	工艺纪律	不限	依据企业有关工艺纪律规定执行，每违反一次扣 10 分		
	劳动保护	不限	依据企业有关劳动保护管理规定执行，每违反一次扣 10 分		
	文明生产	不限	依据企业有关文明生产管理规定执行，每违反一次扣 10 分		
	安全生产	不限	依据企业有关安全生产管理规定执行，每违反一次扣 10 分		

职业技能鉴定技能考核制件(内容)分析

职业名称	机车整备工
考核等级	初级工
试题名称	初级机车整备工技能操作考核试题
职业标准依据	国家职业标准

试题中鉴定项目及鉴定要素的分析与确定

分析事项 \ 鉴定项目分类	基本技能“D”	专业技能“E”	相关技能“F”	合计	数量与占比说明
鉴定项目总数	2	8	3	13	
选取的鉴定项目数量	1	5	2	8	
选取的鉴定项目数量占比(%)	50	62.5	66.7	61.5	鉴定要素满足60%的要求
对应选取鉴定项目所包含的鉴定要素总数	2	16	5	23	
选取的鉴定要素数量	2	10	3	15	
选取的鉴定要素数量占比(%)	100	62.5	60	65	

所选取鉴定项目及相应鉴定要素分解与说明

鉴定项目类别	鉴定项目名称	国家职业标准规定比重(%)	《框架》中鉴定要素名称	本命题中具体鉴定要素分解	配分	评分标准	考核难点说明
“D”	消防设施保养	20	灭火器材的检查维护保养	灭火器材的检查中必须确认该器材是否有效	10	未确认不得分；确认错误扣10分	难点
				灭火器材的维护保养	5	视不符合程度扣1～5分	
			消防栓与消防泵的维护保养	消防栓与消防泵的维护保养	5	视不符合程度扣1～5分	
“E”	燃油加注作业	60	复核机车燃油箱现有燃油存量	加注燃油前需确认机车燃油箱现有燃油存量	5	未复核扣5分，复核有误差扣1～3分	
			使用加油设备完成燃油加注作业	加油设备操作熟练程度	10	视不符合程度扣2～5分	
				操作中造成燃油溢出	5	溢出扣5分	
	燃油及油脂管理		识读燃油加注流量表	熟练识读流量表	5	不会识读不得分，识读有误差扣1～3分	难点
			核对燃油发放数量	核对填报燃油发放数量	5	核对填报错误不得分	
	各类油、脂加注作业		机车走行部传动轴加注润滑脂	传动轴润滑脂加注点到位，加注符合规范要求	5	每少一处扣2分，加注不符合规范要求扣3分	
			机车柴油机机油油位检查	正确确认机油油位状况	5	机油油位确认错误不得分	
			柴油机机油补充加注	机油补充加注不能超标或不足	10	机油补充超标或不足视情况扣3～5分	难点
	补水上砂作业		机车冷却水箱换补水	检查确认冷却水水位状况，依情况补充加注	3	视实际操作的不符合程度扣1～3分	

续上表

鉴定项目类别	鉴定项目名称	国家职业标准规定比重(%)	《框架》中鉴定要素名称	本命题中具体鉴定要素分解	配分	评分标准	考核难点说明
	补水上砂作业		机车制动砂箱上砂	检查确认砂箱砂量及有无异物,依情况补充	2	视实际操作的不符合程度扣1～2分	
	保洁作业		机车外部保洁	操作高压冲洗机清洁,确保机车外部全面整洁	5	视操作过程与结果的不符合程度扣1～3分	
"F"	安全防护	20	机车车辆的防溜与防护作业	整备作业前检查并做好机车防溜措施,并进行插红旗防护	10	作业前未进行防溜检查扣5分;未采取防溜措施不得分;采取的防溜措施不当扣3分;未采取插红旗防护扣3分	
	防火作业		使用干粉灭火器扑救初期火灾	会且熟练使用干粉灭火器,扑救模拟火情方法正确	5	不会使用干粉灭火器扣5分,使用操作不熟练扣1～2分,灭火方法视不正确程度扣1～3分	
			对储油罐进行降温处理	作业前检查洒水设施管路,上罐顶做好安全预防措施	5	视实际操作过程的不符合程度扣1～5分	
质量、安全、工艺纪律、文明生产等综合考核项目				考核时限	不限	每超时5分钟,扣10分	
				工艺纪律	不限	依据企业有关工艺纪律规定执行,每违反一次扣10分	
				劳动保护	不限	依据企业有关劳动保护管理规定执行,每违反一次扣10分	
				文明生产	不限	依据企业有关文明生产管理定规执行,每违反一次扣10分	
				安全生产	不限	依据企业有关安全生产管理规定执行,每违反一次扣10分	

机车整备工(中级工)技能操作考核框架

一、框架说明

1. 依据《国家职业标准》注,以及中国中车确定的“岗位个性服从于职业共性”的原则,提出机车整备工(中级工)技能操作考核框架(以下简称:技能考核框架)。

2. 本职业等级技能操作考核评分采用百分制。即:满分为100分,60分为及格,低于60分为不及格。

3. 实施“技能考核框架”时,考核制件(活动)命题可以选用本企业的加工件(活动项目),也可以结合实际另外组织命题。

4. 实施“技能考核框架”时,考核的时间和场地条件等应依据《国家职业标准》,并结合企业实际确定。

5. 实施“技能考核框架”时,其“职业功能”的分类按以下要求确定:

(1)“机车整备” 与“机车整备用料管理”属于本职业等级技能操作的核心职业活动,其项目代码为 “E”。

(2)“安全防护” 与“设备养护及故障处理”属于本职业等级技能操作的辅助性活动,其项目代码分别为“F”和“D”。

6. 实施“技能考核框架”时,其“鉴定项目”和“选考数量”按以下要求确定:

(1)按照《国家职业标准》有关技能操作鉴定比重的要求,本职业等级技能操作考核活动的“鉴定项目”应按“D”+“E”+“F”组合,其考核配分比例相应为:“D”占25分,“E”占50分,“F”占25分。

(2)在“E”类鉴定项目——“卸、加油作业”和“油、水、砂加注作业”任选一项进行考核,“隔离开关操作”、“蓄电池整备”和“机车防寒防冻整备”至少选择两项进行考核,“燃油及油脂的管理”和“冷却液、砂的管理”全部考核。

(3)依据中国中车确定的“其余‘鉴定项目’的数量可以任选”的规定,在“D”鉴定项目中,选取1项进行考核;在“F”类鉴定项目中,选取1项进行考核。

(4)依据中国中车确定的“确定‘选考数量’时,所涉及‘鉴定要素’的数量占比,应不低于对应‘鉴定项目’范围内‘鉴定要素’总数的60%,并向上取整”的规定,考核制件的鉴定要素“选考数量”应按以下要求确定:

①在“D”类“鉴定项目”中,在已选定的1个鉴定项目中,至少选取所对应的全部鉴定要素的60%项,并向上保留整数。

②在“E”类“鉴定项目”中,在已选的5个鉴定项目所包含的全部鉴定要素中,至少选取总数的60%项,并向上保留整数。

③在“F”类“鉴定项目”中,在已选定的1个鉴定项目中,至少选取所对应的全部鉴定要素的60%项,并向上保留整数。

举例分析：

按照上述“第 6 条”要求，若命题时按最少数量选取，即：在“D”类鉴定项目中选取了“加、卸油设备”1 项，在“E”类鉴定项目中选取了“卸、加油作业”、“隔离开关操作”、“蓄电池整备”、“燃油及油脂的管理”和“冷却液、砂的管理”5 项，在“F”类鉴定项目中选取了“隔离开关安全作业”1 项，则：此考核制件所涉及的“鉴定项目”总数为 7 项，具体包括：“加、卸油设备”，“卸、加油作业”、“隔离开关操作”、“蓄电池整备”、“燃油及油脂的管理”、“冷却液、砂的管理”，“隔离开关安全作业”。

此考核制件所涉及的鉴定要素“选考数量”相应为 15 项，具体包括：“加、卸油设备”鉴定项目包含的全部 3 个鉴定要素中的 2 项，“卸、加油作业”、“隔离开关操作”、“蓄电池整备”、“燃油及油脂的管理”、“冷却液、砂的管理”5 个鉴定项目包括的全部 17 个鉴定要素中的 11 项，“隔离开关安全作业”鉴定项目包含的全部 2 个鉴定要素中的 2 项。

7. 本职业等级技能操作需要两人及以上共同作业的，可由鉴定组织机构根据“必要、辅助”的原则，结合实际情况确定协助人员的数量。在整个操作过程中，协助人员只能起必要、简单的辅助作用。否则，每违反一次，至少扣减应考者的技能考核总成绩 10 分，直至取消其考试资格。

8. 实施“技能考核框架”时，应同时对应考者在质量、安全、工艺纪律、文明生产等方面行为进行考核。对于在技能操作考核过程中出现的违章作业现象，每违反一项（次）至少扣减技能考核总成绩 10 分，直至取消其考试资格。

注：按照中国中车规定，各《职业技能操作考核框架》的编制依据现行的《国家职业标准》或现行的《行业职业标准》或现行的《中国中车职业标准》的顺序执行。

二、机车整备工（中级工）技能操作鉴定要素细目表

职业功能	鉴定项目				鉴定要素		
	项目代码	名　称	鉴定比重（%）	选考方式	要素代码	名　称	重要程度
设备养护及故障处理	D	加、卸油设备	25	任选	001	拆卸清洗更换加、卸油设施滤网	X
					002	处理管路及阀类泄露	X
					003	离心泵不出油等常见故障处理	X
		储油设施			001	全面清洗储油罐	X
					002	储油罐及其附件的检查保养	X
					003	储油罐消防设施的检查维护	X
		冷却液制作装置			001	诊断冷却液制作装置故障	X
					002	更换冷却液制作装置易损消耗件	X
机车整备	E	卸、加油作业	10	任选	001	对到达油罐车进行卸油作业	X
					002	操作计算机完成加油作业及账务处理	X
					003	燃油滤清器拆装清洗	X
					004	收集机车、油罐等燃油	X

续上表

职业功能	鉴定项目				鉴定要素		
	项目代码	名　称	鉴定比重(%)	选考方式	要素代码	名　称	重要程度
机车整备	E	油、水、砂加注作业	10	任选	001	机车牵引变压器油清洗换油	X
					002	机车联合调节器清洗换油	X
					003	机车冷却系统全面排水作业	X
					004	疏通机车制动撒砂系统管路	X
		隔离开关操作	10	至少选择两项	001	办理隔离开关操作签认	X
					002	对隔离开关进行开闭操作	X
		蓄电池整备			001	制作蒸馏水	X
					002	进行蓄电池的更换与安装	Y
		机车防寒防冻整备			001	冷却管系进行防冻处理	X
					002	操作预热锅炉进行机体预热	X
机车整备用料管理		燃油及油脂的管理	10	全选	001	对散装油品进行油、水面高度测定	X
					002	测量油品标准密度	X
					003	对废机油进行再生作业	X
					004	区分识别各类润滑油脂	X
		冷却液、砂的管理	10		001	对软水用药进行识别	X
					002	调配试水膏	X
					003	配置离子交换再生液	X
					004	判定去离子软水质量	X
					005	操作干砂机进行干砂作业	X
安全防护	F	隔离开关安全作业	25	任选	001	判断隔离开关分断、闭合状态	X
					002	判断确认接地线接地状态	X
		消防安全			001	操作泡沫灭火器进行灭火	X
					002	整备场所巡视查找安全隐患	X
					003	检查油库防爆灯具、开关的有效性	X
					004	电力机车车顶作业安全防护	X

机车整备工(中级工)
技能操作考核样题与分析

职业名称：________________

考核等级：________________

存档编号：________________

考核站名称：________________

鉴定责任人：________________

命题责任人：________________

主管负责人：________________

中国中车股份有限公司劳动工资部制

职业技能鉴定技能操作考核制件图示或内容

考核项目一:机车整备作业及用料管理

考核内容:机车联合调节器清洗换油、疏通制动撒砂管路、办理操作隔离开关的签认手续及对隔离开关进行开闭操作、对冷却管路进行防冻整备、操作预热锅炉进行机体预热、对散装油品进行油、水面高度测定、测量油品标准密度、识别软水用药、调配试水膏、操作干砂机进行干砂作业。

考核项目二:机车整备设施保养作业

考核内容:检查保养储油罐及其附件,储油罐消防设施的检查维护。

考核项目三:安全防护作业

考核内容:使用泡沫灭火器扑救模拟火情;检查油库防爆灯具、开关的有效性。

技术要求:

(1)必须穿戴劳动保护用品。

(2)必备的工具、用具准备齐全。

(3)按操作规程操作,作业完毕设备设施、工具归位整齐。

(4)符合安全、文明生产要求。

考试规则:

(1)如操作违章,将停止考试,发生事故取消考试资格,按零分计。

(2)以实际操作过程与结果按评分标准进行评分。

(3)考核时限为 240 分钟。每超过 10 分钟扣 5 分,不足 10 分钟按 5 分计扣,超时 30 分钟停止操作,按完成项目评分。

职业名称	机车整备工
考核等级	中级工
试题名称	中级机车整备工技能操作考核试题
材质等信息	

职业技能鉴定技能操作考核准备单

职业名称	机车整备工
考核等级	中级工
试题名称	中级机车整备工技能操作考核试题

一、材料准备

柴油、调速器油、软水药品(氢氧化钠、碳酸钠、磷酸三钠)、试水膏配料(纯甘油、红印油、立德粉、桃胶)、棉毡条、引火木材。

二、工、量、卡具准备清单

序号	名　称	规　格	数　量	备　注
1	量水尺	300 mm	1把	
2	量油尺	5 m	1把	
3	石油密度计	0.650 0～1.010 g/cm^3	共9支	
4	量筒	1 000 mL	1个	
5	活扳手		1把	
6	低压照明灯	36 V	1把	
7	红、绿旗	标准	1副	
8	铁鞋(止轮器)	标准	2只	

三、考场准备

1. 相应的公用设备设施

(1)干砂机、高压冲洗机、泡沫灭火器、风泵。

(2)工作平台、铝(木)制人字梯。

2. 相应的场地及安全防范措施

(1)场地整洁无油污。

(2)消防设施齐备。

(3)个人防护用品(劳动保护工作服、劳动保护工作鞋、手套、护目镜等自备)。

3. 其他准备

四、考核内容及要求

1. 考核内容

按职业技能鉴定技能操作考核制件图示或内容制作。

2. 考核时限

应满足国家职业技能标准中的要求,本试题为240分钟。

3. 考核评分(表)

职业名称	机车整备工		考核等级	中级工	
试题名称	中级机车整备工技能操作考核试题		考核时限	240分钟	
鉴定项目	考核内容	配分	评分标准	扣分说明	得分
机车整备作业及用料管理	燃油及油脂的管理(燃油计量操作:油面、水面高度、密度)	10	测量前未复核量具定检周期扣2分;测量操作程序及结果视不符合程度依各项目分别扣1～3分		
	冷却液、砂的管理(软水用药识别、调配试水膏、干砂作业)	10	软水用药识别错误一种扣2分;调配试水膏配比错误扣2分,调配后未检验其质量扣2分;干砂作业视操作的不符合程度扣1～2分		
	油、水、砂加注作业(机车联合调节器清洗换油、疏通撒砂管路)	10	机车联合调节器清洗换油与疏通撒砂管路,视操作程序的不符合程度分别扣1～3分		
	隔离开关操作	10	未办理隔离开关操作签认手续直接操作本项不得分,操作程序视实际操作过程的不符合程度扣1～5分		
	机车防寒防冻整备(冷却管系防冻处理、机车预热打温)	10	视实际操作程序和结果的不符合程度分别扣1～5分		
设备设施的检查养护	储油设施的检查保养(储油罐及其附件和消防设施的检查维护)	25	检查过程中每缺一个项点扣3分;维护情况视不符合程度扣2～5分。未确认消防设施的有效性扣5分		
安全防护	消防安全	25	不会使用泡沫灭火器扣15分,使用操作不熟练扣1～5分,灭火方法视不符合情况扣1～5分;检查油库防爆灯具开关的有效性,视实际操作的不符合程度和结果扣1～5分		
质量、安全、工艺纪律、文明生产等综合考核项目	考核时限	不限	每超时5分钟,扣10分		
	工艺纪律	不限	依据企业有关工艺纪律规定执行,每违反一次扣10分		
	劳动保护	不限	依据企业有关劳动保护管理规定执行,每违反一次扣10分		
	文明生产	不限	依据企业有关文明生产管理规定执行,每违反一次扣10分		
	安全生产	不限	依据企业有关安全生产管理规定执行,每违反一次扣10分		

职业技能鉴定技能考核制件(内容)分析

职业名称	机车整备工				
考核等级	中级工				
试题名称	中级机车整备工技能操作考核试题				
职业标准依据	国家职业标准				
试题中鉴定项目及鉴定要素的分析与确定					
分析事项 \ 鉴定项目分类	基本技能"D"	专业技能"E"	相关技能"F"	合计	数量与占比说明
鉴定项目总数	3	7	2	12	
选取的鉴定项目数量	1	5	1	7	
选取的鉴定项目数量占比(%)	33.3	71.4	50	58.3	鉴定要素满足60%的要求
对应选取鉴定项目所包含的鉴定要素总数	3	17	4	24	
选取的鉴定要素数量	2	11	2	15	
选取的鉴定要素数量占比(%)	67	64.7	50	62.5	

所选取鉴定项目及相应鉴定要素分解与说明

鉴定项目类别	鉴定项目名称	国家职业标准规定比重(%)	《框架》中鉴定要素名称	本命题中具体鉴定要素分解	配分	评分标准	考核难点说明
"D"	储油设施养护	25	储油罐及其附件的检查维护	确认储油罐是否腐蚀或有无裂纹、渗漏,其主要附件(呼吸阀、安全阀、避雷及接地导线等)状态的检查维护	20	检查过程中每缺一个项点扣3分;维护情况视不符合程度扣2~5分	难点
			储油罐消防设施的检查维护	消防器材的检查中必须确认该器材是否有效	5	未确认不得分	
"E"	油、水、砂、加注作业	50	机车联合调节器清洗换油	清洗时和首次注油后需游车运转,最终注油后游车和排气	5	视操作程序的不符合程度扣1~3分	难点
			疏通制动撒砂系统管路	能处理撒砂系统管路堵塞故障	5	视操作程序的不符合程度扣1~3分	
	隔离开关操作		办理隔离开关操作手续	熟悉隔离开关操作手续办理流程	5	未办手续本项不得分,手续不全扣1~2分	
			隔离开关开闭操作	熟练掌握隔离开关开、闭操作安全规范与步骤	5	视操作程序的不符合程度扣1~3分	
	机车防寒防冻整备		冷却管路防冻处理	熟知防冻部位,会进行防冻点的保温措施	5	视实际操作程序和结果的不符合程度分别扣1~5分	
			操作预热锅炉进行机体预热	熟练掌握预热锅炉操作并使机车达到可正常启机温度	5	视实际操作程序和结果的不符合程度分别扣1~5分	
	燃油及油脂的管理		散装油品油面高度测定	掌握油品油面高度测定器具选择及程序方法	3	视实际操作的不符合程度扣1~3分	

续上表

鉴定项目类别	鉴定项目名称	国家职业标准规定比重(%)	《框架》中鉴定要素名称	本命题中具体鉴定要素分解	配分	评分标准	考核难点说明
"E"	燃油及油脂的管理		散装油品水面高度测定	掌握油品水面高度测定器具选择及程序方法	3	视实际操作的不符合程度扣1～3分	
			油品标准密度测定	掌握油品标准密度测定器具选择及程序方法	4	视实际操作的不符合程度扣1～2分	难点
	冷却液及砂的管理		识别软水用药	会区分各类软水用药种类及用途	4	软水用药识别错误一种扣2分	
			调配试水膏	会按比例调配和检验试水膏的程序方法	4	配比错误扣2分,调配后未检验其质量扣2分	难点
			操作干砂机干砂	熟练掌握干砂机的使用方法	2	视熟练和操作的不符合程度扣1～2分	
"F"	消防安全	25	操作泡沫灭火器灭火	会且熟练使用泡沫灭火器,扑救模拟火情方法正确	15	不会使用泡沫灭火器扣15分,使用操作不熟练扣1～5分,灭火方法视不正确程度扣1～5分	
			检查油库防爆灯具、开关的有效性	正确掌握防爆灯具、开关的有效性的检查方法	10	视实际操作过程的不符合程度扣1～5分	
质量、安全、工艺纪律、文明生产等综合考核项目				考核时限	不限	每超时5分钟,扣10分	
				工艺纪律	不限	依据企业有关工艺纪律规定执行,每违反一次扣10分	
				劳动保护	不限	依据企业有关劳动保护管理规定执行,每违反一次扣10分	
				文明生产	不限	依据企业有关文明生产管理规定执行,每违反一次扣10分	
				安全生产	不限	依据企业有关安全生产管理规定执行,每违反一次扣10分	

机车整备工(高级工)技能操作考核框架

一、框架说明

1. 依据《国家职业标准》注，以及中国中车确定的“岗位个性服从于职业共性”的原则，提出机车整备工(高级工)技能操作考核框架(以下简称：技能考核框架)。

2. 本职业等级技能操作考核评分采用百分制。即：满分为100分，60分为及格，低于60分为不及格。

3. 实施“技能考核框架”时，考核制件(活动)命题可以选用本企业的加工件(活动项目)，也可以结合实际另外组织命题。

4. 实施“技能考核框架”时，考核的时间和场地条件等应依据《国家职业标准》，并结合企业实际确定。

5. 实施“技能考核框架”时，其“职业功能”的分类按以下要求确定：

(1)“机车整备”与“机车整备用料管理”属于本职业等级技能操作的核心职业活动，其项目代码为“E”。

(2)“设备养护及故障处理”与“安全防护”属于本职业等级技能操作的辅助性活动，其项目代码分别为“D”和“F”。

6. 实施“技能考核框架”时，其“鉴定项目”和“选考数量”按以下要求确定：

(1)按照《国家职业标准》有关技能操作鉴定比重的要求，本职业等级技能操作考核活动的“鉴定项目”应按“D”+“E”+“F”组合，其考核配分比例相应为：“D”占25分，“E”占50分，“F”占25分。

(2)在“E”类鉴定项目——“燃油标号的调制”、“蓄电池整备”和“机车运用整备”任选一项进行考核，“机车整备验收”、“燃油及油脂的管理”和“冷却液、砂的管理”全部考核。

(3)依据中国中车确定的“其余‘鉴定项目’的数量可以任选”的规定，在“D”鉴定项目中，选取1项进行考核；在“F”类鉴定项目中，选取1项进行考核。

(4)依据中国中车确定的“确定‘选考数量’时，所涉及‘鉴定要素’的数量占比，应不低于对应‘鉴定项目’范围内‘鉴定要素’总数的60%，并向上取整”的规定，考核制件的鉴定要素“选考数量”应按以下要求确定：

①在“D”类“鉴定项目”中，在已选定的1个鉴定项目中，至少选取所对应的全部鉴定要素的60%项，并向上保留整数。

②在“E”类“鉴定项目”中，在已选的4个鉴定项目所包含的全部鉴定要素中，至少选取总数的60%项，并向上保留整数。

③在“F”类“鉴定项目”中，在已选定的1个鉴定项目中，至少选取所对应的全部鉴定要素的60%项，并向上保留整数。

举例分析：

按照上述“第 6 条”要求，若命题时按最少数量选取，即：在“D”类鉴定项目中选取了“整备设施设备”1 项，在“E”类鉴定项目中选取了“燃油标号的调制”、“机车整备验收”、“燃油及油脂的管理”和“冷却液、砂的管理”4 项，在“F”类鉴定项目中选取了“消防安全”1 项，则：此考核制件所涉及的“鉴定项目”总数为 6 项，具体包括：“整备设施设备”，“燃油标号的调制”、“机车整备验收”、“燃油及油脂的管理”、“冷却液、砂的管理”和“消防安全”。

此考核制件所涉及的鉴定要素“选考数量”相应为 17 项，具体包括：“整备设施设备”鉴定项目包含的全部 5 个鉴定要素中的 3 项，“燃油标号的调制”、“机车整备验收”、“燃油及油脂的管理”、“冷却液、砂的管理”4 个鉴定项目包括的全部 17 个鉴定要素中的 11 项，“消防安全”鉴定项目包含的全部 5 个鉴定要素中的 3 项。

7. 本职业等级技能操作需要两人及以上共同作业的，可由鉴定组织机构根据“必要、辅助”的原则，结合实际情况确定协助人员的数量。在整个操作过程中，协助人员只能起必要、简单的辅助作用。否则，每违反一次，至少扣减应考者的技能考核总成绩 10 分，直至取消其考试资格。

8. 实施“技能考核框架”时，应同时对应考者在质量、安全、工艺纪律、文明生产等方面行为进行考核。对于在技能操作考核过程中出现的违章作业现象，每违反一项(次)至少扣减技能考核总成绩 10 分，直至取消其考试资格。

注：按照中国中车规定，各《职业技能操作考核框架》的编制依据现行的《国家职业标准》或现行的《行业职业标准》或现行的《中国中车职业标准》的顺序执行。

二、机车整备工(高级工)技能操作鉴定要素细目表

职业功能	鉴定项目				鉴定要素		
	项目代码	名称	鉴定比重(%)	选考方式	要素代码	名称	重要程度
设备养护及故障处理	D	整备设施设备	25	任选	001	操作使用加热器对加油管路解冻	X
					002	判断加油装置控制器故障	X
					003	更换加油装置流量脉冲发信器	X
					004	调整干砂装置温度控制参数	X
					005	保养真空泵或振动泵	X
		储油设施			001	诊断处理油库检测装置故障	X
					002	拆卸更换储油罐喷淋装置水泵、水阀	X
					003	处理储油罐等位体接地开路故障	X
					004	更换储油罐呼吸阀、安全阀	X
机车整备	E	燃油标号的调制	10	任选	001	据库存燃油调配出指定燃油标号	X
					002	按要求改善燃油低温流动性	X
		蓄电池整备			001	对蓄电池进行充、放电作业	X
					002	调配蓄电池电解液	X
					003	更换单节蓄电池组	X

续上表

职业功能	鉴定项目				鉴定要素		
	项目代码	名　称	鉴定比重(%)	选考方式	要素代码	名　称	重要程度
机车整备		机车运用整备		任选	001	检查保养机车走行部	X
					002	机车制动缸行程调整	X
					003	机车制动系统五步闸试验	X
		机车整备验收	15	必选	001	全面检查验收机车整备质量	X
					002	核算机车整备作业量及能力	X
机车整备用料管理	E	燃油及油脂的管理	15	全选	001	燃油计量器具误差修正	X
					002	测定燃油发放密度	X
					003	计算油罐内燃油标准体积与重量	X
					004	识别润滑脂品种	X
					005	盘点清查库存燃油确定盈亏量	X
					006	确定燃油溢耗量并进行处理	X
					007	核定机车燃油消耗量预测需求量	X
					008	鉴别机车柴油机油底壳机油状况	X
					009	核定机车机油消耗量	X
		冷却液、砂的管理	10		001	测定冷却水的水质	X
					002	调整冷却水浓度	X
					003	核定机车冷却水消耗量	X
					004	核定机车石英砂消耗量	X
安全防护	F	消防安全	25	任选	001	检测储油罐避雷针(线)接地阻值	X
					002	检查维护油库自动灭火装置	X
					003	拆卸维护储油罐呼吸阀	X
					004	模拟油气中毒急救	X
					005	办理油区动用明火作业审批手续	X

中国中车
CRRC

机车整备工(高级工)
技能操作考核样题与分析

职 业 名 称：________________

考 核 等 级：________________

存 档 编 号：________________

考核站名称：________________

鉴定责任人：________________

命题责任人：________________

主管负责人：________________

中国中车股份有限公司劳动工资部制

职业技能鉴定技能操作考核制件图示或内容

考核项目一：机车整备作业及用料管理

考核内容：调制出指定的燃油标号、按要求改善燃油的低温流动性、燃油计量器具误差的修正、测定燃油发放密度、计算油罐内燃油体积、重量、鉴别润滑脂品种、鉴别机车柴油机油底壳机油状况、调整冷却液浓度、核定冷却水消耗量、全面检查验收机车整备质量。

考核项目二：机车整备设施保养作业

考核内容：判断加油装置控制器故障、调整干砂装置温度控制参数、保养真空泵或振动泵。

考核项目三：安全防护作业

考核内容：检测储油罐霹雷针(线)接地阻值、拆卸维护储油罐呼吸阀、办理油区动火审批手续。

技术要求：

(1)必须穿戴劳动保护用品。

(2)必备的工具、用具准备齐全。

(3)按操作规程操作，作业完毕设备设施、工具归位整齐。

(4)符合安全、文明生产要求。

考试规则：

(1)如操作违章，将停止考试，发生事故取消考试资格，按零分计。

(2)以实际操作过程与结果按评分标准进行评分。

(3)考核时限为300分钟。每超过10分钟扣5分，不足10分钟按5分计扣，超时30分钟停止操作，按完成项目评分。

职业名称	机车整备工
考核等级	高级工
试题名称	高级机车整备工技能操作考核试题
材质等信息	

职业技能鉴定技能操作考核准备单

职业名称	机车整备工
考核等级	高级工
试题名称	高级机车整备工技能操作考核试题

一、材料准备

柴油、燃油降凝剂、润滑脂(钙基、钠基、制动缸润滑脂)、冷却液。

二、工、量、卡具准备清单

序号	名　称	规　格	数　量	备　注
1	燃油计量器具	标准	1套	
2	量筒	1 000 mL	1只	
3	计算器	标准	1个	
4	兆欧表	0.1～1 000 Ω	1只	
5	活扳手	300	1把	
6	红、绿旗	标准	1副	
7	铁鞋(止轮器)	标准	2只	

三、考场准备

1. 相应的公用设备设施

(1)加油装置、干砂机。

(2)工作平台。

2. 相应的场地及安全防范措施

(1)场地整洁无油污。

(2)消防设施齐备。

(3)个人防护用品(劳动保护工作服、劳动保护工作鞋、手套等自备)。

3. 其他准备

四、考核内容及要求

1. 考核内容

按职业技能鉴定技能操作考核制件图示或内容制作。

2. 考核时限

应满足国家职业技能标准中的要求,本试题为300分钟。

3. 考核评分(表)

职业名称	机车整备工		考核等级	高级工	
试题名称	高级机车整备工技能操作考核试题		考核时限	300 分钟	
鉴定项目	考核内容	配分	评分标准	扣分说明	得分
机车整备作业及用料管理	燃油及油脂的管理（燃油计量器具修正、核定燃油发放密度、核算油罐燃油标准体积与重量、识别润滑油脂品种、鉴别机油油质、核定机油消耗量）	15	修正或核算方法步骤错误，每项扣 2 分；油脂识别错一种扣 2 分；机油鉴别结果视不符合程度依各项目分别扣 1～3 分		难点
	冷却液、砂的管理（调整冷却液浓度、核定冷却液消耗量）	10	调配冷却液浓度配方或工艺错误扣 5 分；核定冷却液消耗量视其结果与实际的不符合程度扣 1～3 分		
	燃油标号的调制（调配指定标号燃油、改善燃油低温流动性）	10	机车联合调节器清洗换油与疏通撒砂管路，视操作程序的不符合程度分别扣 1～3 分		难点
	机车整备验收	15	视实际验收过程程序的不符合程度分别扣 1～5 分		难点
设备设施的养护与故障处理	整备设施设备（判断加油装置控制器故障、调整干砂装置温度控制参数、保养真空泵或振动泵）	25	故障未能判定扣 10 分，判定有偏差扣 2～5 分；调整温度参数视操作过程与结果扣 2～10 分；维护泵情况视过程的不符合程度扣 2～5 分		难点
安全防护	消防安全（检测储油罐避雷针接地电阻、拆卸维护储油罐呼气阀、办理油区动火审批手续）	25	不会使用兆欧表测量接地电阻扣 10 分，使用操作不熟练扣 1～5 分，检测结果错误扣 5 分；呼吸阀拆卸维护视操作程序的不符合程度扣 1～5 分；动火审批表填写视内容酌情扣 1～3 分，审批手续不全酌情扣 1～5 分		
质量、安全、工艺纪律、文明生产等综合考核项目	考核时限	不限	每超时 5 分钟，扣 10 分		
	工艺纪律	不限	依据企业有关工艺纪律规定执行，每违反一次扣 10 分		
	劳动保护	不限	依据企业有关劳动保护管理规定执行，每违反一次扣 10 分		
	文明生产	不限	依据企业有关文明生产管理规定执行，每违反一次扣 10 分		
	安全生产	不限	依据企业有关安全生产管理规定执行，每违反一次扣 10 分		

职业技能鉴定技能考核制件(内容)分析

职业名称	机车整备工
考核等级	高级工
试题名称	高级机车整备工技能操作考核试题
职业标准依据	国家职业标准

试题中鉴定项目及鉴定要素的分析与确定

分析事项 \ 鉴定项目分类	基本技能“D”	专业技能“E”	相关技能“F”	合计	数量与占比说明
鉴定项目总数	2	6	1	9	鉴定要素满足60%的要求
选取的鉴定项目数量	1	4	1	6	
选取的鉴定项目数量占比(%)	50	66.7	100	66.7	
对应选取鉴定项目所包含的鉴定要素总数	5	17	5	27	
选取的鉴定要素数量	3	11	3	17	
选取的鉴定要素数量占比(%)	60	64.7	60	63.0	

所选取鉴定项目及相应鉴定要素分解与说明

鉴定项目类别	鉴定项目名称	国家职业标准规定比重(%)	《框架》中鉴定要素名称	本命题中具体鉴定要素分解	配分	评分标准	考核难点说明
“D”	整备设施设备	25	判断加油机控制器故障	熟练掌握加油装置控制器作用与原理,会分析判断故障点	10	故障未能判定不得分,判定有偏差扣2~5分	难点
			调整干砂装置温度控制参数	掌握干砂装置工作原理,熟知温控器参数要求及调整方法	10	视实际操作过程与结果的不符合程度扣2~10分	
			保养真空泵或振动泵	掌握泵的工作原理,熟知保养程序方法	5	维护情况视过程的不符合程度扣1~3分	
“E”	燃油及油脂管理	50	燃油计量器具误差修正	对量油尺、温度计、密度计测量的示值,熟练根据修正计算公式计算出实际数值	3	修正或核算方法步骤错误,每项扣1分	
			测定燃油发放密度	熟练掌握燃油发放密度核算方法与调整	2	视测定结果的偏差扣1~2分	
			核算油罐内燃油标准体积与重量	熟练掌握燃油体积、密度、重量的测定与核算	3	视核算结果的偏差扣1~3分	
			识别润滑油脂品种	通过油脂的外观、颜色、气味、抗水性等判断其种类	3	依判断结果的不符合情况,每项扣1分	
			鉴别机车柴油机油底机油状况	掌握机油变质的原因和鉴别方法	2	视实际鉴别结果的不符合程度扣1~2分	
			核定机车机油消耗量	熟练掌握机油消耗量的核定方法	2	视核算结果的偏差扣1~2分	

续上表

鉴定项目类别	鉴定项目名称	国家职业标准规定比重(%)	《框架》中鉴定要素名称	本命题中具体鉴定要素分解	配分	评分标准	考核难点说明
"E"	冷却液及砂的管理		调整冷却液浓度	掌握调整冷却液浓度的方法	5	视实际调整结果的不符合程度扣1～3分	难点
			核定机车冷却液消耗量	熟练掌握冷却液消耗量的核定方法	5	视核算结果的偏差扣1～2分	
	燃油标号的调制		调配指定标号燃油	掌握按比例调配各类标号要求燃油的方法	5	视实际调配结果的不符合程度扣1～5分	难点
			按要求改善燃油的低温流动性	会针对各标号燃油选择合适的降凝剂来改善其流动性	5	视实际操作结果的不符合程度扣1～5分	难点
	机车整备验收		全面检查验收机车整备质量	熟知机车整备的各项作业要求	15	视验收过程的不符合程度扣1～5分	
"F"	消防安全	25	检测储油罐避雷针接地电阻	正确掌握避雷针接地电阻的原理、检测测量方法	10	视检测过程的不符合程度扣1～5分,检测结果未确认是否正常扣5分	
			拆卸维护储油罐呼吸阀	知晓呼吸阀原理与结构	5	视操作过程的不符合程度扣1～3分	
			办理油区动火作业审批手续	熟知油区动火审批表内容的填写与审批手续办理流程	10	动火审批表填写视内容不全扣1～3分,审批手续不全酌情扣1～3分	
质量、安全、工艺纪律、文明生产等综合考核项目				考核时限	不限	每超时5分钟,扣10分	
				工艺纪律	不限	依据企业有关工艺纪律规定执行,每违反一次扣10分	
				劳动保护	不限	依据企业有关劳动保护管理规定执行,每违反一次扣10分	
				文明生产	不限	依据企业有关文明生产管理规定执行,每违反一次扣10分	
				安全生产	不限	依据企业有关安全生产管理规定执行,每违反一次扣10分	